suhrkamp taschenbuch
wissenschaft 785

Auslegend, deutend und daher sinnhaft handelnd und planend bewegen wir uns in einer bereits weitgehend ausgelegten und vorgedeuteten Welt. Auslegung und Deutung gehören zu unserem alltäglichen Geschäft. Sie sind keine Erfindung der Wissenschaft. Diese vorwissenschaftlichen Verstehensweisen und -fertigkeiten sowie ihre Entstehungsbedingungen und Funktionsweisen werden normalerweise nicht als wissenschaftliches Problem thematisiert. Sie werden »routiniert« und selbstverständlich im Alltag praktiziert und kommen als solche nicht in den Blick des Bewußtseins. Sie werden vom Deutungsproblem und vom Deutungsgegenstand absorbiert. Dennoch strukturieren sie handlungsleitende Bewußtseinsleistungen. Aber der im Alltag vorherrschende Handlungsdruck und die »hellwache« (A. Schütz) handlungsorientierte Bewußtseinsspannung verhindern, daß die Verstehensleistungen selbst – als Fertigkeiten und Instrumente – Gegenstand des Bewußtseins werden.
Die wissenschaftliche Erklärung ist vermutlich der Grundstruktur nach der Alltagserklärung analog, aber formalisiert und institutionalisiert. Gegenüber den vorgängigen Deutungs- und Verstehensakten verhalten sich beide Erklärungstypen – der alltägliche wie der wissenschaftliche – im großen und ganzen gleich unreflektiert.
Hans-Georg Soeffner, geb. 1939, Dr. phil., Professor der Soziologie an der Fern-Universität Hagen. Forschungsschwerpunkte: Empirische Wissenssoziologie, Religionssoziologie, Kultursoziologie, Sprachsoziologie. Veröffentlichungen u. a. zu Sozialutopien, zur Methodologie der sozialwissenschaftlichen Hermeneutik, zu Erscheinungsformen der Religiosität in der Moderne, zur sozialen Typik, zur Struktur gerichtlicher Interaktion und zu sozialen Inszenierungs- und Selbstdarstellungsformen.

Hans-Georg Soeffner

Auslegung des Alltags – Der Alltag der Auslegung

Zur wissenssoziologischen Konzeption einer sozialwissenschaftlichen Hermeneutik

Unter redaktioneller Mitarbeit von Ludgera Vogt

Suhrkamp

Bibliografische Information der Deutschen Nationalbibliothek
Die Deutsche Nationalbibliothek verzeichnet diese Publikation
in der Deutschen Nationalbibliografie;
detaillierte bibliografische Daten sind im Internet über
http://dnb.d-nb.de abrufbar.

2. Auflage 2015

Erste Auflage 1989
suhrkamp taschenbuch wissenschaft 785

Druck: Books on Demand, Norderstedt
Printed in Germany
Umschlag nach Entwürfen von
Willy Fleckhaus und Rolf Staudt
ISBN 978-3-518-28385-1

Inhalt

Vorwort

Wer Soziologie als eine Wissenschaft begreift, die »soziales Handeln deutend verstehen und dadurch in seinem Ablauf und seinen Wirkungen ursächlich erklären« (Weber 1972, 1), es als sinnhaft beschreiben, es in seinen Formen und seiner Materialität rekonstruieren will, stellt in der empirischen Arbeit schnell fest, daß sich sozialer Sinn nicht einfach auszählen läßt, daß sich vielmehr das Auszählen erst dann als sinnvolle Hilfe erweisen kann, wenn die ihm vorausgegangenen und in ihm vorausgesetzten Auslegungsprozeduren selbst in den Griff des Bewußtseins geraten und als Bedingung der Möglichkeit soziologischer Analyse erkannt und beschrieben worden sind. Auslegen und Deuten wiederum sind weder eine geisteswissenschaftliche noch eine soziologische Erfindung. Als von früh an eingeschulte und eingeübte Fähigkeiten und Fertigkeiten gehören sie zu den grundlegenden Konstitutionsbedingungen menschlicher Sozialität. Sie durchziehen und strukturieren menschliche Anschauungen, Vorstellungen und Handlungen, längst bevor wissenschaftliche Einstellung, Denkprinzipien und Verfahren in die Geschichte menschlicher Auseinandersetzung mit der sozialen Welt, der Natur und der eigenen Existenz eingetreten sind. Ebenso stehen sie jedem einzelnen von uns bereits zur Verfügung, bevor wir es gelernt haben, unseren Blick durch eine wissenschaftliche Einstellung zu methodisieren oder – im Extremfalle – zu deformieren.

Die Routinearbeiten des Soziologen, das Beobachten, Quantifizieren, Relationieren, Strukturieren – bezeichnenderweise weniger das Erklären – verführen ihn dazu, das Netz seiner Verfahren und Begriffe, mit dessen Hilfe er die ›Wirklichkeit‹ einzufangen sucht, als ein – weil scheinbar unverwüstlich bewährtes – auch weitgehend gesichertes Instrument anzusehen, in dessen Maschen sich die jeweils gesuchte Beute zwangsläufig zu verfangen hat: je größer und feiner die Netze, um so reichhaltiger der Ertrag. Routinearbeit und Arbeitsroutinen ergänzen einander, und beide bringen es unter der Hand mit sich, daß man es sich angewöhnt, vorzugsweise innerhalb vertrauter und lohnender (weil anerkannter) Fischgründe das Netz auszuwerfen und sich innerhalb jener Sechs- oder Zwölfmeilenzonen zu bewegen, die durch überkommene Traditionen und Konventionen scheinbar zwingend festgelegt sind.

Nun haben Soziologen es jedoch nicht mit irgendwelchen Arten von Lebewesen zu tun, sondern mit jener Spezies, der sie selbst zugehören – und mit *jeder* Form sozialen Handelns, durch die sich diese Spezies darstellt oder die ihr einfällt. Damit sind die ›Fischgründe‹ einerseits unendlich groß, andererseits aber durchaus keine terrae incognitae. Das (sinnhaft) Soziale in all seinen Erscheinungsformen ist implizit oder explizit bereits ausgelegt und gedeutet, wird implizit oder explizit zumindest jeweils von denen gewußt, die diese Erscheinungsformen hervorbringen: das von den Soziologen deutend zu verstehende und zu erklärende Handeln ist bereits gedeutet und verstanden. Darüber hinaus steht das Gedeutete und Verstandene zumeist bereits im Dienst alltäglicher Erklärungszusammemhänge. – Die in wissenschaftlicher Perspektive und Einstellung erarbeiteten Modelle und Konstruktionen ›zweiter Ordnung‹ (Schütz) haben es sowohl material als auch methodisch nicht nur mit der Rekonstruktion und Deutung der alltäglichen Konstruktionen ›erster Ordnung‹ zu tun, sondern sie basieren auch darauf. Zu beschreiben, in welcher Weise sie auf jenen alltäglichen Konstruktionen – formal und inhaltlich – aufruhen, wird damit zwangsläufig zur Aufgabe der Soziologie.

Es geht also nicht nur darum, das implizit und intersubjektiv bereits Gedeutete und Verstandene rekonstruktiv und objektivierend zu deuten, zu verstehen und in seinen Bedingungen und Folgen zu erklären, sondern auch darum, die Arbeitsweise und die Verfahren des Deutens und Verstehens selbst zum Gegenstand der Analyse zu machen. Dabei bewegt man sich – auch in wissenschaftlicher Einstellung – nicht *gegenüber* einer weitgehend symbolisch ausgedeuteten Welt, sondern *in* ihr. Dennoch und obwohl wir in dieser Welt aufgewachsen, damit Einheimische in ihr sind – und mit einigem Geschick als Alltagsmenschen auch bleiben können –, wird uns in wissenschaftlicher Perspektive das bereits Gedeutete deutungsbedürftig, das Erklärte erklärungsbedürftig, das Vertraute fremd: in der Distanz der Reflexion wird die ›relativ natürliche Weltanschauung‹ (Scheler) zur reflexiv-analytischen, notwendig bruchstückhaften, rekonstruktiv-konstruktivistischen Interpretationsanstrengung. Das wissenschaftlich angestrebte Ziel hat nur noch wenig mit der Pragmatik des Alltagslebens zu schaffen.

Die in diesem Band enthaltenen Aufsätze dokumentieren einige Etappen des – noch andauernden – Versuchs (gelegentliche Holzwege eingeschlossen), Grundlagen, Methodologie und Arbeitsweise sozialwissenschaftlicher Hermeneutik zu beschreiben und dabei das Spannungsfeld zwischen sozialphänomenologischer Beschreibungs- und Auslegungslehre einerseits und ›strukturaler‹ (vormals: ›objektiver‹) Hermeneutik[1] andererseits als Rahmen der Ziele, Möglichkeiten und Grenzen dieser Interpretationslehre darzustellen.

Die rekonstruktive und reflexiv-analytische Perspektive hermeneutischen Denkens führt notwendig zur Diskussion von Erscheinung und Horizont, Gegebenem und Mitgegebenem, Einzelfall und verallgemeinerbarer Struktur: Hermeneutik ist das Auslegen und Verstehen des Singulären in seinen typischen und typisierbaren Beziehungen zu allgemeinen Strukturen. Dadurch wird auch die Diskussion der Methodologie sozialwissenschaftlicher Hermeneutik zur Entfaltung und Auslegung von Relationen: Alltagsverstand – Wissenschaft, Text – Kontext, Mündlichkeit – Schriftlichkeit, sprachliches – nichtsprachliches Handeln, Einzelfall – allgemeine Struktur, Einzelerscheinung – Milieu, Situation – Dauer, Inszenierung – Rahmen, symbolische Materialität – Materialität des Symbolischen, Gehalt – Darstellungsform.

So notwendig eine theoretische Auseinandersetzung mit den Grundlagen des eigenen Arbeitens ist (und für den Verfasser auch war), eine Soziologie, die sich als Wirklichkeitswissenschaft (Weber) versteht und damit der Materialität verpflichtet ist, bleibt eigentlich so lange blaß und blutleer, wie sie sich nicht in der Analyse der Materialität konkreter Erscheinungsformen bewährt. Ein – bereits begonnener – zweiter Band soll das von Hegel beschriebene Grau in Grau der Theorie, der Dämmerung, in der die Eule der Minerva ihren Flug beginnt, mit einigen Farben des Sonnenunterganges anreichern.

Bonn, Dezember 1988

1 Zum Werdegang der ›objektiven Hermeneutik‹ U. Oevermanns – aus zögernd externer Sicht – vgl. J. Reichertz (1986).

Alltagsverstand und Wissenschaft
Anmerkungen zu einem alltäglichen Mißverständnis von Wissenschaft

I

Nicht nur die belletristische Literatur hat ihre wunderbaren Erscheinungen und Fabelwesen (Zentaur, Einhorn, Butt etc.). Auch die wissenschaftliche Literatur ist hier erfinderisch. So findet sich in letzter Zeit in der sozialwissenschaftlichen, vor allem in der sozialpädagogischen Literatur immer häufiger ein Ausdruck im Dickicht des Geschriebenen, der ebenfalls etwas Wunderbares an sich zu haben scheint: der Ausdruck ›Alltagstheorien‹. Er signalisiert die Erfüllung eines alten Wunsches: Alltag und Wissenschaft, Theorie und Praxis – die Königskinder, die nicht zusammenkommen konnten – scheinen plötzlich zusammenzufinden, vorerst in der Gestalt eines Kompositums. Der Ausdruck ›Alltagstheorien‹, zunächst nur metaphorisch und in einem berechtigten Sinne gebraucht als Hinweis darauf, daß Alltagshandeln nicht zufällig und strukturlos abläuft, sondern durch Ordnungsprinzipien, Regeln, Deutungsprozeduren, Pläne, Zwecke strukturiert ist, gewinnt neuerdings eine Dimension, die ihn hypostasiert zu einem neuen Theorietypus, zu einer Theorie mit sichtbarem Verwertungsaspekt und greifbarer Nähe zum sogenannten ›normalen‹ Denken: ›Entfremdete Wissenschaft‹ scheint zum Leben, zum Alltag etc. zurückzufinden.

Es ist verwunderlich, wieviel Zustimmung und Freude ein Wunsch erregt, den man eher für bedenklich, keineswegs aber naiv für immer schon gut halten sollte: daß die sogenannte ›Kluft‹ zwischen Alltag, Alltagshandeln, Alltagswissen und Wissenschaft verschwinden müsse, so als sei von vornherein klar, daß diese Kluft einen Mißstand darstelle, eine historische Fehlentwicklung, die dringend zu beheben sei.

Eine solche Sichtweise der historischen Entwicklung alltäglicher und wissenschaftlicher Handlungssysteme ist – wie ich im Folgenden zu zeigen versuche – nicht nur durch den bereits genannten symptomatischen, naiv-normativen Anspruch, sondern vor allem durch ihre analytische Unfähigkeit in der Behandlung von

Problemstellungen selbst als vorwissenschaftlich zu bezeichnen. Diese Vorwissenschaftlichkeit drückt sich unter anderem sinnfällig durch die Attitüde aus, historische Entwicklungen – was die Vergangenheit betrifft im nachhinein und was Gegenwart und Zukunft angeht von vornherein – mit moralischen Urteilen zu belegen. Der Vorteil dieses Verfahrens: durch die Demonstration aufrechter Gesinnung erspart man sich einen großen Teil analytischer Arbeit, insbesondere auch die Gefahr, die Gesinnung ändern zu müssen. Brecht, nicht gerade ein Verfechter entfremdeter Wissenschaft, skizzierte diese Haltung wie folgt: »Mein Lehrer«, schreibt er, »ist ein enttäuschter Mann. Die Dinge, an denen er Anteil nahm, sind nicht so gegangen, wie er es sich vorgestellt hatte. Jetzt beschuldigt er nicht seine Vorstellungen, sondern die Dinge, die anders gegangen sind« (Brecht 1926/1939, 65).

Dieser Typus der ›Bewältigung‹ von Historie oder Gesellschaft zeichnet sich oft genug durch die Allianz von aufrechter Gesinnung und dem Mißverständnis aus, man könne – so zum Beispiel in der sogenannten ›Aktionsforschung‹ – wissenschaftliche Analyse und Prognostik mühelos mit ›wissenschaftlich gesteuerter Intervention‹ – was immer das sei – verbinden oder gar gleichsetzen. Eine lange Tradition wissenschaftstheoretischer Diskussion scheint hier vergessen zu sein. Sie ist unter verschiedenen Aspekten und von kontroversen theoretischen Positionen her geführt worden, aber die unterschiedlichsten Autoren sind zu bemerkenswert ähnlichen Ergebnissen gekommen. So etwa in Hegels Unterscheidung zwischen Philosophie (Wissenschaft) und Leben, in Webers These von der notwendigen »Wertfreiheit« der Wissenschaft, in Schütz' Analyse der Sinnbereiche »Alltag« und »Wissenschaft« und in seiner Unterscheidung zwischen dem ausgezeichneten umgreifenden Sinnbereich des Alltags und dem spezifischen Sinnbereich der Wissenschaft, in Marx' Bestimmung der Sonderstellung wissenschaftlicher Praxis im Gesamtbereich gesellschaftlicher Arbeit und schließlich in Poppers Analyse der unterschiedlichen Leistungen und Hypothesen des Alltagsverstandes und der Wissenschaft.

Im Folgenden soll diese Diskussion nicht in ihrer Gesamtheit wieder aufgenommen, sondern lediglich unter einem besonderen Aspekt gesehen und dargestellt werden: unter dem der Gemeinsamkeiten und unterschiedlichen Berechtigung, dem der Funktionen und Leistungen alltäglicher und wissenschaftlicher ›Theorie‹-

Bildung. Dabei vertrete ich *erstens* die (s. o.) keineswegs neue These, daß wissenschaftliche und alltägliche Denkleistungen und Ziele nicht nur gut unterschieden werden können, sondern im Interesse beider deutlich unterschieden werden müssen. *Zweitens* behaupte ich, daß Wissenschaft und alltägliche Handlungspraxis trotz der gemeinsamen Verankerung beider im Handlungs- und Sinnbereich des Alltags nicht verschmolzen werden können, unter welchem schönen Namen und mit welch braver Gesinnung auch immer, es sei denn um den Preis, daß Wissenschaft und alltägliche Handlungs- und Lebenspraxis, jeder Einzelne und die Gesellschaft als Ganze auf ihre Möglichkeiten verzichten, zugunsten einer unreflektierten Wirklichkeit.

II

Es gibt viele gute Gründe für eine sozialwissenschaftliche Analyse des Alltags und auch dafür, gerade dem Alltag eine bevorzugte Stellung in der wissenschaftlichen Reflexion und in der Orientierung der ›praktischen Vernunft‹ zuzuordnen. Einen gewichtigen Grund dafür hat A. Schütz genannt: Das Alltagsleben ist das einzige Subuniversum, in das »wir uns mit unseren Handlungen einschalten« und das wir durch unsere Handlungen verändern können (Schütz 1971/1972, II, 119). Anders als andere Subuniversa ist es für uns unmittelbar relevant, weil wir für es relevant sind. Wir werden in einen historisch konkreten Interaktionsraum und in ein sprachlich repräsentiertes System sozialer Kategorien und Typisierungen hineingeboren. Sie sind für uns ein »soziohistorisches apriori« (Luckmann 1980), das die verschiedenen Phasen unserer Sozialisation zwar nicht vollständig determiniert, aber weitgehend präfiguriert.

Der Interaktionsraum unseres jeweiligen konkreten Alltags hat – uns sozialisierend – sich durch uns verändert und wird weiter von uns verändert. Er ist unser unmittelbarer Anpassungs-, Handlungs-, Planungs- und Erlebnisraum: unser Milieu, das wir mitkonstituieren und dessen Teil wir sind. Wir kennen die expliziten und nichtexpliziten Regeln dieses Interaktionsraumes und setzen sie unter anderem strategisch ein. Wir haben von den Strukturen und dem Handlungspotential unserer Alltags- und Lebenswelt ein manifestes und ein latentes ›Wissen‹. Und beides ist gleich

und deshalb sorgsam zu unterscheiden. Auch wenn beide – die Kompetenz des Alltagshandelnden und die des Wissenschaftlers – sich auf den Alltag als Gegenstandsbereich beziehen, meinen sie in ihrer Zielrichtung, in ihrem Vorgehen, in ihren Adäquatheits- und Verifikationskriterien und in ihren Möglichkeiten etwas grundsätzlich Verschiedenes.
Wenn soeben vom Alltag als von einem Gegenstandsbereich die Rede war, so muß nun präzisiert werden, was mit dem Ausdruck ›Alltag‹ gemeint sein soll. In dem bisher verwendeten und auch weiterhin intendierten Sinne ist mit ›Alltag‹ weder eine historisch vorfindliche, spezifische Wirklichkeit noch eine Welt alltäglicher Gebrauchsgegenstände und Verrichtungen gemeint. All dies gehört zwar zu dem, was wir mit Alltag meinen, es wird dort erzeugt und wirkt auf den Alltag zurück, aber es ist nicht das, was – spezifische Erscheinungsweisen des Alltags übergreifend – den Alltag als solchen hervorbringt, erhält und reproduziert. *Die generative Struktur dessen, was wir Alltag nennen, beruht vielmehr auf einem besonderen Typus der Erfahrung, des Handelns und des Wissens.* Dieser ist in einem von ihm erzeugten und auf ihn rückwirkenden, je spezifischen Rahmen wirksam.
Grathoff (1978, 68) kennzeichnet im Anschluß an Schütz diesen Rahmen als die »konkrete und lebendige, umfangreiche Fülle der Erlebniserfahrung von Handelnden (...), die aneinander sich orientierend, auf abwesend Andere sich beziehend und auf Zukünftiges zugehend, im historischen und biographischen Bestand einer stets vorgegebenen Gesellschaft ihre Orientierung suchen und ihre Situation definieren. Der Handelnde muß in der so stets vorgegebenen Alltagswelt seine eigene Welt ausmachen. Das verlangt nach Sinnkonstruktion, nach ›sinnhaftem Aufbau‹.« Der Erfahrungsrahmen des Alltags ist »dieses stets vorgegebene soziale Konstrukt einer bereits vielfältig vorkonstruierten Welt in ihrer stets konkreten Geschichte. ›Alltägliches Leben‹ (everyday life): Das in stetem Verzug des miteinander Handelns und Erlebens aus den Vorgaben des Alltags mögliche, konstruktive Hervorbringen einer neuen Welt – samt der aus solcher Erfahrung folgenden Einsicht in ihre mögliche Anomisierung und Destruktion.«
Dieser Erfahrungs- und Sinnbereich des Alltags[2] ist gekennzeich-

2 Worauf die immer wieder auftretende Vermengung der Ausdrücke ›Alltag‹ und ›Lebenswelt‹ zurückzuführen ist – wenn nicht auf man-

net durch den kognitiven Stil der Praxis, einen Typus der Erfahrung, des Handelns und des Wissens, der mit eben diesem Rahmen verbunden, in seinen spezifischen Leistungen auf ihn bezogen ist, ihn erhält und immer wieder hervorbringt (Goffman 1977, 13). Die besonderen Leistungen dieses kognitiven Stils der Praxis werden erkennbar durch eines ihrer Produkte, das für den Alltag konstitutiv ist: durch die Konstruktion der Normalität im Alltag.

Der kognitive Stil der Praxis, des Alltags, zielt ab auf Beseitigung oder Minimierung des Ungewöhnlichen, des Zweifels: auf problemlose und damit ökonomische Koorientierung und Handlung. Dementsprechend bestehen die besonderen Typisierungsleistungen des kognitiven Stils des Alltags darin, neuartige, fremdartige Situationen, Handlungen etc. so zu typisieren, als seien sie bekannt, genauer: als seien sie Bestandteil der Normalität eines allen bekannten gemeinsamen Handlungs- und Erfahrungsraumes. Die Kennzeichnung ›allen gemeinsam‹ macht darüber hinaus deutlich, daß Normalitätskonstruktion verbunden ist mit der virtuellen, immer aktualisierbaren Fähigkeit aller Interaktionspartner, die jeweiligen Perspektiven und Haltungen der anderen Interaktionspartner einzunehmen. Normalität ist so wie jede Form von Sinnkonstitution und Handeln ein Produkt der Intersubjektivität. Als Konstrukt der Typik des Alltags stellt Normalität damit *zugleich eine fundamentale intersubjektive Erfahrungs-, Wissens- und auch Organisationsform des alltäglichen Milieus dar* (vgl. dazu auch Grathoff 1978, 95).

Die Typisierung der Erfahrung, des Wissens, des Handelns ist ein allgemeines Phänomen menschlicher Wahrnehmungs- und Orientierungsleistungen. Insofern bilden ›Typik‹ und ›Normalität‹ zwar einen Zusammenhang ab, da die Konstruktion von Normalität ohne Typik nicht möglich wäre, dennoch ist Typik nicht

gelnde Kenntnis der Grundlagenliteratur –, ist mir nicht klar. Für den phänomenologischen Ansatz von Schütz ist die Unterscheidung dieser Ausdrücke konstitutiv. »Lebenswelt« ist für ihn der umgreifende Sinnhorizont für alle finiten Sinnbereiche. Der (s. o.) ausgezeichnete Sinnbereich des Alltags dagegen ist begrenzt und durch den spezifischen kognitiven Stil der Praxis gekennzeichnet. Die Lebenswelt als das auch den Alltag Umgreifende wird in der phänomenologischen Reduktion, das heißt durch die Ausklammerung des Alltäglichen gewonnen.

gleichzusetzen mit der Konstruktion von Normalität. Etwas als ›normal‹ typisieren, meint zugleich: etwas als bekannt klassifizieren *und* die Konzentration auf eine bestimmte Realisierung dieses Bekannten. Typisieren ist jedoch darüber hinaus ebenfalls denkbar und ausführbar als die Konstruktion und das Nebeneinanderhalten mehrerer appräsentierter Möglichkeiten in einer hypothetisch entscheidungsoffenen Erkenntnissituation, so etwa – um mit Schütz zu sprechen – im kognitiven Stil der Theorie, im finiten Sinnbereich der Wissenschaft.[3]

Sichtbarer Ausdruck der Normalitätskonstruktion im Alltag ist die Wiederholung erprobter und bekannter Handlungsmuster in der Interaktion sowie die Erstarrung einiger dieser Muster zu Handlungsritualen, deren Bevorzugung dadurch erklärt werden kann, daß sie als Elemente von in gemeinsamen Verhaltenserwartungen abgesicherten Handlungsketten gesehen werden und jederzeit entscheidungsentlastet eingesetzt werden können. Sie demonstrieren das Vertrauen auf einen gesicherten gemeinsamen Wissensbestand sowie auf einen gemeinsamen Erfahrungs- und Handlungsraum, innerhalb dessen man nichts falsch machen kann und in dem Problemsituationen im Rekurs auf bekannte Problemlösungen (wie wenig effektiv diese auch im einzelnen sein mögen) bewältigt und damit in den Bereich funktionierender Normalität eingegliedert werden. Hier wird der Zusammenhang von Typik, Normalität und Normativität des Alltagswissens und -handelns besonders deutlich. Gleichzeitig allerdings auch die Leistungsfähigkeit des kognitiven Stils der Praxis: Er sichert Schnelligkeit und soziale Akzeptanz alltäglicher Reaktion und stellt mit den Problemlösungsroutinen ein immerhin häufig funktionierendes Instrument zur Bewältigung neuer Gegebenheiten und Probleme zur Verfügung, allerdings auch eines, das das Neue als solches nicht erkennt, sondern zum bereits Bekannten umformt. Da aber das Neue nicht als solches, das heißt als deutungsbedürftig gesehen wird, stellen die Alltagsroutinen nur ein äußerst begrenztes und unsicheres Potential zur Bewältigung von Überraschungen und ungewohnten Anpassungszwängen dar. Als

3 Grathoff a.a.O., 76, hat darauf hingeweisen, daß Schütz die Typisierungsleistungen und die Typik der Alltagswelt in Zusammenhang bringt mit der Weberschen Konzeption der Idealtypik in den Wissenschaften, und zwar so, daß der systematische Zusammenhang zwischen beiden deutlich wird.

gleichförmige Reaktionen dienen diese Handlungsmuster daher weniger der effektiven Anpassung an neuartige Situationen, desto mehr jedoch der Reproduktion ihrer selbst.
Handlungsmuster – im Prinzip gleichbleibende, zeichenhaft repräsentierte Reaktionen innerhalb von Interaktionsprozessen – bringen darüber hinaus einen als gleichbleibend imaginierten Wissensbestand zum Ausdruck, der in Handlung und Rede der jeweiligen Muster dokumentiert ist: *Handlungsmuster repräsentieren Deutungsmuster, und Deutungsmuster generieren ihrerseits Handlungsmuster* (vgl. hierzu Oevermann 1973). Deutungsmuster, die Weltsicht und ›Lebenstheorien‹ von Einzelnen, Gruppen, Gemeinschaften usw. bilden Organisationsformen des Alltagswissens ab. Sie bringen die Details des alltäglichen Erfahrungsbestandes in einem Interpretationsnetz unter. In diesem Netz ist sowohl das allgemeine Konstruktions- und Organisationsprinzip alltäglicher Typisierung (Normalisierung) als auch die spezifische deutende Reaktion eines Einzelnen oder einer Gruppe auf den jeweiligen Interaktionskontext, innerhalb dessen sie sich befinden, repräsentiert: dies allerdings in Form der Normalisierung, das heißt vor dem Hintergrund einer intendierten Problemlosigkeit und Widerspruchsfreiheit. So erleben die Anhänger zweier verschiedener Mannschaften zwar nicht dasselbe Fußballspiel, dennoch verläuft die Konstruktion ihrer jeweiligen spezifischen Sichtweise formal mit Hilfe der gleichen Organisationsregeln. Vor allem aber erwächst ihre jeweilige Sichtweise aus der Zugehörigkeit zu einem gemeinsamen Interaktionskontext. Deutungsmuster repräsentieren wechselseitige Einflußnahme und Reaktionen mehrerer Personen oder Gruppen aufeinander. *Sie sind Produkte von Interaktionsprozessen und Interaktionssystemen, nicht etwa pure Widerspiegelung der Perspektive eines Einzelnen* (Mead 1934).
Oevermann (1979) hat in diesem Zusammenhang auf das »intentionalistische Vorurteil« der Umgangssprache, der alltäglichen Erklärungsform hingewiesen. Damit ist die in der alltäglichen Erklärungsweise prinzipiell auftretende Umdeutung von allgemeingesellschaftlichen Strukturen, vorfindlichen Situationen, Reaktionsmustern und Interaktionsprozessen in intentional und/oder kausal verknüpfte Handlungsketten gemeint. Das so intentional Ausgedrückte beim Wort zu nehmen, hieße, naiv die Deutung mit dem Gedeuteten gleichzusetzen und demnach alles

Wahrgenommene, die gesamte vorfindliche Welt des Alltags, als intentional – genauer: als personal und intentional – bewirkt anzusehen (Heider 1969).

Die Routinisierung des Alltagswissens und des Alltagshandelns beruht auf der Inexplizitheit, auf der Prämisse, daß nicht alles gesagt oder gefragt werden muß. Man setzt ein tacit knowledge voraus, das heißt, daß man etwas weiß, ohne daß man sagen muß oder sagen könnte, was man weiß: Alltagswissen ist inexplizit, weil es in einer Welt der Selbstverständlichkeiten untergebracht ist. Diese Welt der Selbstverständlichkeiten funktioniert jedoch paradoxerweise nur auf der Basis der Unterstellung, alles sei ausdrückbar, falls die Forderung danach gestellt werde. Dementsprechend können jedermann ›praktische Erklärungen‹ für seine Handlungsweise abverlangt werden (Searle 1969 und Scott/Lyman 1976). Inexplizitheit und das Prinzip der generellen Ausdrückbarkeit gehören notwendig zusammen: Es wird nicht etwa nicht alles expliziert, weil nicht alles explizierbar ist, sondern umgekehrt – weil prinzipiell alles explizierbar ist (auch wenn der Testfall oft das Gegenteil zeigen würde), muß nicht alles immer wieder expliziert werden.[4]

Aufgrund dieser Organisationsform des kognitiven Stils der Praxis, des Alltags, und aufgrund der Fähigkeit, mit Problemlösungsroutinen auf neuartige Probleme zu antworten, zeigen alltägliche Deutungsmuster große Eigenständigkeit, ein enormes Beharrungsvermögen und eine ebensolche Resistenz gegenüber alternativen Deutungsangeboten. Sie sind demnach deutende Antworten auf ›objektiv‹ vorliegende Handlungszwänge, aber zugleich auch eigenständig, insofern, als sie abgehoben und illusionsgefährdet auf etwas reagieren, was ihnen durch die Einseitigkeit der Normalitätskonstruktion verstellt ist. Dennoch müssen sie zum einen verstanden werden als inexplizite Hypothesen zur sozialen ›Realität‹, die als prinzipiell veränderbar angesehen werden müssen; zum andern ist unübersehbar, daß die Bewältigung neuartiger Situationen durch bekannte Problemlösungsroutinen, wie sie in Deutungsmustern auftritt, dem Einsatz generativ wirksamer Regeln entspricht (Chomsky 1969 und Oevermann 1973),

4 Vgl. hierzu auch das von Watzlawick betonte »Prinzip der abnehmenden Explizitheit« bei Gruppen mit hohem internen Bekanntheits- und Privatheitsgrad (Watzlawick et al., 1969).

das heißt der Fähigkeit, bekannte Regeln auf neuartiges Material anzuwenden und dieses dadurch zu strukturieren.
Die Inexplizitheit des Alltagswissens, seine formale Organisation in der Typik der Normalität und seine davon abhängende inhaltliche Repräsentation in zwar generativ handlungswirksamen, aber von dem Betroffenen nur latent gewußten sozialen Deutungsmustern weisen aus, daß es für dieses ›Wissen‹ keine Überprüfungskriterien gibt. Es muß vielmehr als ein System von Selbstverständlichkeiten, unüberprüften Plausibilitäten, d. h. als ein System von Glaubenssätzen verstanden werden.
Dieses System verdankt seine Funktionsfähigkeit weniger seiner Organisationsform, sondern vor allem dem Anpassungszwang, dem die alltäglichen Interaktionssysteme im Umgang miteinander unterworfen sind und innerhalb dessen diese Organisationsform entwickelt wurde. Genauer: Sie beruhen auf einem Verfahren von Versuch und Irrtum, das bei neu auftretenden Problemen angewandt wird, wobei die als erfolgreich erlebte Lösung beibehalten und tradiert wird, bis sie eines Tages versagt und andere Lösungsmöglichkeiten erzwungen werden. Alltagswissen und Alltagshandeln dokumentieren sowohl allgemeine, evolutionär begründete Formen der Anpassung einer Gattung an ihre vorgegebene und an ihre selbst geschaffene Umwelt als auch die so entwickelten routinisierten Verfahren des Umgangs innerhalb dieser Interaktionsgemeinschaft. Alltagswissen und Alltagshandeln zeigen somit im allgemeinen die Anpassungsfähigkeit und die Möglichkeiten einer Gattung und im besonderen die spezifischen Formen des Wissens und der Anpassung in den spezifischen soziohistorischen Gemeinschaften dieser Gattung sowie das hieraus erwachsene spezifisch alltägliche Selektionsprinzip bei der Wahl alternativer Handlungsmöglichkeiten – das Prinzip der Konstruktion und Wirksamkeit inexpliziter Normalität.
Diese Struktur des Alltagswissens und des Alltagshandelns macht deutlich, daß in ihr auch die Möglichkeit zur ›Überwindung‹ des kognitiven Stils der Praxis angelegt ist: Das Potential dieses kognitiven Stils bietet mehr, als ihm im Alltag abverlangt wird. Er hat die Tendenz zur Selbstüberschreitung.
Diese Tendenz wird exemplarisch an einigen Stellen der bisherigen Skizze des Alltags, des kognitiven Stils der Praxis, sichtbar:
1. In dem ›empirischen‹ Umgang mit der Realität, d. h. im Test des Handlungspotentials an den Kriterien Erfolg und Mißerfolg;

2. in der interaktiven Realisierung von Handlungsplänen, das heißt in der virtuellen Übernahme der Perspektive und Haltung der Handlungspartner: in der Intersubjektivität der Orientierung;
3. in der in den sozialen Deutungsmustern angelegten Fähigkeit zur Hypothesenbildung gegenüber der sozialen ›Realität‹, das heißt in der Fähigkeit, zwischen Deutung und Gedeutetem zu unterscheiden, sowie in der Möglichkeit des Nebeneinanders von konkurrierenden Deutungen gegenüber einem zu Deutenden;
4. in dem der Inexplizitheit des Alltagswissens zugrunde liegenden Postulat der prinzipiellen Ausdrückbarkeit, das heißt in der Möglichkeit der expliziten Versprachlichung des Wissens.

An diesen Stellen wird ein Potential des kognitiven Stils der Praxis sichtbar, das es ermöglicht, aus dem ausgezeichneten, aber begrenzten Sinnbereich des Alltags in den kognitiven Stil der Theorie, in den Sinnbereich der Wissenschaft, überzuwechseln, wobei sowohl die Begrenztheit und Unterschiedlichkeit als auch die Beziehungen beider Bereiche zueinander erkennbar sind.

III

»And spite of Pride in earring Reasons's spite, one truth is clear, *whatever is, is right*«, schreibt Alexander Pope 1734 in seinem *Essay on man.* Diese Auffassung ist Leitmotiv und Manifest der Aufklärung von Leibniz über Pope bis hin zu Hegels Formulierung: »Was vernünftig ist, das ist wirklich, und was wirklich ist, das ist vernünftig« (Hegel 1970, VIII, 47). In unserem Zusammenhang, in dem durch die Unterscheidung zwischen dem Erfahrungs- und Handlungsraum des Alltags und dem finiten Sinnbezirk der Wissenschaft unterschieden wurde und in dem mit dieser Unterscheidung auch unterschiedliche Grade des Wissens und der Bewußtheit gegenüber der ›Realität‹ gesetzt wurden, wird die Fragestellung auf einen anderen Schwerpunkt hin verlagert:

1. Bei der gemeinsamen Konstruktion sozialer Realität durch die Handelnden ist Wirklichkeit nicht nur ein vorliegendes Netz von ›Tatsachen‹, ein Vorhandenes, sie wird vielmehr geplant und ›gemacht‹, das heißt die ›Tatsachen‹ existieren bereits in der Planung – als Möglichkeit –, bevor sie als Ergebnis der Planung faktisch vorliegen.
2. Soziales Handeln, sinnhaftes Handeln von Interaktanten, die in Handlungsketten involviert sind, stellt immer das Mögliche, das Zukünftige,

noch nicht Vorhandene in Rechnung und reagiert bereits in der Gegenwart darauf. Für soziales Handeln ist so auch das Mögliche – in der Reaktion darauf – das Wirkliche.

Ob nun, was wirklich ist, vernünftig, und was vernünftig ist, wirklich ist, soll und kann hier nicht entschieden werden. Richtig ist: Das Mögliche ist Teil des Wirklichen, das Wirkliche erscheint von sich aus nicht nur im faktisch Vollzogenen, sondern auch in dessen Alternativen. Dabei ist es zunächst ganz uninteressant – weil auf dieser Ebene unentscheidbar –, ob es Teil einer allgemeinen, umgreifenden Vernunft – des »Geistes an und für sich« (Hegel) – ist oder nicht, entscheidend ist zunächst vielmehr, daß es Erkenntnisaufgabe und Handlungsgegenstand der menschlichen Vernunft ist. Und dies sowohl im Erfahrungs- und Handlungsraum des Alltags, dem ausgezeichneten Sinnbereich (s. o.), als auch in den hierauf bezogenen und aus ihm hervorgegangenen Sinnbezirken wie zum Beispiel dem der Wissenschaft.
Für letzteren – und das ist die These, die im Folgenden diskutiert wird – ist gerade dies eine zentrale Problemstellung: Das Wirkliche analytisch und verstehend, das heißt mit Hilfe menschlicher Vernunft, als das Feld der Möglichkeiten und Alternativen zu erschließen, auf dem im historisch konkreten sozialen Handeln Handlungsentscheidungen gefällt, Möglichkeiten aufgegriffen oder ausgeschlossen werden und Ursachen für Entscheidungen und Entscheidungszwänge auf verschiedenen Ebenen der Bewußtheit und durch die Analyse spezifischer Interaktionskonfigurationen[5] deutlich gemacht werden können.

5 Mit dem Ausdruck ›Interaktionskonfiguration‹ wird eine konkrete, historische, soziale Einheit bezeichnet, die zugleich als Entscheidungsstelle und Handlungsort für soziale Handlung, das heißt für ›Interaktionsprodukte‹ fungiert. Interaktionsprodukte repräsentieren den objektiven Sinn der von den Interaktanten in der Sozialisation erworbenen Interaktionsrepertoires, das heißt von Verhaltensmustern (habit sets) und Handlungsplänen (habit plans) (vgl. Mead 1934). Die aktuelle Umsetzung solcher ›Sinngrößen‹ durch eine spezifische Interaktionsgemeinschaft in einer konkreten Handlungssituation bezeichne ich als die konkrete, objektiv typisierte und interpretierbare ›Sinnfigur‹ einer Interaktionskonfiguration. Eine Sinnfigur repräsentiert die von den Interaktionspartnern sozialisatorisch erworbenen Interaktionsmuster sowie Handlungs- und Interpretationsregeln in ihren konkreten Erscheinungsweisen innerhalb von konkreten Inter-

Aufgrund dieser Aufgabenstellung ist Wissenschaft – und damit sind nicht nur die Sozial- und Geisteswissenschaften gemeint – die organisierte und reflektierte Bearbeitung von Alltagserfahrung, Alltagswissen und Alltagshandeln. Diese – soweit sie dokumentiert, fixiert oder rekonstruierbar sind – stellen für die Wissenschaft ein System von Texten, von Protokollen alltäglichen Handelns dar, die in der wissenschaftlichen Analyse interpretiert, das heißt in den Möglichkeiten ihrer Entfaltung und in ihrer spezifischen historischen Ausformung verstanden und begründet werden können.

Voraussetzung für diese Arbeit sind – und hier wird die Differenz zwischen dem Erfahrungs- und Handlungsraum des Alltags und dem der Wissenschaft sehr deutlich –:

- die Entlastung des Wissenschaftlers, des Interpreten und seiner Tätigkeit vom aktuellen Handlungsdruck, wie er in alltäglichen Interpretationsprozessen vorliegt;
- die systematische Aufsuche aller Lesarten, das heißt aller Interpretationsmöglichkeiten eines Textes, die systematisch zu begreifen sind als die Verstehens-, Handlungs- und Wahlmöglichkeiten, als Handlungsrahmen für die spezifische Handlungsselektion der Interaktanten, der Produzenten eines Textes;
- die objektive Begründbarkeit einer abschließenden Interpretation, die aus der kritischen Sichtung im ›Lesartenvergleich‹ die Fallspezifik, das heißt die Singularität einer Interaktionskonfiguration, sichtbar macht. Diese abschließende Interpretation meint systematisch dasselbe wie die Aufdeckung eines generativ wirksamen Handlungs- und Deutungsmu-

aktionsprozessen. Dabei realisiert sie in der jeweiligen Interaktion subjektiv das ›Objektive‹ – das sozialisatorisch und sozialstrukturell Überkommene –, und zwar so, daß das Interaktionsprodukt sowohl als der subjektiv gemeinte und gewußte Sinn als auch – aufgrund der Realisierung allgemeiner, das heißt objektiver Regelkompetenz – als die objektiv erschließbare, meist nur latent ausgedrückte Sinnfigur einer Interaktionskonfiguration zu ermitteln ist. Eine Interaktionskonfiguration ist damit die fallspezifische Ausprägung objektiver Sozialisations- und Interaktionsstrukturen, vollzogen von ganz bestimmten aufeinander bezogenen Interaktionspartnern zu einem konkreten Zeitpunkt, innerhalb einer spezifischen historischen und biographischen Situation und vor dem Hintergrund eines von diesen Interaktionspartnern konstruierten und als gemeinsam unterstellten Handlungssinnes.

sters, in dem die Wahrnehmungs-, Bewertungs- und Handlungsmöglichkeiten eines spezifischen Interaktionssystems – einer Interaktionskonfiguration – und damit auch die strukturellen Ursachen der konkreten Handlungsentscheidungen und der Ausformung dieser konkreten Interaktionskonfiguration vor dem Hintergrund allgemeiner sozialer, historischer Strukturen und Wahlmöglichkeiten erkennbar werden.

Nimmt man diese Voraussetzungen zusammen, so erweist sich Wissenschaft als ein spezifischer Handlungs-, Erfahrungs- und Wissenstypus, der von dem des Alltags sehr deutlich unterschieden ist. Und dies weder durch eine besondere Sprache noch eine besondere Fähigkeit, vielmehr durch die systematische und organisierte Herauslösung wissenschaftlicher Interpretation aus aktuellen, zu interpretierenden Interaktionsprozessen und deren Kontexten. Erst und nur durch diesen gemeinsamen Handlungs-, Erfahrungs- und Wissenstypus, das heißt in der Konstruktion dieser spezifisch wissenschaftlichen Situation und Haltung, die als solche jedermann zugänglich und von jedermann nachvollziehbar ist, entsteht die Diskussionsgemeinschaft der Wissenschaftler.
Sie ist zunächst lediglich aufgrund ihrer notwendigen analytischen Distanz von der Gemeinschaft der Handelnden unterschieden und repräsentiert damit einen qualitativ anderen Handlungstypus als den des Alltagshandelns. Diese analytische Distanz zu den ›Alltagstexten‹, zu Interaktionsprodukten generell, ist verpflichtende Professionsnorm der Wissenschaftler. Auf ihr beruhen und nur durch sie funktionieren die Gütekriterien wissenschaftlicher Arbeit: rationale Begründbarkeit, Nachvollziehbarkeit, möglichst umfassende Offenlegung – und damit Test und Falsifizierbarkeit – der Problemstellungen, Ziele, Hypothesen, Resultate und Methoden. Die Übernahme dieses spezifischen Handlungs-, Erfahrungs- und Wissenstypus der Wissenschaft konstituiert erst den ›universe of discourse‹.
Wissenschaftssoziologisch gesehen bedeutet dies: Die Gemeinschaft der Wissenschaftler selbst, nur sie und sonst niemand – und zu ihr erhält jeder durch die Übernahme jener soeben skizzierten spezifischen Haltung Zutritt – setzt Maßstäbe, Ziele und ›Normen‹ für Wissenschaft. Diese wird zur Kunstlehre der Interpretation von Möglichkeiten, zur extensiven Auslegung und Erfahrung von ›Texten der Wirklichkeit‹, von gesellschaftlicher Realität.
Autonomie und Distanz als Professionsnormen der Wissenschaft und der Wissenschaftler garantieren der Gesellschaft, anders als

der kognitive Stil der Praxis, des Alltags, Illusionslosigkeit – den größeren Überblick über das Mögliche und die rational nachvollziehbare Erklärung für das historisch faktisch Vollzogene. Die bereits erwähnte Unterscheidung zwischen Wissenschaft und ›Leben‹ (vgl. 1) findet in der hier bewußt von mir wieder aufgenommenen These Max Webers von der »Wertfreiheit« der Sozialwissenschaften ihren klarsten und entschiedensten Ausdruck. Indem Weber radikal zwischen Wissenschaft und Leben trennt, postuliert er, daß der Wissenschaftler als *Forscher* und *Analytiker* nicht zu werten habe, sondern nur als Alltagshandelnder, als ›Mensch‹, der in aktuellen historischen und politischen Handlungszusammenhängen steht. Diese allgemeine Unterscheidung von Wissenschaft und Leben wird jedoch von Weber in zweierlei Hinsicht eingeschränkt beziehungsweise präzisiert:

1. Die in der Moderne vollzogene Trennung von Wissenschaft und Leben ist historisch bedingt: Resultat der historischen Ausdifferenzierung eines spezifischen Handlungs-, Erfahrungs- und Wissenstypus, der sich seiner Leistungen analytisch rational bewußt wird und sich dementsprechend seine Ziele und Zwecke selbst setzt.
2. In dieser rationalen analytischen Haltung der Wissenschaft wird die Welt entzaubert, entideologisiert, das heißt die traditionellen Wertüberzeugungen werden auf ihre tatsächlich wirksamen und rational analysierbaren sozioökonomischen und sozialstrukturellen Ursachen hin überprüft und dadurch gleichzeitig erklärt und als Werthaltungen an sich überwunden (Weber 1917).

In dieser analytischen Aufgabe, der Verstehbarkeit und Erklärung des historisch faktisch Vollzogenen aus dem in der Problemsituation Möglichen, bindet sich die wissenschaftliche Analyse an den kognitiven Stil der Praxis zurück, der in seinen Regularitäten und Konstruktionsprinzipien nicht nur Gegenstand, sondern in seinen Plausibilitätskriterien – in seinem Handlungsbezug, ›Realismus‹ und Pragmatismus – auch ein, wenn auch nicht das entscheidende, Testinstrument der Analyse ist.

Nur, während der ›realistische‹ kognitive Stil der Praxis, des Alltags, unter Handlungsdruck sich auf *eine* Deutungs-, Wahl- und Handlungsmöglichkeit konzentriert und im Interesse der Handlungsfähigkeit den Zweifel ausklammert und das Fragwürdige als ›normal‹ typisiert, systematisiert die Wissenschaft den Zweifel, die Aufdeckung der alternativen Deutungs-, Wahl- und Handlungsmöglichkeiten: Das Umsetzen scheinbar bekannter, als normal appräsentierter (Grathoff 1978, 98) Möglichkeiten in problematische ist die Grenze zwischen Alltag und Wissenschaft, zwischen Normalität und Zweifel, zwischen Erleben und Reflexion, zwischen der schnellen Realisierung von Zielen und der extensiven Explikation des *Möglichen als des tatsächlichen gesellschaftlichen Wissens.*

Weder was den Erkenntnisgegenstand – den gesellschaftlichen Handlungsraum – noch was das Erkenntnisvermögen und seine Verfahren – das Interpretieren und ›Verstehen‹ sozialer Handlungen, Ziele und Zwecke – angeht, besteht eine qualitative oder erkenntnislogische Differenz zwischen dem kognitiven Stil der Praxis und dem der Wissenschaft. Hier sind sie lediglich durch das jeweilige Maß an Extensität unterschieden. Der qualitative Unterschied zwischen Wissenschaft und Alltag (Leben) besteht vielmehr in den *Erkenntnishaltungen*, den *Erkenntnisstilen* selbst sowie in den ihnen jeweils zugeordneten ›organisatorischen settings‹ (Involviertheit vs. Distanz, Handlungsdruck vs. Freisetzung vom Handlungsdruck etc.).

Hieraus erwachsen die unterschiedlichen Erkenntnisziele, Handlungsmöglichkeiten und Handlungsfähigkeiten. In Anlehnung an die Peircesche Unterscheidung zwischen »Erkennbarem« und »Erkanntem« (Apel 1970, 124) läßt sich formulieren: Der kognitive Stil der Praxis, des Alltags, zielt ab auf *Sicherung* des Erkannten, der analytisch-rekonstruktive und rational konstruierende der Wissenschaft auf *Zweifel* am Erkannten und Entfaltung des Erkennbaren, wobei Wissenschaft ganz im Sinne von Peirce die ›Objektivität‹ der Erkenntnis und ihres rationalen Erklärungszusammenhanges nicht ausschließlich transzendental-logisch, sondern vielmehr auch durch empirische Überprüfung zu legitimieren hat (Peirce 1970, 263 ff.).

Die Frage nach dem Erkennbaren und die nach dem Möglichen hängen eng zusammen. Hierbei läßt sich auch die an einem naiven eindimensionalen Zeitbegriff orientierte Auffassung, das Mögliche sei lediglich das Noch-nicht-Geschehene, leicht korrigieren: Erkennbarkeit ist sowohl ein Modus des bereits Erkannten wie auch des noch nicht Erkannten. Ebenso ist ›Möglichkeit‹ sowohl ein Modus des faktisch Geschehenen als auch des nicht oder des Noch-nicht-Geschehenen. Darüberhinaus beeinflußt das Potential des Gewußten oder Geahnten, ›zukünftig‹ Möglichen als Plan oder ›Sorge‹ die Gegenwart, ist Teil einer Gegenwart, in der wir auch auf Zukünftiges ›reagieren‹.

An einem – allerdings leicht zu verallgemeinernden – Spezialfall wissenschaftlich ›verstehender‹ Analyse wird diese komplexe Verknüpfung von Reaktions-, Erfahrungs-, Wissens- und Zeitstruktur sichtbar: beim historischen Verstehen. Dieses besteht vor allem in der hypothetischen Rekonstruktion einer historischen *Problemsituation* (Popper) und den in ihr objektiv gegebenen und objektiv verstehbaren Lösungs- und Fehlermöglichkeiten, so wie sie in rekonstruierten Handlungen und Handlungsalternativen sichtbar werden. Ganz allgemein ist die ›Realität‹ gesellschaftlicher Handlungen gleichzusetzen mit der ›Realität‹ ihrer erkennbaren und explizierbaren Deutungsmöglichkeiten.

Hier zeigt sich die besondere Funktion wissenschaftlicher Arbeit gegenüber der Wirklichkeit. Wissenschaft als ein spezifisches, historisch spät ausdifferenziertes Erfahrungs-, Handlungs- und Wissenssystem übernimmt gegenüber der Gesellschaft und für sie die Funktion der »stellvertretenden Deutung« gesellschaftlicher Realität (Oevermann 1979). Dieser Aufgabenstellung und auch der Natur kann sie gerade und nur durch ihre Wertneutralität und analytische Distanz zum ›Leben‹ gerecht werden. Denn erst dadurch werden die Deutungsmöglichkeiten als Handlungsmöglichkeiten sichtbar und damit auch rationale Aktionen und Reaktionen auf Strukturvorgaben und Problemsituationen möglich.

Die historische Ausdifferenzierung des Handlungssystems ›Wissenschaft‹ ist zugleich ein weiterer Schritt auf dem Weg der menschlichen Gattung durch die Evolution und auch ein Schritt in Richtung auf die rationale Bewältigung evolutionärer Zwänge dieser Gattung. In dieser Funktion besteht Wissenschaft darin, hypothetisch Problemsituationen zu rekonstruieren und zu prognostizieren, um das gesellschaftliche Reaktionsrepertoire zu vergrößern, das heißt hypothetisch und ›wertneutral‹ möglichst *alle* denkbaren Probleme – oder ›Gefahren‹ – zu konstruieren und den Zweifel am Erkannten zu systematisieren, bevor aktueller Handlungsdruck die Sicht auf die Realität des Möglichen verstellt.

Die immer wieder zu hörende Forderung nach unmittelbarer ›gesellschaftlicher Relevanz‹, ›Praxisbezug‹, ›Verwertungsaspekt‹ wissenschaftlicher Arbeit – womit in der Regel ohnehin nur die kurzsichtige Anbindung der Forschung an aktuelle Partialinteressen von Gruppen gemeint ist, die sich selbst stellvertretend für die Gesellschaft als relevant ausgeben – intendiert, wie bereits an den

Formulierungen deutlich wird, die Anerkennung überkommener, von ›außen‹ an die wissenschaftliche Haltung herangetragener Werthaltungen und Normen durch die Wissenschaft, mithin das genaue Gegenteil dessen, was die wissenschaftliche Haltung gegenüber der gesellschaftlichen Realität ausmacht. Die Klage über die politische ›Ohnmacht‹ und ›Hilflosigkeit‹ des Wissenschaftlers übersieht, daß im politischen Leben im ›Alltag‹ die wissenschaftliche Haltung aufgegeben werden kann und muß, daß auch die im Handlungssystem ›Wissenschaft‹ Arbeitenden nicht außerhalb der Gesellschaft leben und ebenso wie jeder andere im Alltag praktische, politische Entscheidungen fällen müssen. Nur tun sie dies dann nicht im analytisch distanzierten Erfahrungs- und Wissensstil der Wissenschaft, sondern im kognitiven Stil der Praxis, des Alltags: als Alltagshandelnde – nicht als Wissenschaftler.
Aber daran, daß im Alltag tatsächlich verantwortungsvoll, d. h. zwischen Alternativen wertend, gehandelt werden kann, hat die wissenschaftliche Analyse und Deutung großen, entscheidenden Anteil: Erst durch sie werden Alternativen extensiv und rational erkennbar und sinnvolle Wertungen möglich. Sicher, die Wissenschaft hat noch selten im Verlauf der Geschichte die Menschen daran hindern können, in den Brunnen zu fallen. Aber sie hat es oftmals immerhin erreicht, daß der Sturz in den Brunnen nicht dem Schicksal oder überirdischen Kräften angelastet werden konnte. Bei ungestörter, professionell und ordentlich durchgeführter wissenschaftlicher Analyse werden die Handlungsalternativen, die Realität des Möglichen, die Wege um den Brunnen herum sichtbar. Und erst hieraus erwächst in einem für alle rational nachvollziehbaren Sinn Verantwortung und auch die Möglichkeit, jemanden sinnvoll für sein Handeln ›zur Verantwortung zu ziehen‹. Aber auch hier ist die Exekutive naturgemäß keine Aufgabe des Wissenschaftlers. Die Übernahme der wissenschaftlichen Haltung macht ihn zum Analytiker, nicht zum Normenkontrolleur. (Vgl. hierzu auch Max Webers Unterscheidung zwischen »Gesinnungsethik« und »Verantwortungsethik« in Weber 1919.)
Die wissenschaftliche Analyse und ihre Rationalität, Überprüfbarkeit und Falsifizierbarkeit basieren auf der Erfüllung des Postulats nach extensiver Explikation der Handlungs- und Bedeutungsmöglichkeiten als den handlungswirksamen Elementen der Realität. Dieser Explikationszwang bindet den Erfahrungs-,

Handlungs- und Wissensstil der Wissenschaft sehr viel stärker an *Sprache* als den kognitiven Stil der Praxis. Der wissenschaftliche Diskurs impliziert die – zwar auch im Alltag vorausgesetzte (vgl. II), aber nicht ausgeführte – prinzipielle sprachliche Ausdrückbarkeit von Problemen, Handlungsprämissen, Hypothesen, Resultaten etc. Wissenschaftliche Analyse besteht im extensiven Ausformulieren möglichst aller Hypothesen und Bedeutungsmöglichkeiten eines Gegenstandes. Die *Versprachlichung* wissenschaftlicher Arbeit ist die Voraussetzung für die Überprüfung wissenschaftlicher Verfahren und Resultate. Sie ermöglicht die Schaffung, Änderung und Überwindung von Erklärungen und die Erkennung von Erklärungsmythen.

Damit ist die Versprachlichung Grundbedingung wissenschaftlicher Arbeit und Kritik. Sie macht Wissenschaft objektiv, das heißt hier zunächst: verfügbar, unabhängig von Personen, Gruppen und aktuellen, historischen Zwängen. Der Erfahrungs-, Handlungs- und Wissensstil der Wissenschaft ist gekennzeichnet durch das unpersönliche Argument, und dieses wiederum basiert auf der in der Sprache dokumentierten – diskursiven – Welt der Problemsituationen, Hypothesen, Theorien, Vermutungen, auf dem, was Popper die »dritte Welt« nennt (Popper 1972, insbesondere 123 f.): Eine objektiv gegebene, zwar von Menschen erzeugte, nun aber eigenständige, in ihren objektiven Bedeutungsmöglichkeiten und Problemhorizonten jedoch weder endgültig verstandene noch gedeutete und dennoch auf das Denken zurückwirkende Welt.

Die (im weitesten Sinne) schriftliche *Fixierung* – die ›Diskursivität‹ – der wissenschaftlichen Arbeit ist Bedingung für die Erzeugung, Wirkung, Eigenständigkeit und Diskutierbarkeit dieser Welt. Die Welt der Wissenschaft ist eine Welt der Texte, der Protokolle von Denken und Handeln, eine Welt fixierter Lebensäußerungen. Und nur gegenüber dauernd fixierten Lebensäußerungen, den ›Texten‹ der Wissenschaft, kann eine wissenschaftliche Analyse einen kontrollierbaren Grad von Objektivität erreichen (vgl. dazu auch Dilthey 1900, 319, und Ricœur 1972), kann die Aufmerksamkeit konstant und distanziert am Gegenstand gehalten werden. Nur gegenüber solchen objektiv vorliegenden, fixierten Lebensäußerungen – die als fixierte nicht mehr ›im Fluß‹, nicht ›das Leben‹ selbst, sondern nun selbständige Texte sind – ist die Ausbildung einer Kunstlehre der Analyse, der organisierten Konzentration der Aufmerksamkeit, der extensiven Aufdeckung des objektiven Bedeutungspotentials von Texten möglich: Menschliche Interaktion, ob im Alltag oder in der wissenschaftlichen Arbeit, ist immer Interpretation – die Ausbildung einer Kunstlehre des Verstehens, der wissenschaftlichen Interpretation, ist jedoch nur gegenüber dauernd fixierten Lebensäußerungen möglich.

Das Merkmal solcher fixierten Texte besteht darin, daß sie sich nicht nur von ihrer sogenannten Ursprungsszene, von einer aktuellen Problemsituation gelöst haben, sondern auch von ihren konkreten Produzenten und dem von diesen in den ›protokollierten‹ Handlungen subjektiv intendierten Sinn. Durch ihre Fixierung erhalten diese Texte eine eigene Qualität. Sie sind innerhalb einer konkreten Problemsituation – und auf diese bezogen – von konkreten Interaktionspartnern erzeugt. Aber die wissenschaftliche Interpretation stellt dieses Erzeugnis hypothetisch in eine quasi allgemeine Interaktionssituation, in eine andere Welt, das heißt in eine allgemeine Problemsituation, vor deren Hintergrund erst sowohl die fallspezifische Ausprägung und Bedeutung eines Textes als auch die allgemeinen Voraussetzungen seiner Produktion sichtbar werden.

Dabei deckt die wissenschaftliche Interpretation die eigentümliche Struktur menschlicher Erzeugnisse und die Funktion dieser Erzeugnisse für die Gattung auf: die Wechselwirkung zwischen handelnden Menschen und ihren – in gewisser Weise selbständigen – Erzeugnissen. In dem objektiv gegebenen, die konkrete Problem- und Entstehungssituation überschreitenden Potential der Produkte und, damit verbunden, in der analytischen Aufdekkung dieses Bedeutungspotentials liegt begründet, was Popper die »Selbstüberschreitung der menschlichen Fähigkeiten« nennt (Popper 1972, 167). Dies gilt für menschliche Erzeugnisse generell und auch für wissenschaftliche Theorien, die einerseits ebenso wie andere menschliche Produkte an konkrete historische Problemsituationen und Entstehungsbedingungen gebunden sind, andererseits durch das Maß ihrer Ausformulierung und durch ihre Diskursivität diese Tendenz zur Selbstüberschreitung besonders fördern: »Mit unseren Theorien geschieht dasselbe wie mit unseren Kindern: sie werden allmählich weitgehend unabhängig von ihren Eltern; und wir können von ihnen mehr Erkenntnisse erlangen, als wir ursprünglich in sie hineingelegt haben« (ebenda).

Die Hermeneutik des Fixierten, der fixierten Erzeugnisse, ist zugleich Rekonstruktion der Produkte und ihrer Entstehungsbedingungen wie auch die Simulation ihrer Erzeugung. Sie enthält damit neben den Verfahren der analytischen Rekonstruktion von Handlungen auch Elemente der Prognostik, die generell in der Simulation von Erzeugungsvorgängen für ›neue‹ Produkte eingesetzt werden können. Auch diese prognostischen Elemente der Interpretation existieren im Alltag. Sie treten dann auf, wenn wir zukünftige Ereignisse durch unsere Erwartung in unsere gegenwärtige Reaktion einbeziehen.

Die hermeneutische Prognostik wissenschaftlicher Analyse besteht demgegenüber sowohl in der Simulation der Erzeugung eines ›zukünftigen‹ Produktes als auch in der Erarbeitung des Reaktions-/Bedeutungspotentials, das mit diesem Erzeugnis verbunden ist. Dabei vollzieht sich die extensive Erarbeitung des Reaktions-/Bedeutungspotentials unabhängig von der Wahrscheinlichkeit des tatsächlichen Auftretens einer bestimmten Reaktion oder Bedeutung. Entscheidend ist vielmehr, daß eine prognostizierte Reaktion oder Bedeutung möglich, d. h. nachvollziehbar ist. Dies wiederum ist die Stelle, an der die Empirie als Test- und Kontrollkriterium wissenschaftlicher Interpretation eingesetzt werden muß, und zwar im Sinne der Überprüfung der Wahrheit oder »Wahrheitsähnlichkeit« (Popper 1972, 65) einer Theorie anhand eines Tests auf ihre Übereinstimmung mit den ›Tatsachen‹ oder der ›Wirklichkeit‹ (Tarski 1956, 156ff.).

Die Unterscheidung zwischen Möglichkeit und Wirklichkeit, Erkennbarem und Erkanntem, Denkbarem und Gedachtem scheint durch die Angabe dieses Testkriteriums wieder verwischt zu werden. Gerade in ihm, im bewußten Einsatz der Empirie als Testfall der Theorie, ist jedoch meines Erachtens das enthalten, was den kognitiven Stil der Praxis, des Alltags, von dem analytisch-rekonstruktiven und theoretisch konstruktiven der Wissenschaft unterscheidet: das in der wissenschaftlichen Haltung gegebene, bewußte Nebeneinanderhalten von ›Wirklichkeit‹ (Faktizität) und Möglichkeit, wobei die jeweiligen ›Fakten‹ in ihrer Singularität verstanden werden vor dem Hintergrund der in der Problemsituation ihres Auftretens vorhandenen und dann ausgeschlossenen Möglichkeiten.

Indem – wie es bisher getan wurde – ›Wirklichkeit‹ (Faktizität) und Möglichkeit als unmittelbar aufeinander bezogen verstanden werden, scheint vorausgesetzt zu sein, daß dem Alltagsverstand und der wissenschaftlichen Reflexion ein gemeinsames Verständnis von ›Wirklichkeit‹ zugrunde liegt. Eben dies – so meine These – ist jedoch nicht der Fall: *Die wissenschaftliche Haltung konstituiert ein anderes Konzept von ›Wirklichkeit‹ als der kognitive Stil der Praxis.*

Diese für den vorliegenden Ansatz zentrale These soll im folgenden Abschnitt diskutiert werden.

IV

»Alle Wissenschaft und Philosophie ist aufgeklärter Alltagsverstand«, stellt Popper (1972) fest. Aber diese Feststellung bleibt eine bloße Behauptung, wenn nicht gezeigt wird – und diesem Problem hat Popper keine Beachtung geschenkt –, wo das aufklärerische Element der Wissenschaft im Alltagsverstand angelegt ist, wodurch die ›Überschreitung‹ des Alltagsverstandes, des kognitiven Stils der Praxis, möglich ist und worin sich schließlich Alltagsverstand und wissenschaftliche Erkenntnishaltung unterscheiden.

Ich habe im vorangehenden Abschnitt versucht, diese Fragen zu beantworten. Dabei wurde die Frage nach einem Wirklichkeitskonzept von Anfang an thematisiert, aber auf eine charakteristische und – wie mir scheint – auf die einzig mögliche Art und Weise: Es wurde ausgegangen von den Erfahrungs- und Handlungsmöglichkeiten der menschlichen Gattung als einer Interaktionsgemeinschaft mit einer spezifischen biologischen ›Ausstattung‹ und besonderen, im weiteren Verlauf der Evolution erworbenen Fähigkeiten.[6] Dabei wurde nicht gefragt, *was* denn die Wirklichkeit sei, sondern *wie* im gemeinschaftlich organisierten Handlungs- und Reaktionsgefüge menschlicher Interaktionsgemeinschaften ›Wirklichkeit‹ konstituiert, erfahren und verändert wird.

Diese Fragestellung knüpft an bei der erkenntnistheoretischen

6 Vgl. dazu insbesondere die Grundlegung dieses ›interaktionstheoretischen‹ Ansatzes bei G. H. Mead, ebenso die Arbeiten A. Gehlens und H. Plessners, die an diesem Punkt durch eine ähnliche erkenntnistheoretische ›Wende‹ gekennzeichnet sind, und die phänomenologische Analyse der »gesellschaftlichen Konstruktion der Wirklichkeit« bei A. Schütz, Schütz/Luckmann und Berger/Luckmann.

›Wende‹, die durch die kantische Transzendentalphilosophie mit der Frage nach der Bedingung der Möglichkeit von Erkenntnis vollzogen, von E. Cassirer sprach- und symboltheoretisch interpretiert und insbesondere von G. H. Mead interaktionstheoretisch erweitert und umformuliert wurde. Damit wird auch die Tradition dieser Fragestellung deutlich. Sie verweist auf ein Stück Aufklärung innerhalb der Wissenschaft: auf die Überwindung des ›naiven‹ philosophischen Realismus – konkret: auf die Überwindung der naiven Gleichsetzung der Wirklichkeit mit dem ›unmittelbar Erfahrenen‹.

Popper als ›aufgeklärter Realist‹ hält zwar mit einigen guten Gründen an einem reflektierten Realismus fest und schlägt vor, »den Realismus als die einzig vernünftige Hypothese zu akzeptieren – als eine Vermutung, zu der noch nie eine vernünftige Alternative angegeben worden ist« (Popper 1972, 54). Zugleich aber leistet er eine Kritik des Realismus. Er weist nach, daß jener soeben empfohlene Realismus weder beweisbar noch widerlegbar (Popper 1963, 37 ff.) und damit stets in Gefahr ist, vom Status einer wissenschaftlichen Vermutung in den eines Systems von Glaubenssätzen überzugehen.

Ich gehe hier nur so weit auf die Realismuskritik Poppers ein, wie sie für die vorliegende Problemstellung wichtig ist, werde dann jedoch versuchen anzudeuten, inwiefern meines Erachtens die oben charakterisierte interaktionstheoretische Perspektive imstande ist, plausiblere Antworten zu geben auf die Frage nach der gesellschaftlichen Konstitution von ›Wirklichkeit‹ und nach der Unterscheidung zwischen dem Wirklichkeitskonzept des Alltagsverstandes und dem der Wissenschaft.

Popper diskutiert zunächst verschiedene erkenntnistheoretische Ansätze innerhalb der Philosophie (-geschichte)[7], vergleicht die dort erarbeiteten Hypothesen mit Annahmen des Alltagsverstandes (Popper 1972, 44 ff.) und kommt zu dem Ergebnis, daß die für unbezweifelbar gehaltene Voraussetzung einer unverfälschten, reinen Sinneswahrnehmung und die darauf basierende Annahme unmittelbaren, direkten Wissens keine theoretisch begründbaren Thesen, sondern Teile eines im Alltagsverstand ange-

7 Zu dieser Problematik vergleiche auch Susanne K. Langer, 1965, die – beeinflußt von Cassirer, aus einer ganz anderen Tradition kommend – in weiten Bereichen zu ähnlichen Ergebnissen gelangt wie Popper.

legten Glaubenssystems darstellen. Damit ist für ihn folgerichtig auch »die ganze Geschichte vom ›Gegebenen‹, von den wahren Daten, denen Gewißheit anhaftet (...), eine falsche Theorie, obwohl sie Teil des Alltagsverstandes ist« (ebenda, 77). Diese »Kübeltheorie« (ebenda, 74) des Alltagsverstandes und des ›naiven‹ Realismus postuliert die Sicherheit der sinnlichen Erkenntnis und betrachtet den menschlichen Geist als einen anfangs leeren Kübel, der mit der Zeit mit dem von den Sinnen vermittelten Material gefüllt wird, das er ablagert und/oder – hier wohl mehr Magen als Geist – verdaut.

Popper sieht sehr genau, wie der Alltagsverstand arbeitet, aber er erklärt nicht, worin die Funktion dieser Arbeitsweise liegt: eben in dem Zwang, im Alltag unter Druck schnell und adäquat handeln zu müssen (vgl. II), wobei die – lediglich postulierte – »Gewißheit« die Aufgabe übernimmt, Zweifel erst gar nicht aufkommen zu lassen, das heißt präventiv einer Handlungshemmung entgegenzuwirken.

Eine Möglichkeit der Kritik an derartig präsentierten Scheingewißheiten und Glaubenssätzen sieht Popper in der methodischen Konstruktion alternativer Annahmen über einen Gegenstand der Erfahrung. Hier allerdings fehlt in seiner Argumentationskette ein wichtiger Schritt: Ganz sicher ist der Übergang von der postulierten Zweifelsfreiheit des Alltagsverstandes und Organisation des Zweifels in der Wissenschaft nicht so fließend, wie es bei Popper dargestellt wird. Dieser Übergang wird konstituiert von der bewußt eingenommenen distanzierten Haltung menschlicher Individuen gegenüber sich selbst und gegenüber ›Gegenständen‹ der Handlung und Erfahrung (vgl. III). Diese wissenschaftliche Haltung, in der sich ein Individuum gegenüber sich selbst und seiner Welt so verhält, wie es jedes andere vernunftbegabte Individuum (Meads »generalisierter Anderer«) nachvollziehen könnte, das also sich selbst gegenüber auch die Haltung eines ›generalisierten Anderen‹ einnimmt, transformiert durch die Distanz die Alltagserfahrung in die Welt des ›unpersönlichen‹, vernünftigen Arguments.

Die Wissenschaft besteht – wie gezeigt wurde – in der bewußten, organisierten Distanz zum Handlungsfluß. In dieser distanzierten Haltung steht sie allerdings nicht allein. Jede Art von Kunst nimmt per se – wenn auch in anderer Weise, mit anderen Zielsetzungen und einer anderen Betonung der Diskursivität der von ihr

produzierten ›Texte‹ – grundsätzlich (ob bewußt oder unbewußt) gegenüber der ›Welt‹ eine distanzierte Haltung ein.[8] Daß diese distanzierte Haltung allein ausreicht, den Zweifel in Gang zu setzen, das Selbstverständliche und deswegen bisher kaum Wahrgenommene in seiner Struktur sichtbar zu machen, hat Goffman mit seinem Hinweis auf die Funktion von Zirkusnummern gezeigt: Hier wird das Ungewöhnliche produziert mit dem Effekt, daß das Publikum darauf aufmerksam wird, »worin die Ordnung und die Grenzen (der) grundlegenden Rahmen bestehen« (Goffman 1977, 41). Ebenso sind für ihn Monstren weniger eine Erfindung zur Erregung von Schrecken oder zur Erziehung zum Gehorsam, sondern Anlaß zum »Nachdenken über Gegenstände, Personen, Beziehungen und Eigenschaften der Umwelt, die man bisher unbesehen hingenommen hatte« (ebenda).
Anders als für den Alltagsverstand, der immer schon zu wissen glaubt, was Wirklichkeit ist, ergibt sich aus der wissenschaftlichen Haltung die Frage, unter welchen Bedingungen wir etwas für wirklich halten (vgl. Goffman 1977, 10). Die Richtung, in der eine Antwort auf die Frage zu finden ist, hat Mead gegeben, indem er zeigte, daß wir ein ›Objekt‹ aufgrund unserer eigenen Reaktion wahrnehmen (Mead 1934, 154): D. h., weniger das Objekt selbst als unsere Reaktion darauf muß zum Gegenstand der Analyse werden. Damit erhält die Frage nach der Wirklichkeit und ihren ›Gegenständen‹ eine entscheidende Wende. Vom Alltagsverstand wird sie gesehen als eine Innen-außen-Beziehung, wobei das ›außen‹ objektiv Vorliegende als das durch die Sinne

8 Vgl. hierzu u. a. Hegels *Ästhetik*. Hier wird im Bereich der Kunst sehr deutlich der Aspekt der Autonomie, der professionellen – das heißt von den Künstlern selbst vorgenommenen – Erstellung von Gütekriterien und Normen für Kunst herausgestellt. Die von Hegel vorgenommene Unterscheidung zwischen »freier« und »dienender« (1970, XIII, 18 f.), zwischen autonomer und von außen auf bestimmte Normen verpflichteter Kunst, ist strukturgleich mit der Unterscheidung zwischen autonomer, ›wertneutraler‹ Wissenschaft und der technologischen Verwendung wissenschaftlicher Resultate im politischen Handeln. Wenn »freie« zu »dienender« Kunst wird, verliert sie ebenso ihren Anspruch auf künstlerische Wahrheit, wie Wissenschaft ihren Anspruch auf die Erreichung von Wahrheitsähnlichkeit – auf ihre tatsächliche gesellschaftliche Funktion (vgl. III) – verliert, wenn sie in Technologie – sei es nun in sogenannter ›Auftrags‹- oder auch ›Aktionsforschung‹ – auf- bzw. untergeht.

unmittelbar als sicher Erkannte in den ›Kübel‹ des Geistes wandert, in dem es gespeichert wird. In der distanzierten Haltung der Wissenschaft werden dagegen Erfahren und Begreifen als Reaktion und Aktion gesehen und thematisiert: als der Vorgang der Anpassung eines in einer Gemeinschaft organisierten Subjektes, eines Gemeinschaftswesens, an den Gegenstand oder an das Gegenüber und als die Anpassung des Gegenstandes oder Gegenübers an die strukturell vorgegebenen und aktuell umgesetzten Wahrnehmungsbedingungen eines Subjektes als eines Gemeinschaftswesens.

Erst wenn in diesem doppelten Sinne Erkenntnisvorgang und Erkenntnishaltung als Teil des Anpassungsprozesses der Einzelnen wie der Gattung an ihre jeweilige Umwelt und an die strukturellen und historischen Gegebenheiten der eigenen Gattungsgemeinschaft gesehen werden, erhält das Wort von der ›aufklärerischen‹ Funktion der Wissenschaft seinen vollen Sinn. Wissenschaft als Produkt des Menschen klärt auf über den ›normalen‹ Anpassungsvorgang der spezifischen menschlichen Interaktionsgemeinschaft gegenüber ihrer Umwelt.

Ein Mechanismus und Teil dieses Anpassungsvorgangs ist der Alltagsverstand. Er ist zu verstehen als organisiertes, regelhaft geleitetes Reaktionsvermögen der Gattung auf ›normale‹ und auf Problemsituationen. Beide versucht er mit Hilfe von Routinen zu bewältigen, ohne sich selbst und sein Wahrnehmungs- und Handlungsvermögen zu thematisieren. Dieses Thema greift Wissenschaft auf. Sie überschreitet – allerdings mit Hilfe des im Alltagsverstand angelegten Potentials (vgl. II und III) – diesen ›normalen‹ Anpassungsvorgang, *indem sie sich mit der Haltung der Distanz von dem mit ihm verbundenen unmittelbaren Anpassungs-/Handlungsdruck befreit und damit den Vorgang der Anpassung als Handlungs- und Wahrnehmungsbedingung und auch als Bedingung der gesellschaftlichen Konstitution von Wirklichkeit nach und nach sichtbar macht. In diesem Sinne und aufgrund dieser Funktion stellt das historisch erst spät auftretende und sich noch weiter ausdifferenzierende System der Wissenschaft einen weiteren Schritt innerhalb der evolutionären Entwicklung der menschlichen Gattung dar: Die ausgebildete wissenschaftliche Haltung muß verstanden werden als neu entwickelter, evolutionär gewonnener, rational gesteuerter Anpassungstypus einer Gattung gegenüber ihrer Umwelt und gegenüber sich selbst.*

Wissenschaft methodisiert den im Alltagsverstand – im alltäglichen Reaktionspotential der Gattungsgemeinschaft – angelegten Vorgang der Überschreitung unmittelbarer Anpassungszwänge durch die systematische Konstruktion der Distanz des Wissenschaftlers zur Alltagspraxis. Damit überschreitet die wissenschaftliche Haltung nicht nur den kognitiven Stil der Praxis in Richtung auf den analytisch (re-)konstruktiven Stil der Theorie. Sie verläßt auch das Wirklichkeitskonzept des Alltags. Ist im naiven Realismus des Alltagsverstandes die Wirklichkeit – vermittelt über unmittelbar gegebene, ›sichere‹ Daten – das Gewissen, der feste Boden, während Reaktion und Reaktionsselektion das Moment der Unsicherheit mit sich bringen, so sind für die Wissenschaft eben jene ›sicheren‹ Daten grundsätzlich Gegenstand des Zweifels, während die aus dem Zweifel erwachsende extensive Konstruktion alternativer Hypothesen zunehmend Sicherheit – im Sinne des Erreichens und Testens der Wahrheitsähnlichkeit von Vermutungen – konstituiert.
Das Wirklichkeitskonzept des Alltagsverstandes besteht in der Unterdrückung des vorhandenen Zweifels: im Vertrauen auf ›sichere‹ Daten (die ›Wirklichkeit‹) und in dem Versuch, ein System von Gewißheiten und sicheren Reaktionen zu konstituieren. Das Wirklichkeitskonzept der Wissenschaft dagegen in der Aufrechterhaltung des Zweifels an sicheren Daten: in der Frage nach der Bedingung der Möglichkeit der Konstitution gesellschaftlicher, intersubjektiv erfahrbarer Wirklichkeit. Es orientiert sich an den rationalen Möglichkeiten der extensiven Konstruktion und Kritik von Hypothesen, Vermutungen, Reaktions- oder Handlungskonzepten – an der Analyse und Konstruktion von Anpassungsmöglichkeiten. Dieses Wirklichkeitskonzept basiert auf der in der distanzierten Haltung der Wissenschaft systematisierten Loslösung von der Alltagswirklichkeit, vom Handlungs- und Anpassungszwang im ›Alltag‹.
Daß sich aus den unterschiedlichen Wirklichkeitskonzepten von Alltagsverstand und wissenschaftlicher Haltung einerseits zwangsläufig auch unterschiedliche Handlungs- und Interpretationstypen ergeben, ist ebenso evident wie andererseits die Tatsache, daß Alltagsverstand und wissenschaftliche Haltung nicht unabhängig voneinander gedacht werden können, daß sie zueinander nicht nur in einem Verweisungs-, sondern auch in einem Begründungszusammenhang stehen. Die wissenschaftliche Haltung ist im

kognitiven Stil der Praxis, den sie überschreitet, angelegt und geht aus ihm hervor, so wie der Sinnbezirk der Wissenschaft aus dem ausgezeichneten Sinnbereich des Alltags hervorgeht, auf den er bezogen bleibt. Dennoch ist das Verhältnis der beiden Bereiche und der von ihnen repräsentierten Erfahrungs-, Handlungs- und Wissensstile zueinander durch die *wechselseitige Anerkennung der Autonomie* des jeweils anderen gekennzeichnet.

Dieses spezifische Verhältnis beider Bereiche zueinander ist *konstitutiv*, sowohl was die jeweiligen Leistungen und Funktionen der beiden unterschiedlichen Erfahrungs-, Handlungs- und Wissensstile an sich, als auch was ihre Leistungen und Funktionen für den jeweils anderen Bereich angeht. Die Forderungen nach ›Praxisbezug‹, nach unmittelbarer Verwendbarkeit der Wissenschaft, nach ›wissenschaftlich gesteuerter Intervention‹ im Alltag zielt auf die Vermengung der Leistungen und Erkenntnisstile beider Bereiche. Würde sie erfüllt – und dies ist die im letzten Teil des Aufsatzes diskutierte These –, brächte dies für beide Bereiche und die ihnen zugehörigen Erkenntnisstile und Haltungen einen Leistungsverlust mit sich.

So progressiv also diese Forderung sich gibt, von der Sache her ist sie ein Weg in die Restauration, in die Gegenaufklärung. Sie ersetzt das Wirken der alten Mythen im Alltag durch den Glauben an den neuen Mythos der Wissenschaft und seine unmittelbare Wirksamkeit und Verwendbarkeit im Alltag. ›Verwissenschaftlichung‹ des Alltags ist so letztlich eine neue Form seiner Ideologisierung.

V

»Um noch über das *Belehren* wie die Welt sein soll, ein Wort zu sagen, so kommt dazu ohnehin die Philosophie immer zu spät«, schreibt Hegel in seiner Vorrede zu den *Grundlinien der Philosophie des Rechts.* Die Begründung dieser These zielt auf die Folgen, die sich aus der distanzierten Haltung der Wissenschaft gegenüber den ›diskursiven Texten der Wirklichkeit« (vgl. III) ergeben und die den spezifischen Erfahrungs-, Handlungs- und Wissensstil der Wissenschaft prägen: Die wissenschaftliche Analyse bezieht sich auf *Handlungsprotokolle*, d. h. sie setzt ein, wenn die Handlungen und Ereignisse, die sie analysiert, vorüber sind.

Hypothesen, Systematisierungen, begriffliche Fassungen – die extensive reflektierte Deutung der Welt – erscheinen sowohl, was die analytische Situation, als auch, was das Auftreten der Wissenschaft (Philosophie) in der Geschichte selbst angeht, »nachdem die Wirklichkeit ihren Bildungsprozeß vollendet und sich fertig gemacht hat« (Hegel 1970, VII, 28). »Reales« und »Ideales«, Faktizität und Möglichkeit, die Alltagspraxis und das »intellektuelle Reich« (ebenda)[9] der Alternativen lassen sich erst nebeneinanderhalten und analytisch aufeinander beziehen, wenn der analysierte Wirklichkeitsausschnitt abgeschlossen – diskursiv – vorliegt und so die Deutungen am ›Text‹ erprobt werden können.

Das ›Leben‹, die Alltagspraxis, ist ein autonomer Bereich sui generis, den die Wissenschaft ex post deutend bearbeitet, dessen Autonomie sie jedoch – aufgrund ihrer distanzierten Haltung – niemals gefährden kann und will. Auflösung der distanzierten Haltung, z. B. in der sogenannten wissenschaftlich gesteuerten Intervention in die Alltagspraxis hinein, bedeutet daher Zerstörung des Erfahrungs-,Handlungs- und Wissensstils der Wissenschaft, ist letztlich die falsche Etikettierung und mythische Überhöhung eines – ebenso wie andere dem unmittelbaren Anpassungs- und Handlungsdruck ausgesetzten – ›alltäglichen‹ Handlungstypus.

Die bei der soeben skizzierten ex-post-Analyse auftretende – nur vordergründig rein ›futurische‹ – Entwurf- und Zeitstruktur von Hypothesen und alternativer Handlungsprognostik bezieht sich nicht nur auf die Deutungsprozedur gegenüber ›vollendeten‹ Texten. Sie ist nicht spezifisch für den wissenschaftlichen Erkenntnisstil. Er hat sie gemeinsam mit dem kognitiven Stil der Praxis, im Entwurf- und »Sorge«-Charakter alltäglichen Daseins (Heidegger 1927, 1. Abschnitt, 6. Kapitel, insbesondere 2. Abschnitt, 3. Kapitel). Spezifisch für Wissenschaft ist vielmehr der gedankenexperimentelle Umgang mit Realität, die Konstruktion der Möglichkeiten aus diskursiven Daten der Erfahrung, die bewußte Kontrastierung von Faktizität und Möglichkeit, die nur – gedanklich reale – intellektuelle Welt des ›Als-ob‹ der extensiv erarbeiteten Alternativen und Hypothesen über Wirklichkeit und Wirklichkeitskonstruktion. Und auch der Bereich der Wissen-

9 Es ist – trotz der häufigen Polemik Poppers gegen Hegel – evident, daß man keinen weiten Weg zurücklegen muß, um von Hegels »intellektuellem Reich« in Poppers »dritte Welt« zu gelangen.

schaft ist in diesem Sinne autonom, prinzipiell abgehoben von der Wirklichkeit und nur so in der Lage, seine oben beschriebene Funktion auszuüben.
Die Lebens- und Alltagspraxis vollzieht sich dementsprechend ebenfalls autonom, unter anderen Handlungs- und Wahrnehmungsbedingungen als denen der Wissenschaft. Daraus ergibt sich für die wissenschaftliche Analyse zwangsläufig, daß sie keinen Einfluß auf das ›Leben‹, auf das Handeln und Sollen der Alltagspraxis hat oder haben kann. Bei abgeschlossenen – diskursiv vorliegenden – ›Texten der Wirklichkeit‹ ist nur noch Deutung, nicht Veränderung möglich: Die Historie kann verdrängt oder verschleiert, nicht aber verändert oder therapiert werden. D. h. der Wissenschaftler verhält sich gegenüber den Texten der Wirklichkeit prinzipiell als Interpret, nicht als Autor: Wenn die Wissenschaft »ihr Grau in Grau malt, dann ist eine Gestalt des Lebens alt geworden, und mit Grau in Grau läßt sie sich nicht verjüngen, sondern nur erkennen: die Eule der Minerva beginnt erst mit der einbrechenden Dämmerung ihren Flug« (Hegel 1970, VII, 28).
Darüber hinaus gelten für die Deutungen, Hypothesen, Entwürfe einige wesentliche Handlungskategorien der Lebenspraxis nicht. Im ›intellektuellen Reich‹ der konkurrierenden Hypothesen sind normative Sollensbestimmungen – bis auf die der Extensivität, Kritikfähigkeit und Wahrheitsähnlichkeit – ausgesetzt. Überprüfungskriterium für die Deutungen ist dabei in jedem Fall der Text, und der bleibt unverändert.
Selbstverständlich bleibt unbestritten, daß die so erarbeiteten Hypothesen und Wissensbestände aktuell ablaufende oder zukünftige Handlungsprozesse beeinflussen können und dies wohl auch tatsächlich tun. Dabei darf nur zweierlei nicht übersehen werden:

1. Aktuell ablaufende oder zukünftige Handlungsprozesse konstituieren prinzipiell andere Texte als die, aus denen zuvor die Hypothesen gewonnen wurden, nicht zuletzt auch wegen der Applikationen der gewonnenen Hypothesen auf neuartige Sachverhalte. Die Konsequenz ist, daß die erarbeiteten Entwürfe und Deutungsschemata bestenfalls in Form analoger Schlüsse mit diesen neuen Handlungsabläufen zusammengebracht werden können, grundsätzlich aber wiederum erst ex post auf ihre spezifische Wirksamkeit und ihr Deutungspotential in diesem neuen Einzelfall überprüft werden können.[10]

10 Dieser Sachverhalt gilt nicht für einmal gelöste naturwissenschaftlich-technische Probleme. Hier können erfolgreiche Lösungs- und Kon-

2. Wer sich handelnd – mit noch so guten (aus anderen Handlungssituationen gewonnenen) Hypothesen in aktuelle Handlungsprozesse einschaltet, mag zwar über mehr Wissen und damit über ein größeres Handlungsrepertoire verfügen: In jedem Fall agiert er im kognitiven Stil der Praxis, d. h. unter Handlungsdruck und ohne die im distanzierten handlungsentlasteten Erkenntnisstil der Wissenschaft gegebene Möglichkeit der extensiven Deutung und Kritik von Sinnentwürfen.

Gerade die wissenschaftliche Analyse der Alltagspraxis und des kognitiven Stils der Praxis weist die Autonomie des Alltagshandelns gegenüber dem wissenschaftlichen Erfahrungs-, Handlungs- und Wissensstil nach, und die intellektuelle Redlichkeit verlangt, daß diese Autonomie – die sich, wie gezeigt wurde, ohnehin nicht beseitigen läßt – anerkannt und in ihrer spezifischen Leistungsfähigkeit akzeptiert wird. Die wissenschaftliche Haltung kann den kognitiven Stil der Alltagspraxis nicht ersetzen, weder was seine Entscheidungskriterien, seine ad-hoc-Interpretation, seine Plausibilitätskriterien noch was seine Funktion für die ›gesellschaftliche Konstruktion der Wirklichkeit‹ und der ›gemeinsamen‹ Handlungssituation angeht.
Wohl aber kann sie Aufklärung geben über Ursachen und Resultate seiner Wirkungsweise, über das nur latent gewußte, aber objektiv vorhandene und erschließbare Deutungs- und Hand-

struktionsmöglichkeiten immer wieder eingesetzt werden. Dieser technische und technologische Einsatz wissenschaftlicher Erkenntnisse – wie er bezeichnenderweise vor allem bei der Verwendung naturwissenschaftlicher Forschungsergebnisse zu finden ist – setzt jedoch die Vorschaltung einer analytischen, ›wissenschaftlichen‹ Phase voraus, in der die Gleichartigkeit der Problemlage zwischen Analyse- und Anwendungssituation diagnostiziert wird. Ganz abgesehen davon stellt sich das Technologieproblem für das System der Naturwissenschaften – als ein hochgradig ausdifferenziertes, in Axiomatik, grundlegenden Überprüfungs- und Geltungskriterien abgeschlossenes System – ganz anders dar als für die Sozial- und Geisteswissenschaften. Letztere sind und bleiben aus prinzipiellen Gründen weit von einem derartigen Grad expliziter Systematik und Abgeschlossenheit entfernt, so daß es für sie im Grunde keine Technologie und damit auch keine technologische Verwendung ›sicherer‹ sozial- und geisteswissenschaftlicher Wissensbestände geben kann. Diese Diskussion müßte erheblich gründlicher geführt werden, als es hier geschieht.

lungspotential, über das er verfügt und das er durch seine Handlungen schafft. Sie kann ex post die Wirksamkeit von Illusionen und Mythen in der Entscheidungsfindung und Begründung des alltäglichen Handelns aufdecken und für künftige Handlungen das Blickfeld und damit das Handlungsrepertoire, aber auch den Verantwortungsbereich erweitern. Sie kann und muß darüber hinaus – mit Hilfe der ex-post-Analysen und der hypothetischen Konstruktion von Prüfsituationen, von erdachten und vorweggenommenen Mißerfolgen, von Alternativen zu gewohnheitsmäßigen Überzeugungen – die strukturelle Notwendigkeit der ›Faktizität‹ als die einer Gewohnheit (einer unüberprüften Anerkennung ›sicherer‹ Daten) kritisieren. Sie besteht damit in der bewußten Konstruktion des Widerspruchs zwischen bisher erfolgreichen und damit gewohnheitsmäßig angenommenen Überzeugungen und dem hypothetisch erzeugten Gesamt der gesellschaftlichen Haltungen und Möglichkeiten. Dadurch konstruiert sie hypothetisch bisher noch nicht verlangte Anpassungsleistungen und bereitet analytisch auf sie vor.

Ihre Aufgabe besteht somit in der Konstruktion und Überprüfung eines quasi selbständigen Reiches der Möglichkeiten, der Handlungs- und Deutungsalternativen. Dieser Bereich ist mit dem der Alltagspraxis verbunden durch das Kriterium der *intersubjektiven Nachvollziehbarkeit der Sinnentwürfe*. Dieses für beide Bereiche gültige Kriterium ist das entscheidende Bindeglied zwischen Alltagspraxis und Wissenschaft. Die Funktionen beider Bereiche füreinander werden durch dieses Kriterium geregelt: *Wissenschaft expliziert das nur latent gewußte und erweitert hypothetisch das verlangte Sinn- und Deutungspotential, das die Gattung zur Konstruktion ihrer Wirklichkeit und zum Überleben braucht.*

Insofern arbeitet sie mit den Methoden der Evolution (Popper 1972, 164). Sie zielt ab auf Fehlerausmerzung, indem sie versuchsweise hypothetische Formen der Anpassung an die Welt, in der wir leben, konstruiert. Sie konstruiert Fehler, Irrtümer, Mißerfolge mit dem Ziel der extensiven Aufdeckung möglicherweise zu erbringender Anpassungsleistungen[11] und sondiert das Terrain der Handlungs- und Deutungsmöglichkeiten. Als von der All-

11 In diesem Zusammenhang antwortet Popper auf die von ihm selbst gestellte Frage, was Einstein – wie ich hoffe, unter anderem – von einer Amöbe unterscheide, wie folgt: Beide arbeiten nach der Me-

tagspraxis abgehobenes autonomes System extensiver Deutungskonstruktion stellt sie sich gerade durch diese Leistung und durch ihre Distanz in den Dienst der Alltagspraxis: Beide Bereiche sind füreinander nur auf der Grundlage der Aufrechterhaltung und wechselseitigen Anerkennung der Autonomie des jeweils anderen füreinander überhaupt brauchbar und funktionsfähig.
Zwischen der extensiven Analyse und Konstruktion des Handlungsrepertoires einerseits und den aktuellen Handlungen andererseits bleibt eine notwendige, systematisch immer wieder neu aufzudeckende, unüberbrückbare Kluft. Was aber die aktuellen Handlungen und Entscheidungen angeht, so behält der kognitive Stil der Praxis das letzte Wort: »Wie man (...) wirklich reagieren wird, weiß man genauso wenig wie der Wissenschaftler seine Hypothese kennt, die er aus der Beschäftigung mit einem Problem entwickeln wird« (Mead 1934, 240).

Schluß

Der Forderung nach unmittelbarer Verwertbarkeit, ›Praxisbezug‹, politischer und/oder ökonomischer ›Relevanz‹ etc. wissenschaftlicher Forschung liegen zwei – oft miteinander verknüpfte – Vorstellungen zugrunde:

1. Wissenschaft wird, wie andere Bereiche auch, in der Perspektive des Alltagsverstandes ausschließlich unter nicht weiter reflektierten Kriterien der Wirtschaftlichkeit und des gesellschaftlichen Nutzens interpretiert und in einem sehr unspezifischen Sinne einer rein ökonomisch definierten ›Produktionssphäre‹ zugerechnet. In dieser Vorstellung unterscheiden sich Arbeitsweise, Methoden, Zielsetzungen, ›Wirklichkeitskonzept‹ und Produkte wissenschaftlicher Forschung, was die Kosten-Nutzen-Rechnung angeht, nicht von anderen Produktionsbereichen und Produkten menschlicher Arbeit. Gefordert werden: geringe Kosten, unmittelbare Verwertbarkeit und Nützlichkeit sowie möglichst rasche und hohe Dividenden.

thode von Versuchs- und Irrtumsbeseitigung. Aber die Amöbe irrt sich nicht gern, sie bleibt bei einmal als erfolgreich getesteten Verhaltensweisen und macht so durch ihren Hang zur Sicherheit insgesamt ihr Handeln unsicherer, während Einstein von Irrtümern und Fehlern angezogen wird und sie bewußt konstruiert, um sie kritisieren und ausmerzen zu können (vgl. auch 11) (Popper, ebda., S. 84 f.).

2. Der Nutzen von Wissenschaft wird schon in Richtung auf ihr Deutungspotential und ihre Konstruktionsleistungen hin interpretiert. Man verlangt von ihr Sinngebung: konkrete Antworten auf die Frage »Was sollen wir tun?«. In dieser Vorstellung ist der eigentliche ethische Hintergrund der genannten Forderungen thematisiert. Wie jede menschliche Tätigkeit wird wissenschaftliche Forschung vor dem Hintergrund eines allgemeinen Wertesystems – welcher Provenienz auch immer – gesehen und nach jenem Wertesystem in ihren Zwecken, Zielen und Leistungen beurteilt. Oder aber man erwartet im Sinne eines naiven aufklärerischen Standpunktes, daß die Wissenschaft selbst dieses Wertesystem erstelle, begründe und praktische Hinweise oder Rezepte erarbeite.

Zu diesem zweiten Punkt, über das Verhältnis von Wissenschaft und Ethik, seien zum Schluß noch einige Bemerkungen erlaubt. Daß die in ihm enthaltene Interpretation von Wissenschaft sich nicht in Einklang bringen läßt mit dem weiter oben beschriebenen, distanziert analytischen, wertneutralen Erkenntnis-, Wissens- und Handlungsstil der Wissenschaft, liegt auf der Hand. Wissenschaft und das ihr immanente, für sie und ihre Arbeitsweise spezifische Normensystem sind orientiert an der extensiven Erarbeitung von Deutungen über die menschliche Handlungsgemeinschaft, ihre Geschichte und ihre Umwelt und an der ebenso extensiven Überprüfung und Kritik dieser Deutungen. An dieser Zielsetzung sind die Professionsnormen des Wissenschaftlers ebenso ausgerichtet wie an der oben genannten notwendigen Einsicht in die Autonomie der Lebenspraxis sowie an der Anerkennung der Produkte, Leistungen, Ziele und Problemlösungen, die in diesem Bereich erbracht werden – unbeschadet der Tatsache, daß der Alltagsverstand, das Alltagshandeln und seine Produkte gleichzeitig Gegenstand wissenschaftlicher Analyse sein können und müssen.
Anders als die – im oben beschriebenen Sinne – vom ›Leben‹ distanzierte Wissenschaft hat die Ethik mittelbar und unmittelbar dem Leben zu dienen, das sich geschichtlich entwickelt und gestaltet (Schulz 1972, 739). Sie soll in einer sich ständig verändernden Welt Handlungsmaximen bereitstellen, die einerseits die Komplexität der Handlungsalternativen aufgrund eines gesellschaftlich anerkannten Wertesystems regulieren und minimieren. Andererseits aber müssen diese Maximen der geschichtlichen Veränderung entweder dadurch gerecht werden, daß auch sie sich

verändern, oder dadurch, daß sie eine spezifische Struktur aufweisen, die dieser Veränderung gerecht wird.[12]

Die beiden zuletzt genannten Alternativen lassen sich analog zu Chomskys Denkmodell sehr gut verknüpfen: Ethische Maximen müssen, sofern sie sich nicht aus ›göttlichen‹ Gesetzen oder heiligen Büchern ableiten, eine *generative* Struktur aufweisen. D. h. diese Struktur muß handlungstheoretisch so allgemein gefaßt sein, daß sie als Grundkonzept für die Handelnden jederzeit erkennbar und auf aktuelle Handlungssituationen applizierbar ist. In dieser Applikation müssen aus ihr in Kombination mit aktuell geforderten Handlungen (oder Anpassungsleistungen) konkrete Wertmaßstäbe und Handlungsrichtlinien generiert werden können.

Allgemeinheit der Struktur und Konkretion der Handlung stehen hier in einem wechselseitigen Anpassungsverhältnis zueinander und erlauben ein hohes Maß an Flexibilität und tatsächlicher geschichtlicher Veränderung der inhaltlichen Maximen, ohne daß die Moralität an sich aufgegeben würde. Im Gegensatz dazu geraten die inhaltlich ausformulierten, religiösen, ideologischen, kurz: geschichtlich bedingten, ethischen Normen mit gleichzeitig überzeitlichem Geltungsanspruch zwangsläufig in die Lage, daß sie Veränderungen nicht wahrnehmen, weil jede neuartige Situation an die alten Maßstäbe angepaßt wird. Daraus entstehen notwendig falsche, wahnhafte Realitätsinterpretationen und Fehlanpassungen: man segelt wie die Armada mit veralteten Seekarten und wird über kurz oder lang auch den gleichen Erfolg haben wie sie.

Die Grundlegung einer entmythologisierten Ethik, so wie Kant sie erarbeitet hat, verfährt hier völlig anders. Nach der Normenkritik durch die ›reine‹ Vernunft und nur auf der Grundlage dieser Kritik können die Maximen der praktischen Vernunft in ihrer *allgemeinen* Formulierung artikuliert werden als formale Regulative, deren praktischer Sinn erst durch die Applikation auf aktuelle Situationen generiert wird. Dementsprechend muß aus unserer Sicht eine Interpretation des kategorischen Imperativs dessen *generative Struktur* hervorheben. Nur so läßt sich seine Wirk-

12 Über eine dritte, die traditionelle Möglichkeit der ›ewigen Werte‹ soll hier nicht diskutiert werden. Diese Diskussion erübrigt sich allein aufgrund der Tatsache, daß sich mühelos eine Geschichte der ›ewigen Werte‹ schreiben ließe.

samkeit, d. h. seine regulative Funktion *und* seine konkrete Umsetzbarkeit in aktuellen Handlungssituationen, adäquat interpretieren.

Allgemeine Verbindlichkeit des kategorischen Imperativs für das Handeln wird jedoch nur möglich, wenn der formalen Allgemeinheit und generativen Struktur ein allgemeines intersubjektives Fundament begründet hinzugefügt wird. Die kantische Formulierung des »praktischen Imperativs« (Kant 1785, 61) verbindet perfekt all diese Elemente: »Handele so, daß du die Menschheit, sowohl in deiner Person, als in der Person eines jeden Anderen, jederzeit zugleich als Zweck, niemals bloß als Mittel brauchst!« (ebenda)

Diese Formulierung enthält bereits die später von Mead genau analysierte, in der menschlichen Gemeinschaft als Interaktionsgemeinschaft fundierte Perspektivik der Intersubjektivität (anstelle einer monadisch-subjektivischen Perspektivik). Das innerhalb einer Interaktionsgemeinschaft am Gegenüber entwickelte Verhältnis eines Individuums zu sich selbst bildet die Grundlage für Meads Konstruktion des »logischen Universums«. Dieses wird nur dadurch möglich, daß das einzelne Individuum – fortschreitend über sein Verhältnis zu anderen, über das zu konkreten verallgemeinerten Anderen bis hin zu dem Verhältnis zum generalisierten Anderen – sich zu sich selbst in Beziehung setzt. Dieses Fortschreiten ist verbunden mit einer Veränderung und Erweiterung der Deutungs- und Selbstdeutungsperspektive, die vom ›Nahhorizont‹ – der Deutungsperspektive des konkreten verallgemeinerten Anderen – zum ›Fernhorizont‹, der Deutungsperspektive des generalisierten Anderen, übergeht und beide Perspektiven zueinander in Beziehung setzt (vgl. dazu Schulz 1978, 781 ff.). Denn nur dadurch, daß einzelne Individuen die durch ihre Allgemeinheit beinahe ›unpersönlichen‹ »Haltungen des verallgemeinerten Anderen gegenüber sich selbst einnehmen, ist ein logisches Universum möglich, jenes System gemeinsamer gesellschaftlicher Bedeutungen, das jeder Gedanke als seinen Kontext voraussetzt« (Mead 1934, 189). Konsequent interpretiert Mead jenes System gemeinsamer gesellschaftlicher Bedeutungen zugleich als Organisation der gesellschaftlichen Handlung (ebenda, 130).[13]

13 Nicht zuletzt wegen der Tatsache, daß Entscheidungen im Handlungsraum des Alltags unter dem Blickwinkel des kognitiven Stils der

Versteht man nun mit Mead, aber ebenso mit Hegel oder Popper, das »logische Universum«, die »dritte Welt«, das »intellektuelle Reich« als jenes durch Wissenschaft analysierbare und explizierbare Reich der extensiv herausgearbeiteten Deutungen und Hypothesen der Menschheit über sich und ihre Umwelt – wobei diese beständig überprüften Deutungen und Hypothesen zugleich die objektiven Möglichkeiten und Handlungsalternativen der menschlichen Gemeinschaft darstellen –, so wird dabei auch das Verhältnis der Wissenschaft zur Ethik, das Verhältnis zwischen dem, was ist, dem, was möglich ist, und dem, was sein soll, deutlich: Der ›evolutionär‹ fundierte und historisch weiter ausdifferenzierte wissenschaftliche Erfahrungs-, Wissens- und Handlungsstil, die bewußt organisierte, analytische Haltung der Distanz zum ›Leben‹ eröffnet durch ihre Deutungstätigkeit überhaupt erst die Möglichkeit einer ›humanisierten‹, entmythologisierten und entideologisierten Ethik: Die Arbeit der ›reinen‹ Vernunft ist Voraussetzung für die Absicherung der Maximen der ›praktischen‹ Vernunft.

Gesellschaftlich relevante wissenschaftliche Arbeit – das ist das Paradox (sofern man es überhaupt so nennen kann), das den Relevanzapologeten nicht in den Kopf will – ist eben nur auf der Grundlage der Wertneutralität, der Distanz und allseitigen Kritikfähigkeit wissenschaftlicher Arbeit möglich. Sie sind die Voraussetzungen für die extensive und vorurteilsfreie Konstruktion alternativer Deutungs- und Sinnentwürfe sowie für deren intersubjektive Nachvollziehbarkeit. Indem Wissenschaft das Terrain der menschlichen Handlungsmöglichkeiten erkundet und diese Handlungsmöglichkeiten extensiv expliziert und deutet, schafft sie überhaupt erst einen Bereich, innerhalb dessen sinnvolle und vernünftig begründbare Entscheidungen möglich werden, weil klar herausgearbeitete Wahlmöglichkeiten vorliegen.[14] Anderenfalls würde blind oder voreilig entschieden oder aber – aufgrund

Praxis fallen. Und hier, im autonomen Bereich der Lebenspraxis und unter Handlungsdruck herrscht – was das Handeln, nicht aber was seine Begründbarkeit, objektive Deutbarkeit und Verantwortbarkeit angeht – ein anderes Verhältnis von Freiheit und Zwang, von Möglichkeit und Notwendigkeit, als im ›intellektuellen Reich‹ der Wissenschaft.

14 Ich spare hier bewußt das Problem der ›Freiheit‹ der Entscheidungen aus.

normativer Vorentscheidungen – dort, wo es nichts mehr zu entscheiden gab.

Die Konsequenz ist, daß gerade unter dem Blickwinkel der Notwendigkeit einer humanisierten Ethik und vernünftig begründbarer, intersubjektiv nachvollziehbarer, ethischer Entscheidungen die Autonomie der Wissenschaft erhalten und weiter vorangetrieben werden muß: Wissenschaftliche Arbeit zeigt der menschlichen Interaktionsgemeinschaft die Gefährdung durch das – auf die falsche Hypothese der ›Unmittelbarkeit‹ sicherer Daten gegründete – Wirklichkeits- und Anpassungskonzept des Alltagsverstandes. Sie begründet dadurch die Notwendigkeit des Verzichts auf gleichbleibende normative Vorentscheidungen, sofern anerkannt wird, daß Handlungsentscheidungen gleichzeitig historisch realitätsadäquat und vernünftig begründbar sein sollen. Sie zeigt sowohl die historische Bedingtheit und Relativität religiös und/oder ideologisch vorformulierter ›überzeitlicher‹ Werte wie auch deren allgemeine Funktion und deutet sie konsequent als mythisch überhöhte Konzessionen des Alltagsverstandes an den Handlungs- und Anpassungsdruck im Alltag. D. h. sie können verstanden werden als ritualisierter Ausdruck evolutionär erworbener Anpassungsmuster, die irgendwann einmal historisch notwendig und leistungsfähig waren und aufgrund ihres damaligen Erfolges – getreu Poppers Amöbenbeispiel – ohne Rücksicht auf historische Veränderungen beibehalten wurden: aus Angst der Gattung vor dem Mißerfolg, den sie gerade durch diese Angst vor dem Zweifel herausfordert.

Indem Wissenschaft in der Analyse des Alltagsverstandes und der gesellschaftlichen Konstruktion der Wirklichkeit die Realität gesellschaftlicher Multiperspektivität aufweist, macht sie auch auf deren noch nicht genutzte Möglichkeiten aufmerksam, die sie systematisiert und in den Dienst der wissenschaftlichen Methode stellt. Gerade auf diese Multiperspektivität[15] gründet sich aber die

15 Wenn ich in diesem Zusammenhang weder von einem Perspektiven- noch von einem Wertepluralismus spreche, so deswegen, weil in der Regel dieser Pluralismus als Reaktion auf den Verlust einer verlorengegangenen, allgemeinen Moral gesehen wird. Meines Erachtens muß jedoch deutlich unterschieden werden zwischen kollektiven, historischen und kulturellen Deutungsmustern – der Organisation der gesellschaftlichen Perspektive einer spezifischen historischen und kulturellen Gemeinschaft – und der grundsätzlich vorhandenen, für die

Möglichkeit der extensiven Deutungs-, Hypothesen- und Alternativenkonstruktion. Der – wenn man so will – zunächst unbeabsichtigte Nebeneffekt dieser Konstruktion ist jedoch, daß durch sie menschliche Verantwortlichkeit in ihrem vollen Sinne erst entsteht, weil diese ein vernünftiges, intersubjektiv abgesichertes Fundament der Begründung erhält. Damit wird auch der so oft als ›schicksalhaft‹ gekennzeichnete Gleichklang von Irrationalität des Handelns und Irrationalität der (durch Mythos und/oder Autorität, nicht durch Vernunft erklärten) Wertvorstellungen zerstört: Indem sich die Menschheit mit Hilfe der Wissenschaft über die Bedingungen ihres Handelns und ihrer Handlungsmöglichkeiten aufklärt, wird sie erst in die Lage versetzt, verantwortlich zu handeln und die vernünftige Begründbarkeit von Handlungsentscheidungen bei ihren Mitgliedern einzuklagen.

Das intellektuelle Reich der Möglichkeiten gewinnt aus dieser Sicht für das Handeln eine utopisch-regulative Funktion. Es enthält Bilder über die gewünschte Zukunft, über Alternativentwürfe zur Realität (Soeffner 1974, 260 ff.). Zukunftsentwürfe – eine in ›Ideen gegenwärtige Zukunft‹, dokumentiert in Bildern und Plänen von der Zukunft, die unser gegenwärtiges Verhalten mitbestimmen – sind zwar prinzipiell konstitutiv für die menschliche Intelligenz (Mead 1934, 160) und immer schon – auch im Alltag – wirksam. Aber dieses Potential des Alltagsverstandes wird erst von der wissenschaftlichen Arbeit systematisch eingesetzt zur extensiven und kritischen Erkundung des Handlungs- und Entscheidungsspielraums, über den dann im Bereich des kognitiven Stils der Praxis praktische, politische und verantwortliche Entscheidungen zu fällen sind.

Ein Urteil über die konkreten Entscheidungen und über das, was als moralisch ›gute‹ Entscheidung gelten kann, wird in der konkreten Handlungssituation durch den Einsatz der generativen Struktur des kategorischen Imperativs und seiner intersubjektiven, vernünftigen Absicherung gefällt: »Praktisch gut ist aber, was vermittels der Vorstellungen der Vernunft, mithin nicht aus subjektiven Ursachen, sondern objektiv, aus Gründen, die für

menschliche Interaktionsgemeinschaft konstitutiven Multiperspektivik und der damit zusammenhängenden notwendigen Pluralität der übernehmbaren und übernommenen gesellschaftlichen Haltungen durch ein Individuum.

jedes vernünftige Wesen als ein solches gültig sind, den Willen bestimmt.« (Kant 1785, 42)
Dagegen sind der wissenschaftliche Erfahrungs-, Handlungs- und Wissensstil sowie seine Ergebnisse, Ziele und Hypothesen aus der normativen Sicht einer Ethik des Alltagsverstandes nur schwer zu beurteilen. Gäbe es so etwas wie ›reine‹ Wissenschaftler, handlungstheoretische Homunculi, denen alle normalen Bedürfnisse und Möglichkeiten menschlicher Existenz fehlten, so wären diese nur schwer und – wenn überhaupt – nur mit Hilfe scholastischer Findigkeit in ihren Handlungen zu bewerten: In den Himmel könnten diese ›reinen‹ Wissenschaftler wegen ihrer Wertneutralität nicht kommen; in die Hölle wegen ihrer Suche nach Wahrheit aber auch nicht. Man hätte sie also nach ihrem Ableben – ähnlich wie Henscheids Wibblinger (Henscheid 1980, 29) – an irgendeinen schönen Ort zu tun, an ein eigens für sie konstruiertes schönes Plätzchen, in eine Gelehrtenrepublik.
Standort: Poppers »dritte Welt«.

Anmerkungen zu gemeinsamen Standards standardisierter und nicht-standardisierter Verfahren in der Sozialforschung

Über Methoden und Methodologien sollte man eigentlich nichts Theoretisches schreiben. Ihre Praktikabilität und theoretische Legitimation ergeben sich vielmehr daraus, daß man sie in ihrem praktischen Verwendungszusammenhang, in der praktischen Forschungsarbeit explizit beschreibt und am Material begründet. Daß ich mich dennoch für das ZUMA zu der Problematik ›standardisierte‹ – ›nicht-standardisierte‹ Verfahren äußere, ist nur durch die doppelte Hoffnung legitimiert, mit den folgenden Anmerkungen einige Mißverständnisse ausräumen und vielleicht sogar in einem – wie ich glaube, nutzlosen – Methodenstreit abwiegeln zu können. Dabei werde ich dem Vorurteil, über Methoden und Methodologie zu reden sei ein dürres und trockenes Unterfangen, nicht entgehen. Ich werde es vielmehr bestätigen.

Menschliches Verhalten und Handeln – sei es nichtsprachlicher oder sprachlicher Art – ist von und für Menschen interpretierbar, weil es neben vielen anderen Eigenschaften *immer* die der Zeichenhaftigkeit aufweist. Von der Geste bis zum ›signifikanten‹ Symbol, vom Anzeichen und Symptom bis zum konstruierten und eindeutig definierten mathematischen Zeichen, vom Körper- und Gesichtsausdruck bis zur Kleidung, vom Natureindruck bis zum menschlichen Produkt ordnen wir uns und unserer Umwelt Zeichenqualitäten zu und konstituieren damit den menschlichen Interpretationshorizont (vgl. etwa Wundt 1921, Mead 1934 oder Bühler 1934). Dabei korrespondieren den verschiedenen Zeichenarten und ihrer jeweils unterschiedlichen Semantik und Verknüpfungsform[1] auch unterschiedliche Deutungsprozeduren.

Menschliche Zeichenkonstitution und Zeichenverwendung resul-

1 Außerhalb des Bereiches der Sprache und der sprachlichen Zeichen mit dem Begriff ›Syntax‹ zu operieren ergäbe nur dann einen Sinn, wenn über die jeweiligen ›Klassen‹ von Elementen und die ›Regeln‹ ihrer Verknüpfung ein genaueres Wissen bereits bestünde. Die Verwendung des Ausdruckes ›Syntax‹ in diesem Zusammenhang wäre mehr als metaphorisch, nämlich die Verschleierung der Tatsache, daß

tieren aus der für die Spezies ›Mensch‹ eigentümlichen Loslösung des Antriebes von präformierter Motorik und der damit verbundenen Schwächung biologischer Eindeutigkeit (›Instinktsteuerung‹) des Verhaltens. Sie prägen die artspezifischen Umgangsformen der Menschen miteinander und gegenüber der ›Welt‹. Wegen seiner offenen Antriebsstruktur und seiner dazu ›passenden‹ und darauf ›antwortenden‹ Sprache ist der Mensch durch biologische Mehrdeutigkeit charakterisiert (Plessner 1928). Anders ausgedrückt: Die biologische Mehrdeutigkeit des Verhaltens zwingt uns immer schon und von vornherein zur Deutung unserer Mitmenschen und unserer Umgebung. Unser Wahrnehmen, Verhalten und Handeln ist immer vom Deuten begleitet. Darüber hinaus zwingt uns die fehlende Eindeutigkeit menschlichen Verhaltens zur Wahl zwischen verschiedenen Deutungsmöglichkeiten des von uns Wahrgenommenen.

Die strukturelle Verknüpfung menschlichen Agierens, Reagierens und Deutens verklammert ihrerseits Handlungs- und Sinnkonstruktion: Sie verknüpft die Ausrichtung auf Sinn in der Handlung, die unmittelbare, implizit deutende Reaktion des oder der Wahrnehmenden und die zeitlich verschobene, aus der Handlungsgegenwart herausgelöste, ex post *mögliche* Sinn- und damit Handlungsrekonstruktion: die explizite Deutung. Das Interesse oder auch die Interessengegensätze nicht nur der Wissenschaftler, sondern auch der ›Alltagsmenschen‹ orientieren sich vornehmlich an der *Deutung der wahrgenommenen Akte* – am Deutungsresultat. Sie übergehen dabei in aller Regel jedoch die – oft nicht bewußt wahrgenommenen und registrierten – *Akte der Deutung*, mit deren Hilfe das Deutungsresultat erarbeitet wird.[2]

Gerade für die auslegenden, interpretierenden Wissenschaften kommt es – und je empirischer sie vorgehen, um so mehr – darauf an, die Differenz zwischen der Deutung der Akte und anderer ›Daten‹ einerseits und den Akten der Deutung und ihren spezifi-

wir über die außersprachlichen Zeichensysteme kaum etwas und auch über die Sprache und die Sprachverwendung immer noch zu wenig wissen.

2 In unterschiedlicher, aber jeweils exemplarischer Weise zeigen u.a. Garfinkel in seinen »Demonstrationsexperimenten« und Magritte in seinen Bildern durch gezielte Irritationen die ›undercover‹-Routinen soziale Unterstellungen bzw. die impliziten Regeln unserer Sehgewohnheiten.

schen Ausformungen und Arbeitsweisen andererseits herauszuarbeiten, vor allem aber aus dieser Unterscheidung bei der Interpretationsarbeit Konsequenzen zu ziehen. Hier gilt der Grundsatz: Wer über die Akte der Deutung nichts weiß und sich über ihre Prämissen und Ablaufstrukturen keine Rechenschaftspflicht auferlegt, interpretiert – aus der Sicht wissenschaftlicher Überprüfungspflicht – einfältig, d. h. auf der Grundlage impliziter alltäglicher Deutungsroutinen und Plausibilitätskriterien. Anders ausgedrückt: Wer Strukturen und Arbeitsweisen alltäglicher Deutung nicht kennt, ist weder imstande, alltägliche – ›naive‹ – Deutungen zu kontrollieren, noch sie zu widerlegen.

Es ist nicht der »Universalitätsanspruch der Hermeneutik« (etwa Habermas 1970a, 264ff.; 1981, 1, 182ff.) und der damit schon nahezu rituell verbundene Idealismusverdacht ihr gegenüber, sondern vielmehr die Unausweichlichkeit, mit der wir im Alltag zur Deutung und in der Wissenschaft zur theoretischen Erfassung der Deutungsarbeit gezwungen sind (vgl. u. a. Popper 1972, 186ff., oder Whitehead 1938, 63ff.), die zu der Einsicht geführt hat, daß zum wissenschaftlichen ›Verstehen von etwas‹ die *Beschreibung und das Verstehen des Verstehens* selbst gehören[3]. Festzuhalten ist demnach, daß jede Form von Forschung – und damit neben bzw. mit den Geisteswissenschaften auch und gerade die Sozialforschung – auf Akten der Deutung basiert (vgl. König 1962, 109). Insofern ist jede Form von Sozialforschung in einem sehr allgemeinen Sinn ›interpretativ‹.

Ebenso deutlich ist, daß die unterschiedlichen Produktionen, Arten und Qualitäten sozialwissenschaftlicher Daten nicht nur von den Wissenschaftlern selbst auf Verstehen hin organisiert, sondern schon vorweg allgemein ›verstehensmäßig‹ konstituiert sind. Kurz: Sozialforschung basiert auf Akten der Deutung, erarbeitet und bezieht sich auf verstehensmäßig konstituierte Daten und gewinnt ihre Erklärungen durch Dateninterpretation. Aus *dieser* Perspektive ergibt sich kein Fundament für eine Konfrontation zwischen ›quantitativer‹ und ›qualitativer‹ Sozialforschung. Setzt man diese allgemeine Reflexionsebene voraus, so unterscheiden

3 Die Herausarbeitung und Akzentuierung dieser Problematik geht zum einen zurück auf den Traditionszusammenhang, der mit den Namen E. Husserl, A. Schütz, P. Berger und Th. Luckmann verbunden ist, zum anderen auf W. Wundt, W. James, G. H. Mead und Ch. S. Peirce.

sie sich zwar in ihren Methoden, nicht aber in ihren Prämissen und Zielen[4]. Beide beziehen sich auf historisch-soziales menschliches Handeln, auf seine Organisation und Orientierung, auf Dokumente und Produkte des Handelns sowie auf Deutungen von Handlungen in ›Texten‹ etc. Die kontrollierte, d. h. die eigenen Prämissen, Verfahren und Variationskriterien überprüfende Auslegung von Daten, die sich – seien sie zeitlich auch noch so nah an der Gegenwart – *prinzipiell* auf vergangene Planungen, Ereignisse und Handlungen beziehen, deren Ergebnisse und Dokumente sie sind und die sie repräsentieren – dieser Typus der Auslegung ist keine Spezialität der Soziologie. Es ist vielmehr die allgemeine Form wissenschaftlichen Verstehens. Zu den – von den empirischen Sozialwissenschaften, den ›quantitativ‹ wie den ›qualitativ‹ arbeitenden, oft übersehenen – Konsequenzen aus dieser Tatsache gehört, daß auch und gerade der Soziologe strukturell gegenüber der eigenen oder einer fremden Gesellschaft die Haltung des Historikers und Ethnologen einnehmen muß.

Vor diesem theoretischen Hintergrund ist noch einmal zu betonen, daß alltägliches Handeln und Deuten einerseits und wissenschaftliches Interpretieren andererseits zwar auf prinzipiell unterschiedene »Sinnbezirke« (vgl. Schütz 1971/1972, 1, 3 ff., und Schütz/Luckmann 1979, 42 ff.) bezogen sind und sowohl aus einer unterschiedlichen Haltung als auch aus einem unterschiedlichen Erkenntnisstil (Schütz/Luckmann 1979, 51 ff.) hervorgehen, daß sie aber dennoch auf einem gemeinsamen Repertoire aus Erfahrungen, Fertigkeiten und Verfahren aufbauen. Dabei sind die wissenschaftlichen Verstehensleistungen weitgehend ähnlich strukturiert wie die alltäglichen, aus denen sie herrühren und deren Verfahren und Kriterien sie mehr unbewußt oder implizit als bewußt und kontrolliert ausleihen.

Diese alltäglichen menschlichen Verstehensleistungen und -fer-

4 Nicht nur im Rahmen dieses kurzen Aufsatzes, sondern ganz allgemein übe ich mich bis auf weiteres in selbstverordneter Enthaltsamkeit gegenüber der Verführung, mich in die seit Dilthey nicht mehr endende Debatte über die – vermutete – Differenz von ›Verstehen‹ und ›Erklären‹ einzureihen. Dies um so mehr, als bisher nicht nur eine präzise Beschreibung der unterschiedlichen Akte des Verstehens und Erklärens aussteht, sondern daß darüber hinaus auch das Problem der Verknüpfung von Deuten und Beschreiben und damit das Problem der kontrollierten Beschreibung selbst alles andere als gelöst ist.

tigkeiten werden von der frühesten Kindheit an intersubjektiv entfaltet. D. h., Deuten und Verstehen sind zugleich genetisch angelegte und in ihrer konkreten Ausformung sozial vermittelte Fertigkeiten. Sie sind offenbar ziemlich kompliziert aufgebaut und geschichtet, haben eine Phylogenese, eine Stammes-, Sozial- und Kulturgeschichte, und sie aktualisieren sich in einer historischen – genauer: in einer in ein soziohistorisches Apriori eingebetteten – Ontogenese.

Diese vorwissenschaftlichen Verstehensleistungen und -fertigkeiten sowie ihre Entstehungsbedingungen und Funktionsweisen werden normalerweise nicht als wissenschaftliches Problem thematisiert. Sie werden ›routiniert‹ und selbstverständlich im Alltag praktiziert und kommen als solche nicht in den Blick des Bewußtseins: Sie werden vom Deutungsproblem und vom Deutungsgegenstand absorbiert. Dennoch strukturieren sie handlungsleitende Bewußtseinsleistungen. Aber der im Alltag vorherrschende Handlungsdruck und die »hellwache« (vgl. Schütz 1971/1972, 1, 8) handlungsorientierte Bewußtseinsspannung verhindern, daß die Verstehensleistungen selbst – als Fertigkeiten und Instrumente – Gegenstand des Bewußtseins werden.

Die Resultate des inexpliziten wissenschaftlichen und des vorwissenschaftlichen Verstehens weisen eine Reihe von Ähnlichkeiten auf: Beide münden in der Artikulation von Erklärungen für etwas, wobei diese Erklärungen zumeist auf Plausibilitätsstandards beruhen. Diese leiten sich ihrerseits aus den nicht oder nicht mehr gewußten Routinen des Typisierens, Verknüpfens von Standarderfahrungen und Prozessen des ›Deutens-wie-immer‹ ab. Ähnlich oder gleich ist, daß es sich bei diesen Erklärungen um typisierte und klassifizierte Beobachtungen, Abzählungen und Relationierungen von schon sinnhaft konstituierten Daten, auch von ›Alltagsdaten‹ handelt. Der alltägliche ›common sense‹ setzt diese Art von Erklärung natürlich in einen paradigmatischen Kontext. Insofern ist Erklären im Alltag grundsätzlich von pragmatischem Interesse geleitet und von allen möglichen Kosmologien, Mythologien und Deutungsmustern[5] überlagert und überformt.

Die wissenschaftliche Erklärung ist vermutlich der Grundstruk-

5 U. Oevermann (1983) hat in diesem Zusammenhang auf einen neuen, ebenfalls naiv-mythologisch konstituierten Deutungshorizont hingewiesen, auf die Verwissenschaftlichung des Alltags.

tur nach der Alltagserklärung analog, aber formalisiert und institutionalisiert. Gegenüber den vorgängigen Deutungs- und Verstehensakten verhalten sich beide Erklärungstypen – der alltägliche wie der wissenschaftliche – im großen und ganzen gleich unreflektiert. Zwar beschäftigen sich insbesondere die Sozialwissenschaftler gern und immer wieder mit den ›Mythen des Alltags‹, aber nur selten gehen sie in ihrer praktischen Forschung nüchtern und systematisch daran, die strukturellen Konstitutionsbedingungen dieser Mythen zu untersuchen: die Typisierungen, Plausibilisierungen, Routinen, Perspektiven-, Erwartungs- und Konsenskonstruktionen. Eine systematische Deskription dieser strukturellen Bedingungen (vgl. Schütz/Luckmann 1979) führt zwangsläufig zu Konsequenzen auch in der wissenschaftlichen Arbeit. Sie kann auch dort zu einer Entmythologisierung der Erklärungs-, Plausibilitäts-, Erfahrungs- und Erwartungsroutinen führen.

Vor diesem theoretischen Hintergrund wird deutlich, daß die Diskussionen um eine ›sozialwissenschaftliche Hermeneutik‹ – genauer: um die hermeneutischen Grundlagen der Sozialwissenschaften – weder geeignet sind noch eine Grundlage bieten für wissenschaftstheoretische und rhetorische Feldschlachten zwischen den ›Quantitativen‹ und den ›Qualitativen‹. Im Gegenteil: Bei diesen Diskussionen geht es um das gemeinsame Fundament sozialwissenschaftlicher Auslegungs- und Analyseverfahren.

Allerdings – und darüber muß man sich im klaren sein – ist die hermeneutische Argumentation grundsätzlich anticartesianisch. Sie akzeptiert weder deren *formalmethodischen* Subjektivismus (vgl. Descartes 1637) noch die hieraus folgende Aufteilung der Welt und des ihr gegenüberstehenden Erkenntnissubjekts in Außendinge (gedehnte Materie, »res extensa«) einerseits und deutende Erkenntnis (denkende Substanz, »res cogitans«) andererseits (Descartes 1641 und 1644) – sowie die daraus abgeleitete Hypothese von der ›Mathematisierbarkeit‹ der Welt und dem daraus wiederum folgenden ›Objekt‹- und ›Objektivitäts‹-Begriff. Sie nimmt vielmehr die Probleme der – subjektlosen – Evolution und damit verbunden die Erscheinungen ernst. Sie geht aus von historisch-gesellschaftlichen Konstruktionen der Wirklichkeit(en). Sie sieht die miteinander agierenden Individuen und deren a priorische Intersubjektivität *in* der sozial gedeuteten Welt und nicht dieser *gegenüber*. Sie zielt nicht nur ab auf das Beobachten, Beschreiben, Verstehen und Erklären des Sozialen, sondern ineins damit auf das Soziale der artspezifischen, historisch sich verändernden Wahrnehmungs- und Artikulationsmuster und Zwecke des Beobachtens, Beschreibens, Verstehens und Erklärens (vgl. Durkheim 1912, 557ff.).

Die Hauptkampflinie verläuft somit nicht zwischen *den* ›Quantitativen‹ und *den* ›Qualitativen‹, sondern zwischen den Quantitativen und den Qualitativen, die einen ›cartesianischen‹ Wissenschaftsbegriff beibehalten, einerseits und denjenigen Quantitativen und Qualitativen, die sich einer sich fortentwickelnden hermeneutischen Wissenschaft verpflichtet fühlen, andererseits. Mit anderen Worten: Es geht nicht um das ›Quantitative‹ oder ›Qualitative‹ an sich, sondern um die jeweilige wissenschaftstheoretische Qualität des Quantitativen oder Qualitativen.

Das Beschreiben und auslegende Verstehen sozialer Orientierung, sozialen Handelns, sozialer Handlungsprodukte und des jeweiligen historischen ›subjektiven‹ oder ›kollektiven‹ Selbstverständnisses menschlicher Individuen, Gruppen oder Gesellschaften ist demnach grundsätzlich verbunden mit der Auffindung, Beschreibung und Auslegung der ›Praktiken‹, ›Regeln‹, ›Muster‹, deren wir uns bedienen, wenn wir uns orientieren, vergewissern, artikulieren, verständigen – wenn wir handeln, produzieren und interpretieren. Neben dem, worüber wir uns verständigen, woraufhin wir handeln, was wir erklären und verstehen, werden so die Verständigungsprozesse, die impliziten Regeln der Konsenskonstituton und -herstellung, die gestischen, bildhaften und sprachlichen Artikulationsinstrumente, ihr historisch sich wandelnder Verwendungs- und Bedeutungszusammenhang und das historisch jeweils als gesichert geltende Regel- und Wissenssystem notwendig in die Untersuchung des Sozialen mit einbezogen.

Dieser Untersuchungsbereich beginnt bei der Auffindung und Deskription der impliziten Verlaufsregeln (›Sequenzierungen‹), der Orientierungs-, Akzeptanz- bzw. Plausibilisierungsprozeduren im Handeln (und Sprechen)[6]. Er setzt sich fort in der historischen Semantik des Bild- und Sprachmaterials, der Analyse der

6 Dies ist z. B. der ›Sinn‹ ethnomethodologisch orientierter Forschungsansätze.

›kommunikativen Gattungen‹[7] (Darstellungspraktiken und Muster von und für Wirklichkeit(en) und Vergangenheitsrekonstruktionen), der Handlungsroutinen und ›Interaktionsrituale‹, über die jeweiligen historischen Identitätsformationen und Mentalitätsstrukturen bis hin zu den konkreten historischen Vergesellschaftungsformen und ihren jeweiligen ›Kosmologien‹, ihren Welt-, Wirklichkeits- und Selbstdeutungen.

Voraussetzung dafür, daß etwas zum ›Datum‹ sozialwissenschaftlicher Analyse werden kann, ist, daß es als ›Dokument‹ einer Handlung oder Lebensäußerung ›diskursiv‹ vorliegt, d. h. daß es fixiert ist, immer wieder und in gleicher ›Gestalt‹ von jedem beliebigen Interpreten angesehen, hin- und hergewendet und damit kontrolliert interpretiert werden kann, und daß schließlich aufgrund dieser dokumentarischen Diskursivität des Interpretationsgegenstandes die Interpretation sowie deren Methoden ihrerseits kontrolliert, verifiziert oder falsifiziert werden können.

›Natürlich‹ vorliegende oder aufgefundene Daten und Dokumente sind – das ist sattsam bekannt – von solchen zu unterscheiden, die von Sozialwissenschaftlern methodisch mit Hilfe spezifischer Verfahren erhoben worden sind – eben weil die Verfahren Teil der Daten und ihrer Aussagekraft sind. (Genau wie die ›natürlichen‹, aber wenig bekannten Verfahren der Handlungs-, in diesem Fall auch Datenkonstitution Teil der ›natürlich‹ entstandenen Dokumente und ihrer Aussagekraft sind; s. o.) Auch die sogenannten qualitativen Verfahren der Datenerhebung formen – graduell sicher unterschiedlich stark – die durch sie produzierten Daten. Die Chancen der Kontrolle dieser Überformung schwinden dabei in dem gleichen Maße, in dem der Sozialwissenschaftler – sei es als teilnehmender Beobachter oder als ›offener‹ Interviewer eines ›offenen Interviews‹ – der Illusion verfällt, daß ›Nähe zum Feld‹ oder abnehmende Standardisierung des Erhebungsverfahrens von sich aus bereits ›natürliche‹ Daten produzierten: Auch das ›offene‹ Interview bleibt ein Interview, d. h. eine spezielle Technik, die eine besondere Interaktionssituation schafft. Der teilnehmende Beobachter konzentriert sich auf die Beobachtung, nicht auf die eigene Teilnahme am Interaktionsge-

7 Vgl. etwa das von Th. Luckmann und J. Bergmann geleitete Forschungsprojekt »Rekonstruktive Gattungen«, das von der DFG gefördert wird.

schehen; er handelt nicht in demselben Sinne, wie die von ihm Beobachteten dies tun[8].

Wo also liegen die tatsächlichen Unterschiede zwischen den standardisierten und den nicht-standardisierten Verfahren? – Zunächst und wesentlich darin, daß bei ersteren die Standards ›künstlich‹ erarbeitet und die auf ihnen basierenden Daten sowie deren Auswertung in überprüfbare Relationen zu diesen Standards gebracht werden. Die nicht-standardisierten Verfahren dagegen beziehen sich auf *natürliche Standards und Routinen der Kommunikation*, die zunächst einmal gewußt und in ihrer Funktionsweise bekannt sein müssen, bevor die auf ihnen basierenden Daten kontrolliert interpretiert werden können[9]. Und schon auf dieser ersten Ebene scheitert eine ganze Anzahl der qualitativen Untersuchungen, deren zweifelhafte Qualitäten entweder in naivem Intuitionismus und Empathie sowie in der unkontrollierten Anwendung alltäglicher Deutungsroutinen und Plausibilitätsmaximen bestehen oder aber auf der mehr als problematischen Übertragung geborgter und nicht fallspezifisch angewandter Interpretationsmuster und Vorwegdeutungen (zumeist psychoanalytischer Provenienz) beruhen. Beide Verfahrensweisen sind Versuche, sich an den Problemen der impliziten ›Standards‹ alltäglicher Interaktion vorbeizumogeln.

Auf der Grundlage dieser ersten Unterscheidung lassen sich nun einige weitere aufführen: Der Befragung und gesteuerten Darstellung im standardisierten Verfahren steht die Selbstdarstellung der

8 Der sogenannte Aktionsforscher bildet dabei keine Ausnahme. Bei seinem Bemühen, sich ›quasi natürlich‹ im ›Feld‹ zu bewegen und ›mitzuhandeln‹, geht ihm das, was er an Handlungskapazität aufbringt, an Beobachtungs-, Kontroll- und Interpretationskapazität verloren, sofern er sich nicht ex post als ›ein anderer‹ mit den von und mit ihm produzierten Daten auseinandersetzt.

9 Um eine solche kontrollierte Interpretation bemühen sich u. a. mit unterschiedlichen Zielen und Schwerpunkten: Oevermann mit der von ihm entwickelten »Methodologie der objektiven Hermeneutik«; die ethnomethodologischen Forschungsansätze; Schütze mit der von ihm entwickelten Erhebungs- und Auswertungstechnik des »narrativen Interviews«; Strauss und Glaser mit ihrer »Methodology of Grounded Theory« sowie die in weiterem Sinne wissenssoziologisch historisch-rekonstruktiven Forschungsansätze (Luckmann, Kellner, Sprondel, Bergmann, Soeffner etc.). Zur Charakterisierung dieser Ansätze auch Soeffner (1984).

Informanten im nicht-standardisierten Verfahren gegenüber; der Strukturierung der Befragungs- und Beobachtungsanlage die Interaktions-, Darstellungs- und Redestrukturierung durch ›alltägliche Routinen‹. Bei standardisierten Verfahren sind Themenfestlegung und -eingrenzung durch das Untersuchungsdesign, bei nicht-standardisierten durch situative, interaktionsstrukturelle und biographische Faktoren gegeben – und zu berücksichtigen. Andererseits erzielen standardisierte Verfahren eine Themenerweiterung durch Fragevielfalt und Kontrollfragen, während die nicht-standardisierten dieses Ziel durch die Motivierung assoziativer Offenheit oder durch das Animieren von Erzählungen und die Eigendynamik der kommunikativen Gattungen erreichen.
Kurz: Beide Verfahrenstypen basieren prinzipiell auf der kontrollierten Erhebung und Interpretation von Daten. Unterschiedlich ist jedoch ihre Kontrollbasis. Der erste beruht auf der kontrollierten Erarbeitung und Relationierung ›künstlicher‹ Erhebungs- und Auswertungsverfahren. Der zweite basiert auf dem zuvor herzustellenden Wissen über die Verfahren ›alltäglicher‹, ›relativ natürlicher‹[10] Interaktions-, Darstellungs-, Rede- und Deutungsstrukturierung und auf deren kontrolliertem Einsatz in der Interpretation. Die Schwäche des zweiten besteht darin, daß der Wissenschaftler sich – was die Bekanntheit jener vorgängigen Alltagsroutinen angeht – auf Neuland bewegt und sich in noch unbekanntes Gebiet vorarbeiten muß, während er interpretiert; die des ersten, daß sich die ihn verwendenden Wissenschaftler in ihrer überwiegenden Mehrzahl keine Rechenschaft darüber ablegen, wie sehr ihre Erhebungs- und Meßinstrumente auf Alltagswissen und -routinen beruhen, die sie zwar formalisiert, aber als solche nicht erkannt haben und daher auch nicht kontrollieren können.
Alle vergangenen, ›gegenwärtigen‹ und zukünftigen Erscheinungen der sozialen Welt sind – soweit sie dokumentiert bzw. dokumentierbar (›diskursiv‹, s. o.) sind – potentiell sozialwissenschaftliche Daten. Das Dokumentieren bleibt jedoch prinzipiell ebenso hinter der Vielzahl der Erscheinungen zurück wie das Interpretieren hinter der Vielzahl der Dokumente und der möglichen Inter-

10 Der Ausdruck »relativ-natürlich« wird hier in Analogie zu Schelers (1926, 58 ff.) Ausdruck der »relativ-natürlichen Weltanschauung« verwendet.

pretationsgegenstände. Schon daraus folgt, daß sozialwissenschaftliche Auslegung notwendig exemplarisch arbeitet. Sie ist per se Fallanalyse und zielt auf das Typische, Verallgemeinerungsfähige von historischen ›Einzel‹-Erscheinungen[11], d. h. sie kann Intersubjektivität und Verallgemeinerbarkeit ihrer Ergebnisse niemals dadurch erreichen, daß sie alles in ›Daten‹ umwandelt und bearbeitet. Daraus wiederum folgt, daß die Qualität ihrer Aussagen und Interpretationen prinzipiell nicht von der Quantität ihrer Daten, wohl aber von der Intention, der Fragerichtung und den Prinzipien und Verfahren der Sinnzumessung durch den Wissenschaftler abhängt: Denn diese wiederum präformieren – mit *prinzipiell offenem Fragehorizont* –, was und ›wieviel‹ an Daten für die Interpretation einer ›Einzelerscheinung‹ für erforderlich gehalten wird.

Sozialwissenschaftliche Auslegung ist jeweils exemplarische Arbeit am Fall. Sie vollzieht sich auf zwei Ebenen: (1) In der Aufsuche, Erprobung und Absicherung ihrer Interpretationsregeln und ihrer Verfahren; (2) in der Rekonstruktion einer Fallstruktur, in der sie Bedingungen und Konstitutionsregeln sozialer Erscheinungen und Gebilde in ihrer Konkretion, ihrer konkreten Wirksamkeit und Veränderbarkeit sichtbar macht. Dabei sollen einerseits der Fall in seiner Besonderheit und die Bedingungen seiner Individuierung sichtbar werden. Andererseits sollen diese Typik und Vergleichbarkeit aus der Analyse der Formen und Strukturen der Typenbildung und -veränderung entwickelt und ›erklärt‹ werden.

Die Interpretation des Falles erhebt Anspruch auf Objektivität in zwei Richtungen: (1) im Hinblick auf die Überprüfbarkeit, d. h. Offenlegung der Auslegungsverfahren und des in sie eingehenden Vorwissens sowie – damit verbunden – auf die Überprüfungspflicht, die der Interpret sich und anderen wissenschaftlichen Interpreten auferlegt; (2) im Hinblick auf Richtung und Ziel des Verfahrens: auf die Analyse des sozial »objektiv« Wirksamen – auf die gesellschaftlichen Institutionen sowie deren historisch ob-

11 Wobei der oder die Auslegenden entscheiden, wo die ›Grenze‹ der Einzelerscheinung liegt, d. h. wo sie in eine andere Erscheinung übergeht. Zur allgemeinen Problematik der Konstitution und/oder Beschreibbarkeit von ›Geschichte‹ vgl. auch Koselleck (1972).

jektiven Sinn als Handlungsdeterminanten[12] und auf die objektive Sinnstruktur des Handelns[13].

Ziel der Analyse ist die Rekonstruktion eines objektiven Typus sozialen Handelns (Weber) in seinen konkreten, fallspezifischen Ausprägungen. Dieser objektive Typus ist insofern »Idealtypus«, als er mit dem Zwecke konstruiert wird, einerseits gegenüber der Empirie insofern systematisch unrecht zu haben, als er das Besondere im Einzelfall nur unzulänglich wiedergibt, andererseits aber gerade dadurch dem Einzelfall zu seinem Recht zu verhelfen, daß er das historisch Besondere vor dem Hintergrund struktureller Allgemeinheit sichtbar abhebt.

Die Rekonstruktion eines objektiven Typus gesellschaftlichen Handelns baut sich auf von – jeweils extensiven – Einzelfallanalysen über Fallvergleich, Deskription und Rekonstruktion fallübergreifender Muster bis hin zur Deskription und Rekonstruktion fallübergreifender und zugleich fallgenerierender Strukturen. Der so rekonstruierte Typus enthält und veranschaulicht die strukturelle Differenz von evolutionär und historisch sich verändernden Strukturformationen einerseits und ihren konkret historisch-kulturspezifischen Ausdifferenzierungen andererseits[14]. Die Einzelfallanalysen dienen so der schrittweisen Entdeckung allgemeiner Strukturen sozialen Handelns, während der Einzelfall selbst als historisch-konkrete Antwort auf eine konkret-historische Situation und Strukturformation interpretiert wird: Mit den Einzelerscheinungen wird die Strukturentwicklung, mit den Einzelfallanalysen die Theorieentwicklung historisch fortgeschrieben.

Einen in diesen allgemeinen theoretischen Rahmen eingebetteten

12 Hier: ›historisch objektiver Sinn von Handlungsdeterminanten‹ im Gegensatz zu – von ›außen‹ vermutetem – ›subjektiven‹ Handlungssinn einzelner Handelnder.

13 ›Objektive Sinnstruktur des Handelns‹ im Gegensatz zum subjektiv intendierten Sinn der Handlung eines einzelnen Handelnden, den zu erschließen dennoch Aufgabe des Interpreten sein muß, weil sich nur so die objektive Wirksamkeit ›sozialer Tatsachen‹ empirisch, d.h. im Handeln einzelner als den Repräsentanten ihrer Gesellschaft, nachweisen läßt.

14 Neben dem in diesem Zusammenhang obligatorischen Hinweis auf die Weberschen Analysen sei hier noch einmal auf die in dem eben beschriebenen Sinne aufgebaute Arbeit von Mauss (1950) über die *Gabe* verwiesen.

Erklärungstypus ›begrenzter‹ bzw. ›mittlerer‹ Reichweite stellt das von Strauss entwickelte Konzept des »trajectory« dar. Die theoretischen Möglichkeiten dieses Konzepts sind noch nicht ausgeschöpft. Es beschreibt und analysiert die Einbettung und Formierung individuellen Handelns und individueller Handlungsplanung sowie die Formation und Veränderung begrenzter Interaktionsparzellen und -netze in größere, weder von den Individuen noch von den Gruppen durchschaute Kooperations- und Organisationszusammenhänge[15]. Es arbeitet mit einem Sinnkonzept, das die Praktiken, Inhalte und Veränderungen begrenzter, intersubjektiver Sinnzumessung innerhalb eines implizit unterstellten oder gewußten umgreifenden Kooperationszusammenhangs veranschaulicht und interpretiert; und es analysiert zugleich – ganz in der Tradition Meadschen Denkens – die Veränderung eines umgreifenden Kooperationszusammenhangs und der in ihm wirksamen Ideologien durch die nur partiell mit ihm verbundenen Individuen oder Gruppen[16].
Das Konzept des »trajectory« bezieht sich somit analytisch auf unterschiedliche Handlungs-, Wissens- und ›Sinn‹-Ebenen. Auf der Ebene individuellen Handelns bezieht es sich auf die Relation zwischen Plan und Deutungs- bzw. Verhaltensmuster, auf der Ebene gruppaler Kooperation auf die Relationen zwischen Projekten und Arbeitsroutinen, auf der Ebene kollektiver Mentalität schließlich auf die Relationen zwischen formulierbaren Handlungsnormen und latent geteiltem Wissen. Für eine ganze Reihe pragmatisch begrenzter Fragestellungen bietet sich durch dieses Konzept eine praktikable Methodologie an, die in der qualitativen Sozialforschung die Analyse des Falles oder Feldes mit der kontrollierten Beschreibung des methodischen Vorgehens verbindet.

15 Vgl. etwa Fagerhaugh/Strauss (1977). Die hier entwickelte Kurzcharakteristik des »trajectory«-Konzeptes geht allerdings auf persönliche Diskussionen des Verfassers mit Anselm Strauss zurück.

16 Das Strauss'sche Konzept ist hier insofern interessant, als es nicht nur explizit die Praktiken der Datenerhebung und der Interpretation im Analyseprozeß, sondern auch die jeweils feldspezifische Entwicklung eines ›qualitativen‹ Analyseinstrumentariums beschreibt. Vgl. hierzu Strauss (1984) und Hildenbrand (1984).

Am Ende dieses meines schriftsprachlichen Erzeugnisses zu Verfahren sozialwissenschaftlicher Forschung sollen noch einige kurze Bemerkungen zur sprachlichen Konstitution und Bearbeitung sozialwissenschaftlicher Daten stehen.
Längst nicht alle, nicht einmal die Mehrzahl der Erscheinungen der sozialen Welt sind sprachlicher Natur oder sprachlich gefaßt. Und wir können – bezogen auf unser alltägliches Leben – von Glück sagen, daß dies so ist. Sozialwissenschaftliche Analysen – wissenschaftliche Analysen ganz allgemein – haben jedoch in der Regel ein sprachlich gefaßtes Endprodukt: einen Text. Im allgemeinen gehen diesem Endtext nicht nur andere Texte voraus: Auch die – zunächst nichtsprachlichen – Beobachtungen und ihre Elemente werden schon auf einer sehr frühen Stufe der Analyse in Sprache überführt, d.h. von einem nichtsprachlichen in ein sprachliches Zeichensystem übersetzt. Mehr noch: Nichtsprachliche Ordnungsprinzipien und Abläufe werden in ein sprachliches und begriffliches Ordnungssystem überführt. Ganzheitlich-gleichzeitige Wahrnehmungen, Empfindungen und Erfahrungen verwandeln sich in sprachlich gefaßte Erinnerungschiffren, die individuellen Erfahrungseinheiten in kollektive semantische Typen.
Sozialwissenschaftliche Analyse – und nicht nur sie – ist das Produzieren von Texten und das Produzieren von Texten über Texte. Sie geht oft genug von der naiven Prämisse aus, daß alles Relevante – nicht nur das wissenschaftlich Relevante – sprachlich ausdrückbar ist. Sprache und Erfahrung wachsen so zusammen und werden naiv in eins genommen: Die Tradierung und Speicherung von Erfahrung wird für die Erfahrung selbst gehalten. Natürlich gibt es einen engen Zusammenhang von Erfahrung und Sprache, und natürlich kann man mit Hilfe eines Buches in der Phantasie die Sahara bereisen, aber man wird sich dabei keinen Sonnenbrand holen. Natürlich kann in diesem Sinne auch der Sozialwissenschaftler die sozialen Welten mit Hilfe von Büchern bereisen, aber er wird sie dabei aus dem ›Second-hand-Shop‹ wissenschaftlicher Analysen kennenlernen und erwerben.
Für die wissenschaftliche Analyse selbst wird – noch jenseits des Mangels an primären Erfahrungen – eine solche Naivität dann verhängnisvoll, wenn das ›künstlich‹ hergestellte Datum mit Realität und das sprachliche Ordnungssystem mit der ›Ordnung der Dinge‹ verwechselt wird.

Sprachlich gefaßte Daten und Dokumente führen so manchen Interpreten in Versuchung, das sprachlich Repräsentierte als ›Geordnetes‹ und daher ›Begriffenes‹ für das ›eigentlich‹ Wirkliche zu halten. Er tendiert dann zu der Auffassung, das beobachtete Phänomen werde durch den sprachlichen Ausdruck erst legitimiert, während sozialwissenschaftliche Arbeit – genau umgekehrt – darin bestehe, einen durch das soziale Phänomen in seiner Spezifik legitimierten sprachlichen Ausdruck für die Beschreibung zu finden. Anders ausgedrückt: Sozialwissenschaftliche Analysen gehen nur dann kontrolliert gegenüber der Differenz von beobachteter Erscheinung und sprachlichem Ausdruck für diese Erscheinung vor, wenn sie den Verlust und die Veränderung artikulieren können, die sich aus der sprachlichen und/oder mathematischen Übersetzung des Phänomens ergeben.

Wenn dagegen ein – durch seinen konkreten oder möglichen, jedoch nicht dokumentierten außersprachlichen Kontext – tendenziell offenes Bedeutungspotential eines in Sprache übersetzten sozialen Phänomens naiv und unkontrolliert mit den formalen Ordnungsstrukturen einer Sprache (syntaktischen, semantischen, morphologischen, pragmatischen, konversationellen, statistischen etc. Regelsystemen) relationiert wird, eröffnen sich für den Interpreten zumindest zwei Holzwege. Zum einen wird das Bedeutungspotential des Dokumentes sehr stark eingeengt; zum anderen produziert diese Realisierung ›selbständig‹ und formal regelgeleitet im doppelten Sinne ›fixe‹ Bedeutungen. Von der Struktur her ähneln solche Interpretationen dem Kartenlegen: In beiden Fällen wird über Erscheinungen, Ereignisse und Personen ein Ordnungsraster gelegt, das ausschließlich seinen eigenen Regeln folgt.

Es bringt auf diese Weise eine in jeder Hinsicht erstaunliche Ordnung in die unordentliche und mehrdeutige Welt, und es ist durch nichts und niemanden zu falsifizieren. Denn wer würde schon Karten legen, wenn er sich für die Erscheinungen selbst interessierte?

Prämissen einer sozialwissenschaftlichen Hermeneutik

Vorbemerkung

Wer dauerhafte und grundsätzliche Antworten auf seine Fragen sucht, sollte sozialwissenschaftliche Problemstellungen, insbesondere aber hermeneutisch orientierte Problemlösungsverfahren meiden. Enttäuschungen werden so zumindest verzögert. Wer dagegen den Dauerhaftigkeits- oder gar Ewigkeitsanpruch von Antworten auf soziale Probleme prüfen und ungewöhnliche Antworten, vor allem aber neue Fragestellungen finden will, findet in Methodologie und Methoden der sozialwissenschaftlichen Hermeneutik eine nützliche Reiseausrüstung für seine Expedition in die Territorien vorgeblicher sozialer Gewißheiten. Wer schließlich – wie schon so viele und wie auch der Verfasser – über Hermeneutik schreibt, ohne einen konkreten Text auszulegen, wird eine alte Erfahrung machen, nämlich die, »daß es mehr kostet, die Auslegung auszulegen als die Sache selbst«, daß »es mehr Bücher über Bücher (gibt) als über irgendeinen anderen Gegenstand«, daß »alles (...) von Kommentatoren« wimmelt und wir »nichts als Anmerkungen übereinander« machen (Montaigne 1976, 216). Mit vorliegenden Aufsätzen setze ich diese Tradition der Anmerkungen zur Hermeneutik fort.
Den gewagten Titel »Prämissen einer sozialwissenschaftlichen Hermeneutik« habe ich dem Aufsatz nicht verliehen, um den Anschein zu erwecken, nun folge eine wissenschaftstheoretisch vollständig ›abgesicherte‹, umfassende Systematik und ein historischer Überblick über Grundannahmen sozialwissenschaftlicher Hermeneutik, ein Text also, dem man anspürt, daß er jederzeit bemüht ist, ans Grundsätzliche zu rühren. Mein Ziel besteht eher darin, einige der eigenen impliziten Leitlinien des Interpretierens – das Vor-Wissen und die Vor-Urteile – zu explizieren und sie in Zusammenhang mit bekannten theoretischen Annahmen oder Ansprüchen sozialwissenschaftlicher Hermeneutik zu diskutieren.

Texte sind Interaktionsprodukte. Sie sind dies selbst im Grenzfall des Monologes, des Gesprächs einer Person mit sich selbst. Sie werden in Interaktionen produziert, sind Bestandteile der Interaktion, haben dementsprechend Handlungscharakter und bilden Handlungsreihen ab, die als Aktions- und Reaktionsgefüge irreversibel sind. Aufgezeichnete Texte – records – sind zu verstehen als »Handlungsprotokolle« (Oevermann), genauer: als Protokolle von Handlungen, die unwiderruflich vorbei sind, die sich aus der verschrifteten Textform als Real- oder Ursprungshandlungen nie wieder hervorzaubern lassen, sondern nur noch durch Protokolle repräsentiert sind. Dieser Protokolltext stellt eine feststehende, unumkehrbare Sequenz von Aktion und Reaktion dar. Dabei können Aktion und Reaktion nicht so bewertet werden, daß das eine nur dies und das andere nur jenes ist, vielmehr ist jede Äußerung innerhalb eines Gesprächs immer gleichzeitig Aktion und Reaktion. Darüberhinaus enthält jede Äußerung entsprechend ihrer doppelten Funktion als Aktion und Reaktion Interpretationen des Sprechers gegenüber eigenen Handlungszügen und -planungen sowie Deutungen der Äußerungen des oder der Interaktionspartner(s). Da somit die ersten Interpreten dieses Textes die Unterhaltungs- und Interaktionspartner selbst sind, besteht der erste Schritt der Analyse im wesentlichen darin, diese Interpretationsleistungen der Handlungs- und/oder Sprechpartner zu rekonstruieren, sie gleichzeitig als Handlungszüge und Interpretationsleistungen hervorzuheben und zu beschreiben, von welchen Darstellungsregeln sie geleitet sind.

Hierbei muß klar sein – ich wiederhole dies ausdrücklich –, daß die dem Protokolltext zugrunde liegende ursprüngliche Handlung unwiederbringlich vorüber ist. Mit ihrem Vollzug und ihrem spezifischen Ziel ist zugleich auch ihr ursprünglicher Sinn *abgeschlossen* (vgl. hierzu Luckmann 1981, 513-523).

Unabhängig hiervon und unabhängig von dem unmittelbaren Zusammenhang, in dem diese Handlung stand, kann sie als Handlungseinheit immer wieder in neue Bezüge eingesetzt und umgedeutet oder deutend anderen Handlungssituationen angepaßt werden, so wie dies beispielhaft in autobiographischen Erzählungen geschieht. Auf diese Weise konstituiert sich eine zweite, *offene* Sinnschicht. Diese erhält ihre Struktur, ihre jeweiligen

Zwecke und die Reichweite der Geltung der auf ihr basierenden Deutungen aus den sich auf sie beziehenden Interpretationstypen und Zielen. An derartigen Deutungs- und Anpassungsprozessen können der Handelnde selbst, Beobachter der Handlung und prinzipiell jedermann, der von ihr gehört hat, teilnehmen. Im Rahmen solch alltäglicher Deutungen ist es gleichgültig, ob die Erinnerung an die Handlung auf ›ursprünglichen‹ Eindrücken, mündlichen Berichten oder schriftlichen Aufzeichnungen beruht. Zudem sind hierbei die Eindrücke oder mündlichen Berichte ihrerseits selbst ständigen Veränderungen und Anpassungsprozessen unterworfen.

Im Gegensatz dazu ist die Voraussetzung jeder wissenschaftlichen Interpretation, daß der Text diskursiv aufgezeichnet ist. Die Betonung der Notwendigkeit der Diskursivität von Texten für die wissenschaftliche Analyse hat schon Tradition. Gemeint ist schlicht die Tatsache, daß bei einer wissenschaftlichen Textinterpretation die Texte entweder schriftlich oder neuerdings auf Ton- oder Videobändern aufgezeichnet vorliegen müssen. – Jede bewußte Interpretation verlangt große Aufmerksamkeit des Interpreten. »Aber auch angestrengteste Aufmerksamkeit«, so stellt schon Dilthey fest, »kann nur dann zu einem kunstmäßigen Vorgang werden, in welchem ein kontrollierbarer Grad von Objektivität erreicht wird, wenn die Lebensäußerung fixiert ist und wir so immer wieder zu ihr zurückkehren können. Solches kunstmäßiges Verstehen von dauernd fixierten Lebensäußerungen nennen wir Auslegung oder Interpretation« (Dilthey 1900, 318f.). Die Fixierung der Lebensäußerungen ist also deswegen die Voraussetzung für jede Art von Interpretation, weil nur durch diese Diskursivität gewährleistet ist, daß der Interpret einen Text hin- und herwenden, mehrfach abrufen und frei vom Handlungsdruck konkreter Interaktion interpretieren kann.

Weder die meisten der bisher genannten Prämissen noch der Objektivitätsanspruch der hermeneutischen Kunstlehre des Interpretierens sind neu oder eben erst entdeckt worden. Man muß eher sagen: die Sozialwissenschaften sind gerade dabei, einige ihrer Voraussetzungen wieder zu entdecken, die ihnen aufgrund eines unreflektierten, technizistischen Selbstverständnisses verlorengegangen waren.

Wenn ich nun Texte als Protokolle irreversibler Interaktions- und Interpretationssequenzen ansehe, so ist in dieser Annahme die

Prämisse enthalten, daß diese Sequenzen einen Handlungszusammenhang repräsentieren, innerhalb dessen die Einzeläußerungen grundsätzlich über sich selbst hinausweisen und immer den Handlungsrahmen als Ganzen, als Horizont mit in Rechnung stellen. Für die Interpretation folgt daraus, daß es – gleich in welchem Sinne – keine Einzeläußerungen innerhalb eines Textes gibt, die ›für sich‹, als einzelne interpretierbar wären. Jede der Äußerungen ist interaktionstheoretisch in folgende Bezüge eingebettet: sie bezieht sich (1) auf die ihr vorausgehenden Äußerungen und den Handlungskontext insgesamt, (2) auf die unmittelbar vorangehende Äußerung, sei es des Gegenübers oder des Sprechers selbst, (3) auf die erwarteten oder erwartbaren Nachfolgeäußerungen, (4) auf den Handlungs- und Sinnhorizont des Interaktionszusammenhanges als Ganzen. (Diese Feststellung muß unabhängig von der oben genannten Abgeschlossenheit des ›ursprünglichen‹ Handlungssinnes getroffen werden.) (5) Gleichzeitig repräsentiert und reproduziert jeder Interaktionsprozeß eine ihm zugrundeliegende Interaktionsstruktur in einer historisch konkreten, die historischen Rahmenbedingungen mitbeinhaltenden Textform.

Der Interaktionsprozeß als Interaktionszusammenhang ist ein »werdender Sinn, der sich in Übereinstimmung mit sich selbst oder in Reaktion gegen sich selbst konstruiert« (Merleau-Ponty 1973, 24). Interpretieren ist somit die Rekonstruktion der Textbedeutung »in der Linie des Geschehens« (Dilthey 1958, 214). Oder zeitgenössisch-technisch ausgedrückt: Interpretieren ist Sequenzanalyse. Die Interpretation aus dem Kontext gerissener Einzeläußerungen – ob sie nun sprechakttheoretisch, inhaltsanalytisch oder sonstwie durchgeführt wird – mag über viele Dinge etwas aussagen, kaum aber etwas *interaktionstheoretisch* Brauchbares über den Herkunftstext und über den spezifischen Sinn dieser Äußerung innerhalb ihres spezifischen Kontextes.

Welches sind nun aber die Grundzüge der Sequenzanalyse, wie vollzieht sich die Interpretation in der Linie des Geschehens? Allgemein ausgedrückt: die Sequenzanalyse simuliert wissenschaftlich kontrolliert, d. h. entlastet den oder die Textproduzenten und den Interaktionsprozeß vom Handlungsdruck konkreter Interaktion. Aber diese Simulation besteht nicht im naiven, quasi rollenspielenden Nachzeichnen der Textsequenz. Vielmehr gibt sich aus dem bisher Gesagten eine Reihe von Interpretationsmaximen.

Die ursprüngliche Handlung, das konkrete Ereignis, innerhalb dessen der aufgezeichnete Text entstand, sind wie gesagt unwiderruflich vorüber und mit ihnen neben den nicht-sprachlichen Handlungselementen die konkret geäußerten, von den Interpretationspartnern im Ereignisaugenblick gegenseitig wahrgenommenen affektiven ›Beimischungen‹, das Gewebe wechselseitig unterstellter Subjektivität und Intentionalität. Was bleibt, ist ein ›record‹, das Handlungsprotokoll in seiner sprachlich objektivierten und nun objekthaft diskutierten Form. *Dieser* Text in seiner objektiven Struktur ist Ausgangspunkt und Verifikationsmaßstab der wissenschaftlichen Interpretation. Diese beruht nicht auf künstlich im nachhinein erzeugter Empathie gegenüber den als ›ursprünglich‹ nur noch imaginierbaren Interaktionspartnern und ihren Intentionen. An die Stelle des mit Empathie besetzten »intentionalistischen Vorurteils der Sprache« (Oevermann 1979) stellt die wissenschaftliche Interpretation die für jeden kompetenten Sprecher einer Sprache objektiv möglichen und realisierbaren Textbedeutungen einer Textabfolge; an die Stelle empathischer Rekonstruktion singulärer, subjektiver Intentionalität stellt sie die Perspektivenneutralität; an die Stelle des unmittelbaren Zugriffs auf eine Textbedeutung die Explikation der Kriterien für die Wahl eines sprachlichen Ausdrucks und die Ausschlußkriterien gegenüber anderen sprachlichen Möglichkeiten.

Durch diese notwendige und methodisch eingesetzte Perspektivenneutralität ergibt sich zwangsläufig eine Differenz zwischen der objektiven Sinnstruktur eines Textes und der in diesem Text aufscheinenden und sich dem Interpreten aufdrängenden subjektiven Intentionalität, die die Sprecher für sich in Anspruch nehmen und der sie eine subjektive sprachliche Ausdrucksqualität verleihen. In meinem Interpretationsverfahren stelle ich diese Differenz in Rechnung und setze sie methodisch ein, indem ich zunächst die egologisch-monothetische Perspektive postuliert konsistenter Intentionalität eines Sprechers rekonstruiere, um sie in einem zweiten Schritt mit der Perspektivenneutralität, den objektiv möglichen Textbedeutungen zu konfrontieren.

In diesem zweiten Schritt, der Aufdeckung der Inkonsistenzen zwischen egologisch-monothetischer Perspektive eines der Interaktionspartner und polythetischer Perspektivenneutralität wird das Ziel wissenschaftlichen Textverstehens deutlich: es besteht in der hypothetischen Rekonstruktion einer historischen, interaktiv konstituierten Problemsituation (vgl. Popper 1972, 191). Objektivierbares, d. h. intersubjektiv nachvollziehbares, wissenschaftliches Verstehen ist das Verstehen einer Interaktion – als Problemsituation sowie der in ihr und mit ihr verbundenen, objektiv denkbaren Handlungs- und Lösungsmöglichkeiten. Daran schließt sich die Deskription der im Text vollzogenen Handlungswahl und die hermeneutische Rekonstruktion der Gründe für diese Wahl an.

Aus den bisher genannten Prämissen ergibt sich das methodische Vorgehen bei der Sequenzanalyse. Es wird in der Abfolge – und Reaktionsstruktur des Textes, des Interaktionsfalles interpretiert. Dies bedeutet:

(1) Die Interpretation des ersten Interaktes (und nach ihm der folgenden) darf bei der Rekonstruktion objektiv möglicher Bedeutungen, d. h. möglichst sinnvoller Kontexte für diese Äußerung, nicht auf Informationen aus den nachfolgenden Interakten zurückgreifen, wenn sie der Gefahr entgehen will, das objektiv mögliche Bedeutungspotential des Interaktes unzulässig einzuschränken. Denn vor dem Hintergrund dieses so ausführlich wie möglich zu erhebenden Bedeutungspotentials werden sich in der Text- und Interpretationsabfolge die textspezifische Bedeutungsselektion und damit die Fallspezifik abheben.

(2) Der Interpretationsantrag von (1), das Bedeutungspotential des 1. Interaktes, seine möglichen sinnvollen Kontexte werden mit dem Interaktionsrahmen, dem faktischen Kontext – sofern dieser bekannt ist –, verglichen. Ist der faktische Kontext in der Menge der interpretatorisch konstruierten enthalten, so sind fallspezifische Ausschlußkriterien für die restlichen zu analysieren. Ist der faktische Kontext nicht in dieser Menge enthalten, so kann bereits beim ersten Interakt auf eine fallspezifische Abweichung von common-sense-Normen handlungs- und sprachkompetenter Gesellschafter der everyday- und der scientific community geschlossen werden. Die Aufsuche der Gründe für diese Abweichung werden zur Interpretationsaufgabe. Dabei ist ein Argument von vornherein ausgeschlossen: der Hinweis oder die Spekulation auf eine spezifische innere Verfaßtheit des Sprechers. Ein ›Inneres‹, das sich nicht im ›Außen‹, in der Äußerung ausdrückt und repräsentiert, ist für die Interpretation verloren. Es ist ein ›schweigsames Inneres‹; und was nicht ausdrückbar ist, worüber man nicht reden kann, darüber soll man bekanntlich schweigen,

insbesondere bei der wissenschaftlichen Interpretation. Ist schließlich der faktische Kontext des ›records‹ nicht bekannt und daher nicht mit dem Interpretationsertrag aus (1) korrelierbar, so besteht die Aufgabe der Interpreten in der Konstruktion möglicher alternativer Kontexte, multipler Welten als möglicher Sinnhorizonte der Äußerung, die in der Textabfolge präzisiert oder ausgeschlossen werden.

(3) Das Interpretationsergebnis von (1) und (2) wird zum inneren Kontext für den nächsten Interakt, der als Reaktion hierauf angesehen und begründet wird. Bisher herausgearbeitete Grundannahmen gelten als Handlungs- und Sinnhorizonte des Folgeinteraktes so lange weiter, bis sie durch den Text selbst ›expressis verbis‹ aufgehoben oder widerlegt werden. D. h., sie fungieren bis zu ihrer Widerlegung als Handlungsrahmen für Folgeinterakte. Der von den Interaktionspartnern in den ersten Äußerungen eingesetzte Handlungsrahmen und der damit unterstellte Sinnhorizont für die Folgehandlungen enthalten bereits die Handlungsperspektive(n) des nachfolgenden Interaktionsprozesses. Dies bedeutet: die Eröffnungssequenzen einer Interaktion sind *auch* zu verstehen als Reaktion der Interaktionspartner auf ein im vorhinein angenommenes Handlungsziel oder Handlungsresultat (vgl. Mead 1934, 187f.). Das in der Zukunft erwartete Ergebnis steuert die Aktionen der Gegenwart. Die Struktur des Prozesses ist bereits in den ersten Interakten angelegt. In ihnen wird der Sinnhorizont als Erwartungshorizont mitartikuliert.

Als methodische Konsequenz aus diesen Annahmen folgt, daß die Aufsuche von Deutungsmöglichkeiten und hypothetischen Kontexten für die ersten Interakte so ausführlich wie nur eben möglich sein muß. Und es folgt weiterhin daraus – unsere konkreten Interpretationserfahrungen bestätigen dies –, daß mit der Erschließung des Erwartungshorizontes und des Handlungsrahmens sowie der diesen zugrundeliegenden Interaktionsstruktur die Erzeugungsmechanismen für die darauf folgenden Handlungszüge und die sie repräsentierenden ›Texte‹ weitgehend ermittelt sind. Vor diesem Hintergrund kann der Interpret seine Deutungen zugleich als Prognosen für den weiteren Textverlauf und dessen Sinnstruktur verstehen: als Prognose über die ›Linie des Geschehens‹, auf der sich die Interaktionspartner vorwärtsbewegen.

Entsprechend dem Verifikationsgebot wissenschaftlicher Interpretation besteht nun die Hauptaufgabe des Interpreten darin, im Text Widersprüche zum bisherigen Interpretationsertrag aufzufinden, gemäß der Maxime, daß der Text selbst als Korrekturinstanz für die Interpretation anzusetzen ist und daß letztere nicht dadurch gesichert wird, daß man durch die Wiederholung und Auflistung von Bestätigungsargumenten die eigene Deutung ›wasserdicht‹ macht, sondern dadurch, daß man sie den im Text enthaltenen Inkonsistenzen und Widersprüchen aussetzt und sie an ihnen testet.

(4) Die Abfolge des Textes, seine Sequenzierung – soviel wird aus dem bisher Gesagten deutlich –, wird nun in einer ganz bestimmten Richtung zum Interpretationsgegenstand. Die Abfolge von Aktion/Reaktion verweist auf die fallspezifischen Selektionsmechanismen und die fallspezifische Bedeutungskonstitution des Interaktionsprozesses, der in seinem Fortschreiten deutlich macht, welche der im ersten Interpretationsschritt genannten, für ihn objektiv möglichen Welten tatsächlich seine ist. Im Fortschreiten des Textes konkretisiert sich der Fall. Die Textabfolge repräsentiert die fallspezifische Bedeutungs- und Handlungsselektion. In ihr vollzieht sich die Individuierung des Falles in der Produktion des konkret singulären Textes.

Mit der Aufdeckung der Abfolge- und Selektionsmechanismen des Textes ist die Interpretation am Ziel. In der hypothetischen Rekonstruktion einer Handlungs- und Problemsituation und in der Konfrontation der in dieser Situation objektiv möglichen Handlungs- und Bedeutungsalternativen mit den fallspezifisch gewählten und konkretisierten Bedeutungen zeigt sich die objektive Struktur und Bedeutung des Falles. Die Spezifik des Falles, seine ›Subjektivität‹, besteht in der selektiven Konkretisierung einer der objektiv gegebenen Welten aus dem gesellschaftlichen Kosmos der objektiv möglichen. Die Interpretation rekonstruiert diese Welt, ihre Aufbauprinzipien und die interaktionsstrukturellen und historischen Gründe ihrer Wahl.

11. Das Milieu von Texten

Unabhängig davon, wie eng oder weit der Textbegriff gefaßt wird, gilt, daß alles zum Gegenstand von Deutungen und Interpretationen gemacht werden kann, was als sinnhaft postuliert ist und als zeichenhaft repräsentiert angesehen wird: im europäischen und europäisierten Kulturraum vor allem *menschliche* Äußerungen, Äußerungsformen und auch Erscheinungs- und Darstellungsformen, also Rede, Gesten, Handlungen, Produkte, Kleidung etc. und auch die Typik und die soziale Attribuierung der Körperlichkeit.

Der Grad der *Bewußtheit* darüber, was alles im alltagsweltlichen Umgang zum Gegenstand von Deutung gemacht wird, ist zumeist nicht abgestuft nach formaler Unterschiedenheit und Unterscheidbarkeit verschiedenartiger Zeichensysteme (sprachlicher, gestischer etc.), sondern nach den Maßstäben der Vertrautheit, Selbstverständlichkeit oder der Problemhaftigkeit. Erst bei letzterer wird in der Regel die Deutungsarbeit als solche bewußt, eben weil etwas nicht selbst-verständlich ist und dementsprechend *explizit* gedeutet werden muß. Die Mehrzahl unserer Deutungsleistungen vollzieht sich jedoch, ohne daß wir auf sie aufmerksam werden, als Routinen vor dem Hintergrund eines unproblematisch erscheinenden Vorwissens, besser: eines impliziten Wissens um das, was gerade ist und getan werden muß.

Zu diesem implizit gewußten, immer schon gedeuteten und in die Deutung von Handlungen einbezogenen Bereichen gehört das, was in der phänomenologisch orientierten Sozialphilosophie als »Protosoziologie« oder in der Sozialforschung als *›Milieu‹* bezeichnet wird: Die konkrete Umgebung eines Menschen, die Gesamtheit dessen, was von ihm als auf ihn wirksam erlebt wird, ungeachtet der Frage nach dem, was ›objektiv‹ einwirkt (Gurwitsch 1977, 86).

Ein Milieu wirkt zugleich als Auslöser, Gegenstand, Ziel und Resultat menschlicher Erlebnisse, Stimmungen, Äußerungen und Handlungen. In ihm vollzieht sich die unmittelbare Orientierung eines Menschen in seiner konkreten Gegenstandswelt und Umgebung, im gelebten Raum und in der gelebten Zeit, gegenüber der eigenen Leiblichkeit und gegenüber anderen Personen: Im Milieu konstituiert sich seine »relativ natürliche Weltanschauung« (Scheler 1926), ein Bereich, der von dem oben skizzierten Textbegriff nicht erfaßt wird.[1] Dennoch vollziehen sich in diesem Bereich

1 Hier können und sollen weder die Diskussionen um das Milieukonzept noch die theoretische Reichweite des Milieubegriffs ausführlich diskutiert werden. Mir geht es im vorliegenden Zusammenhang nur darum, beispielhaft auf eine Erlebnis-, Deutungs- und Handlungs-

Deutungs- und Sinngebungsprozesse, d. h. auch er ist immer schon Gegenstand menschlicher Auslegung und kann, sofern er ›fixiert‹ und dokumentiert wird, damit auch Gegenstand wissenschaftlicher Hermeneutik werden. Jenseits der (Sprach-)Texte und in der wissenschaftlichen Hermeneutik oft von ihnen überlagert, wird mit der Blickwendung auf das Milieu zugleich der universale Auslegungsanspruch der Hermeneutik erkennbar.[2] Für sie gibt es keine ›materia nuda‹, nicht einmal als Grenzbegriff. Statt dessen wird jetzt das Problem der Abgrenzbarkeit von Texten und/oder Deutungsgegenständen sichtbar, mit anderen Worten: das Problem des Kontextes, der Einbettung – des Sinnhorizonts von *Deutendem, Deutung und Deutungsgegenständen.* Daraus folgt: (1) Als immer schon sich alltäglich vollziehender (und daher wissenschaftlich auch rekonstruierbarer und methodisierbarer) deutender menschlicher Zugriff auf Welt und die menschliche Existenz in ihr ist die Hermeneutik ihrem Anspruch nach *universal*; (2) wegen der Abhängigkeit des Deutenden, der Deutung und der Deutungsobjekte von ihrer jeweiligen Einbettung in Milieus, Geschichte, Geschichten und Deutungsgemeinschaften sind die jeweiligen ›Resultate‹ hermeneutischer Auslegung jedoch *relativ.*

Diese Relativität hat nichts zu tun mit Beliebigkeit. Sie schließt – in der wissenschaftlichen Hermeneutik – kontrollierte Überprüfungsprozesse nicht aus, sondern notwendig ein. Dadurch, daß

schicht aufmerksam zu machen, die von dem bisher skizzierten Textbegriff kaum erfaßt werden kann und damit die Grenzen seiner Verwendbarkeit deutlich macht. Neben dem Vergleich der milieutheoretischen Überlegungen von Darwin, Uexküll, Scheler, Gurwitsch, Sartre u. a. wären hier insbesondere die Gemeinsamkeiten und die erheblichen Unterschiede zwischen dem Milieukonzept der Biologie und dem der Phänomenologie zu diskutieren.

2 Für die sogenannten ›naiven‹ oder ›primitiven‹ Völker ebenso wie für die Kinder und in weiten Bereichen wahrscheinlich auch für die sich nicht für naiv haltenden Völker und Erwachsenen gilt, daß unbelebte Dinge oft ebenso behandelt werden wie menschliche Wesen. Leibliche Individuen der sozialen Gruppe werden ebenso eindeutig instrumentell wie Instrumente sozial behandelt (vgl. auch Mead 1934, 221). Kurz: Die Grenzen zwischen diesen Bereichen sind in unserer routinemäßigen Handlungsorientierung und in unserem impliziten Wissen lange nicht so scharf gezogen, wie unser – sprachorientiertes – Bewußtsein es uns nahelegt.

hier die prinzipielle Relativität und das konkret Relative bewußt in Rechnung gestellt werden, wird der Anspruch auf Intersubjektivität des Verfahrens und der Ergebnisse aufrechterhalten und durchgesetzt: Beliebigkeit wird ausgeschlossen, indem Relativität und Intersubjektivität aufeinander bezogen werden.

Die Erinnerung an die Milieuwelt, an das, worin sich im Alltag Deutung vollzieht, worauf sie sich in ihm bezieht, wovon sie in ihrer Weltsicht und in ihrem Wissen abhängig ist, macht aus einer anderen als der in der hermeneutischen Diskussion gewohnten Perspektive der Historizität von Deutung auf die Problematik der ›Standortgebundenheit‹ von Deutendem, Deutungsgegenstand und Deutung aufmerksam – ebenso auf die Schwierigkeiten und die Künstlichkeit der Konstruktion einer wissenschaftlichen Perspektivenneutralität.

Aus milieutheoretischer Perspektive, die eine der historischen Perspektive vorgelagerte objektiv wirksame Sinnschicht subjektiver Orientierung sichtbar werden läßt, wird der gesamte Umkreis des Wahrnehmbaren durch die betreffende Milieustruktur eines Wahrnehmenden bestimmt. Die Annäherung an ›objektives‹, besser: intersubjektiv nachvollziehbares Verstehen müßte dementsprechend folgendes leisten (vgl. Scheler 1923 und Srubar 1981): (1) das bewußte und kontrollierte Abstrahieren des Interpreten von der eigenen Milieustruktur und der eigenen historischen Perspektive; (2) die Rekonstruktion (so weit wie möglich) der ›fremden‹ Milieustruktur und historischen Bindung eines überlieferten Dokumentes oder records und seines Produzenten; (3) die Zuordnung der (dem Interpreten) eigenen und der fremden Milieustruktur sowie der eigenen Deutung und des Deutungsgegenstandes zu einem wissenschaftlichen ›universe of discourse‹ objektiv möglicher, d. h. intersubjektiv nachvollziehbarer Milieus, Kontexte und Bedeutungen.

Diese wissenschaftliche Konstruktion der Intersubjektivität und Perspektivenneutralität zeigt mehr als nur die Schwierigkeiten der Theorie und Methodologie wissenschaftlichen Verstehens und seiner prinzipiellen Relativität. Es weist hin auf die unüberbrückbare Differenz zwischen wissenschaftlicher ex-post-Interpretation eines Sinnes und der ursprünglichen Sinnschicht – einer alltäglichen Interaktionssituation, in der die records aufgenommen wurden, die der Interpretation zugrundeliegen. Der Interpret kann weder diese Ursprungsszene wieder erstehen lassen noch sich in das konkrete Milieu und die Perspektiven der darin agierenden Personen versetzen. Seine Interpretation der records und Dokumente besteht letztlich darin, das Unverstehbare (Singuläre) des Einzelfalles in das Verstehbare (Allgemeine) einer intersubjektiven Perspektive herüberzuretten und zu übersetzen; d. h. die wissenschaftliche Interpretation – zumal die ausschließlich textbezogene – verzichtet auf die Deutung der Konkretion des Einzelfalles, weil sie darauf verzichten muß.[3] Was nicht übersetzbar, verallgemeinert und damit sozial verstehbar gemacht werden kann, ist für die Interpretation verloren – was aber nicht heißt, daß es nicht vorhanden und wirksam gewesen wäre und auch noch wirksam sein kann.

Vor dem Hintergrund der Überlegungen, die in diesem und im vorangegangenen Abschnitt (1) diskutiert wurden, lassen sich nun zwei unterschiedliche Interpretationsverfahren im Bereich sozialwissenschaftlicher Hermeneutik skizzieren, die in der empirischen Forschung eine gewisse Bedeutung gewonnen haben: Es handelt sich zum einen um die nahezu ausschließlich an sprachlichen und/oder künstlerischen Texten im engeren Sinne orientierten Interpretationsverfahren, gleichgültig ob die Interpreten nun ›objektiv‹ hermeneutisch (Oevermann), narrationsstrukturell (Fritz Schütze) oder eher pragmatisch, historisch-rekonstruktiv wie ich selbst vorgehen; zum anderen um die milieuanalytisch orientierten Feld- und Einzelfallstudien (Grathoff, Hildenbrand,

3 Trotz der hier sehr allgemein geführten Diskussion soll nicht übersehen werden, daß zwischen ›Alltagstexten‹ und vorkonstruierten, auf Verschriftung hin angelegten und in der Verschriftung verankerten Texten ein erheblicher Unterschied besteht. Vorkonstruierte Texte schaffen sich ihre eigenen objektivierten (schriftlichen), immer wieder abrufbaren Kontexte und konstruieren gegenüber alltäglichen Interaktionen durch das Explikationsmedium der Sprache eine relativ große Situationsunabhängigkeit. Sie leben geradezu von dieser Situationsunabhängigkeit, weil sie dadurch beliebigen Rezipienten verfügbar werden. Alltagsinteraktionen dagegen leben *in* ihren Milieu- und Situationshorizonten. Sie sind von vornherein nicht auf Diskursivität und Überlieferbarkeit hin angelegt: Sie verlieren sich an ihre Kontexte, die für eine spätere Interpretation verloren sind. Standort-, zeit- und milieugebunden sind dennoch beide Interaktionsformen, insofern sie ihr Dasein und ihre Konkretion konkreten Produktionsakten in konkreten Situationen verdanken.

Riemann).[4] Beide Verfahren erheben systematisch und kontrolliert ihre Daten, d. h. sie finden ihre Daten nicht irgendwie vor und geben sie auch nicht ›rein deskriptiv‹ wieder (falls dies überhaupt möglich wäre), sondern sie produzieren sie im wissenschaftlichen Arbeitsprozeß – und wer jemals Milieudeskriptionen betrieben und Transkripte hergestellt hat, weiß, wie mühselig dieses Datenproduktionsgeschäft ist, über dessen implizite Gesetze, Arbeits- und Ablaufstrukturen und Einflüsse auf die folgende Interpretation wir noch herzlich wenig wissen.
Ebenso selbstverständlich arbeiten beide Interpretationstypen mit Kontextwissen, mit der Rekonstruktion historischer und Konstruktion hypothetischer Kontexte sowie mit dem universellen Kontextfaktor ›Sprachkompetenz‹. Sie unterscheiden sich jedoch unübersehbar in der Behandlung des situativen Kontexts, und meine Hypothese ist, daß sich aus diesem Grund der Status ihrer Resultate – vor allem bezogen auf Fallstudien – unterscheidet.
Die Milieudeskription versucht zu erfassen, wie soziale Milieus in einem weitgehend nicht-sprachlichen Modus produziert und reproduziert sind. Die Textanalyse begrenzt demgegenüber den zu untersuchenden ›Fall‹ ganz bewußt auf einen vorliegenden Text. Hier ist ausschließlich der Text der Fall, während ein Fall in seinem Interaktions- und Milieunetz nicht ausschließlich Text ist. Diese analytische Abgrenzbarkeit schließt jedoch zahlreiche Überschneidungs- und Berührungspunkte zwischen beiden Interpretationsansätzen nicht aus (zur genaueren Bestimmung beider Verfahren siehe »Hermeneutik. Zur Genese einer wissenschaftlichen Einstellung durch die Praxis der Auslegung« in diesem Band).

III. Texte in der Welt – die Welt im Text – die Welt der Texte

Ein Schreiber, der Texte produziert, tut dies in der Regel stumm. Während er innerlich spricht, bearbeitet er mit den Händen die Schreibmaschine oder er drückt den Kugelschreiber aufs Papier,

4 Eine gewisse Zwischenstellung nimmt die von Jörg Bergmann um die Analyse neuer Bereiche (Schweigen etc.) erweiterte ethnomethodologische Konversationsanalyse ein (vgl. dazu Bergmann 1981).

blickt ratsuchend an die leere Zimmerdecke, wühlt in seinem Haar, ruft Bilder in sich wach etc.

Der Sprecher als Textproduzent hat, während er mit anderen spricht, zusätzlich zum Sprechen noch eine Menge zu tun. Er kann dabei Wert darauf legen, durch Blickkontakte, Gesten etc. die Aufmerksamkeit seiner Gesprächspartner konstant hochzuhalten. Er kann aber auch während des Sprechens Spiegeleier braten, sein Auto reparieren oder sich einen Film ansehen. Kurz: Ob wir schreiben oder sprechen – während wir sprachliche Texte hervorbringen, sind wir mit einer Menge anderer Dinge beschäftigt, beim Sprechen oft mehr, beim Schreiben meist weniger. Ganz abgesehen davon ist unsere Zeit, selbst wenn wir professionelle Sprecher und Schreiber sind, nur zu einem Teil durch Textproduktion charakterisiert. Glücklicherweise ist unser Leben nicht darauf beschränkt.

Wenn wir über Textdeutung und das Verhältnis von Text und Wirklichkeit reden oder schreiben, so können wir zwar mit einigen guten Gründen behaupten, daß in den von Menschen hervorgebrachten Texten die gesellschaftlich konstruierte Wirklichkeit und unser Wissen darüber zum Ausdruck kommt: (Auch) Texte repräsentieren die Wirklichkeit; als menschliche Produkte sind sie außerdem zusammen mit anderen Produkten Bestandteile dieser Wirklichkeit. Aber sie sind nicht *die* Wirklichkeit. Wir leben mit ihnen, aber nicht nur in ihnen: »Selbst Textgelehrte leben zu Hause, gewiß nicht *in* Texten.« (Luckmann 1981, 513)

Sprachliche Texte sind nicht nur nicht *die* Wirklichkeit, sie konstituieren einen spezifischen Teilbereich von Wirklichkeit: Sie sind nicht etwas, was gleichbedeutend und funktional gleichwertig zusammen mit anderen menschlichen Produkten und Handlungen in der Welt vorkommt. Sie lösen sich vielmehr in einer spezifischen Weise von anderen Handlungen ab. Sprechen und Schreiben sind nicht nur Handlungen wie andere auch, sie sind auch ein Handeln (Sprechen, Reden) über etwas. Sie eröffnen darüber hinaus die Chance, partiell aus der Einbindung des Handelns in eine Situation herauszutreten. Genauer: Sie sind im Verlauf der menschlichen Entwicklungsgeschichte zunehmend in diese Funktion hineingewachsen.

Ganz allgemein hat sich im »Anwendungsbereich der menschlichen Sprachzeichen ein Befreiungsschritt (vollzogen), der vielleicht einmal im Werdegang der Menschensprache zu den entscheidendsten gehörte, (...) Befreiung, so weit sie geht und möglich geworden ist, von den Situationshilfen. Es ist der Übergang vom wesentlich empraktischen Sprechen zu weitgehend synsemantisch selbständigen (selbstversorgten) Sprachprodukten« (Bühler 1934, 366 f.). Sprechen und Schreiben, Mündlichkeit und Schriftlichkeit – davon soll im folgenden die Rede sein – stellen unterschiedliche Formen und auch Stufen dieser »Befreiung« oder neutraler: dieses durch Sprache geprägten Verhältnisses zur ›Wirklichkeit‹ dar. Sie repräsentieren darüber hinaus unterschiedliche Deutungsverfahren und Deutungsziele.[5]

So wie man bei der konkreten Interpretation zusätzlich noch zwischen verschiedenen Formen oder ›Gattungen‹ der Rede unterscheidet, muß man – was gemeinhin nicht getan wird – konsequenterweise auch unterscheiden zwischen verschiedenen Formen der Schrift (ebenda, 45 ff.). Ohne auf diese Problematik genauer einzugehen, verweise ich hier nur darauf, daß die in unserem Kulturkreis hervorgebrachten schriftsprachlichen Texte ausschließlich in phonetischer Schrift vorliegen und daß dieser Schrifttypus neben vielen anderen Besonderheiten[6] auch durch folgende interaktions- und kommunikationstheoretisch kaum beachtete Eigenart charakterisiert ist: Er symbolisiert nicht Gegenstände der sozialen und natürlichen Ordnung (wie z. B. die Hieroglyphen), sondern er imitiert die menschliche Rede, den Prozeß sprachlicher Interaktion. In der phonetischen Schrift repräsentiert die Sprache *unmittelbar* sich selbst, indem sie den Prozeß des *Sprechens* zeichenhaft symbolisiert. Die zeichen- und bildhafte Analogiebildung von Schrift und Gegenstandswelt dagegen ist vollkommen aufgegeben. In der phonetischen Schrift kommt so schon früh zum Ausdruck, was handlungstheoretisch erst sehr

5 Im vorliegenden Aufsatz wird diese Problematik nur in einigen, mir im Zusammenhang mit der Problematik der ›Situierung‹ von Texten und den damit verbundenen Problemen für sozialwissenschaftliche Hermeneutik wichtig erscheinenden Aspekten behandelt. Zur allgemeineren sozialwissenschaftlichen Diskussion über den Zusammenhang von gesellschaftlichen Organisations-, Wissens- und Überlieferungsformen (vgl. Goody 1981).

6 Über den ›qualitativen‹ Sprung, der sich mit der Einführung phonetischer Schrift in der Evolution menschlichen Umgangs mit Sprache vollzog, und über die sozialen Folgen dieser Entwicklung (vgl. Goody/Watt 1981, 60 ff.).

viel später reflektiert und begründet wird: Die Einsicht in die Vermittlung von Gegenstandswelt *und* Gesellschaft durch Interaktion, die Entdeckung der Interaktion und des Interaktionsnetzes als primärem Kontext menschlicher Handlung, Sinnsetzung und Textproduktion. Aus der Entdeckung des variablen Interaktionsnetzes als primärem Orientierungsrahmen menschlicher Handlung erwächst die zusätzliche, für die Deutungsarbeit selbst wesentliche Einsicht, daß unsere Umwelt und alles, was für uns existiert, in gewisser Weise auf *hypothetische* Art existiert (vgl. Mead 1934, 293), daß wir daher zur Deutung und Umdeutung gezwungen sind.

Anders als ihre Vorgänger ist die phonetische Schrift ›näher‹ am Gespräch – an der Rede als Handlung. Aber auch die phonetische Verschriftung der Rede *ist* natürlich nicht Sprechhandlung, sondern deren zeichenhafte (arbiträre) Repräsentation. Gespräche in face to face-Situationen sind Bestandteile einer Interaktionseinheit aus sprachlichen und nichtsprachlichen Elementen. Sie leben unmittelbar von und in ihren nichtsprachlichen Kontexten. Erst verschriftete Texte dagegen sind selbstversorgt im eigentlichen Sinne. Sie appräsentieren verschiedene mögliche nichtsprachliche Kontexte statt der konkreten singulären Sprechsituation. Schriftlich vertextete Wirklichkeit repräsentiert wegen ihrer weitgehenden Situationsunabhängigkeit ein Spektrum denkbarer Situationen, Wirklichkeiten und Deutungen, denen sie zugeordnet werden kann. Der *unmittelbare* Kontext eines schriftlichen Textes dagegen ist dieser Text selbst.

Gespräche als Teile alltäglicher Interaktion und der Alltagspraxis haben ihre eigenen unmittelbar praktischen Bezüge. Sie vollziehen sich als zielgerichtete, alltägliche Handlungen innerhalb ihres eigenen Situationsrahmens und Sinnhorizontes und sind mit Sicherheit nicht darauf aus, späteren Zeiten ›Kunde‹ zu hinterlassen. Praxis ist, um Praxis sein zu können, selbstvergessen.[7] Das

7 Diese klare Unterscheidung zwischen dem unmittelbaren Sinnhorizont des praktischen Handelns und dem einer späteren Interpretation dieses Handelns ist in der hermeneutischen Theoriebildung bis heute mehrfach deutlich herausgestellt worden. Sie wird jedoch sowohl in der literaturwissenschaftlichen als auch in der sozialwissenschaftlichen Interpretationspraxis immer wieder verwischt. Vgl. dazu Dilthey 1900, 320f.: »Die Taten geschehen im Drange des Willens, um etwas zu erwirken, nicht um Zeitgenossen oder Nachkommenden etwas

konkrete Handeln ›weiß‹ um seinen unmittelbaren Sinn und schert sich nicht um das objektiv mögliche Deutungspotential, das in ihm steckt und das, falls jenes Handeln dokumentiert sein sollte, später zum Gegenstand von Interpreten wird. Diese explizieren das implizite Wissen, drücken das unausdrücklich Bleibende aus (Buck 1981) – oder versuchen dies zumindest, immer wissend, daß das im Alltag wie in der Wissenschaft wirksame Postulat, alles sei ausdrückbar, zusammen mit der Erfahrung, daß nicht alles ausgedrückt werden kann, gültig ist.

Gerade bei der Analyse sprachlicher Protokolle von Handlungen ist sehr klar zu unterscheiden zwischen dem wissenschaftlichen Postulat der Versprachlichung von (auch non-verbalen) records und ihren sprachlichen Auslegungen einerseits und den noch nicht verworteten zeichenhaften und symbolischen Ausrucksformen selbst.

So wie man in einigen Fällen sagen kann, die Gestik begleite die Rede, kann man in vielen anderen Fällen auch sagen, die Rede begleite die Gestik. Aber während die Wörter nur als verschriftete ohne die Gestik auskommen, können sie in der face to face-Interaktion nicht ohne ihre gestische Begleitung existieren. Wohl aber können Handlungen und Gestik im Alltag ohne Wörter auskommen. Darüber hinaus konstituieren auch nichtsprachliche Ausdrucksformen ihre eigenen wortlosen Zeichen- und Symbolsysteme (Gestik, Proxemik, Musik, Tanz, Handwerk, bildende Kunst etc.). Kurz: Die Welt besteht für uns zu einem sehr großen Teil aus nicht-sprachlicher Wahrnehmung und Handlung. Sie wird erst von Deutern und Interpreten verwortet.

Zwar ist schon im Alltag als Wissenshintergrund die Unterstellung kontrafaktisch wirksam, es gebe für alles praktische Erklärungen (vgl. Scott/Lyman 1976, 73 ff.), und mit ihr auch die Unterstellung, es sei alles zu versprachlichen. Gleichzeitig aber wird von jedermann die Erfahrung gemacht, daß die Wörter oft nicht treffen und damit auch nicht zutreffen. Außerdem weiß jedermann, daß es Formen des Verstehens gibt, die nicht an Versprachlichung gebunden sind. So dokumentiert ein Maurer, daß er sein Handwerk versteht, am besten, indem er mauert, und der

mitzuteilen.« Neuerdings wieder Buck 1981, 530: »Zu jeder bestimmten Praxis gehört, damit sie Praxis bleiben kann, eine Selbstvergessenheit, die verhindert, daß das Handeln zugleich sich selbst gegenständlich erfaßt.«

Musikschüler, indem er musiziert. Im Gegensatz hierzu ist wissenschaftliche Hermeneutik an Sprache gebunden. Sie besteht in der Produktion von Texten über Texte, in der Explikation sprachlicher Dokumente oder auch in der Übersetzung und *Reduktion* nichtsprachlicher Eindrücke und/oder Ausdrucksformen in Sprache, in Texte. Sie ist nicht nur Deutungsarbeit, sondern auch eine »Datenproduktionsmethode« (vgl. Luckmann 1981, 522). Dabei wird kein Interpret behaupten, nicht-sprachliches Verstehen – z. B. von Gestik, Tanz, Musik, Malerei – sei ohne Verluste an Verstehensidentität und Qualität des Verstandenen in sprachliche Explikationen zu überführen.

Die im Alltag Handelnden verstehen und deuten demgegenüber auf der Grundlage eines Wissens, von dem man eigentlich nicht sagen kann, daß sie es haben: sie leben es. Die wissenschaftliche Hermeneutik dagegen entfaltet ex post aus den Handlungsprotokollen dieses Wissen und darüber hinaus die Bedingungen und Möglichkeiten dieses Wissens. In der vollendeten Auslegung hat sie dann dieses Wissen, aber sie lebt es nicht.

Während das Handeln sich selbst und den es leitenden Sinn darstellt (vgl. Buck 1981, 530), ist der Text, der es beschreibt, eine abgeleitete Größe, die mehr oder auch weniger, in jedem Fall darüberhinaus anderes enthält als die beschriebene Handlung. Der Texter übersetzt Handlung in Sprache, Sprechen in Schrift.[8] Der verschriftete Text gibt die Handlungs- und die Gesprächsstruktur in seiner eigenen Sprache, in der Textstruktur wieder, nach eigenen Ordnungs- und Ablaufregeln.[9] Und auch diese sind Interpretationsgegenstand. Sie entfalten in der Interpretation ein

8 Diese ausgesprochen artifizielle Datenproduktion hat ihre eigenen Gesetze. Wer dieses Geschäft betrieben hat, weiß um die Unterschiede von Beobachtung und Beobachtungsprotokoll, von Sprechtext und Transkriptionstext, von Handlungsstruktur und Textstruktur. Umso erstaunlicher ist die – vor allem in der Textlinguistik – ihr unreflektiertes (Un-)Wesen treibende Rede von ›Text‹ = ›Kommunikation‹, von ›Textgrenzen‹, von ›Text – = Kommunikationsfunktionen‹, ›textuellen Invarianzen‹ etc., wobei Sprech- und Kommunikationsakte weitgehend mit den aus ihnen abgeleiteten (transkribierten) Texten gleichgesetzt werden. Vgl. Klein/Nassen 1979, 23 ff.

9 Natürlich ist die Differenz zwischen Gespräch und verschriftetem Gesprächstext bei weitem geringer und von der Qualität weit weniger unterschieden als die Differenz von schriftlicher Protokollierung und der ihr zugrundeliegenden nichtsprachlichen Handlung. Dennoch

Eigenleben. Ihre Zeit- und Ablaufstruktur, um nur zwei besonders auffällige Merkmale zu nennen, haben mit der Zeit- und Ablaufstruktur nichtsprachlicher Handlungen kaum etwas gemeinsam: Verschriftung ist nicht nur Übersetzung. Sie bedeutet grundsätzlich den Verlust der ursprünglichen konkreten, nichttextlichen Ordnungs- und Wahrnehmungsstrukturen, die bei der Interpretation des Textes nur mehr als rekonstruktiv-hypothetische wieder in Erscheinung treten: Die wissenschaftliche Textinterpretation interpretiert Leben aus zweiter Hand. Diese Behauptung wird dadurch untermauert, daß Schrift und Verschriftung im großen und ganzen die Institutionalisierung, Bürokratisierung und auch die Literarisierung und Verwissenschaftlichung des gesellschaftlichen Lebens auszeichnen, während der alltägliche Umgang der Menschen miteinander im Bereich sprachlichen Handelns durch Mündlichkeit gekennzeichnet ist.[10] Mit den Begriffen ›Mündlichkeit‹ und ›Schriftlichkeit‹ sind dementsprechend unterschiedliche Stile der Interaktion, der Repräsentation und Äußerung von Wissen, der sozialen Zuordnung und auch der Deutung von Äußerungen verbunden. Ich greife im Rahmen dieses Themas nur den Aspekt der Deutung auf, obwohl auch die anderen genannten Bereiche zum Thema gehören, andererseits sind sie ein zu ›weites Feld‹ für einen so begrenzten Rahmen.

bleibt, was Lautstärke, Prosodie, Intonation, Pausen etc. angeht, eine ganze Reihe von Problemen der ›adäquaten‹ Transkription.

10 Daß mündlich vermittelte und tradierte Wissenschaft anders organisiert war, sich nach anderen, dem Gespräch als Interaktionsform immanenten, dialektischen Regeln vollzog und auch ihren Resultaten ganz anders gegenüberstand, zeigen Goody und Watt in ihrer Untersuchung der Veränderung wissenschaftlicher Lehre und Forschung beim Übergang der griechischen Akademie von der ausschließlich mündlichen Diskussion zur Verfassung von schriftlichen Abhandlungen. Vgl. Goody/Watt 1981, 45 ff., insbesondere 68 ff.; vgl. auch Havelock 1963. In ganz anderer Weise bestätigen die Ergebnisse der empirischen Sprachsoziologie und der Soziolinguistik die These, daß die Differenz von Mündlichkeit und Schriftlichkeit oftmals zusammengeht mit der Differenz von Privatheit (Familie, Freundeskreis etc.) und Öffentlichkeit (Bürokratie, Verwaltung, Geschäftsbereich) und daß mit dieser Differenz unterschiedliche Stile der Interaktion, der Sprachverwendung, des Wissens und unterschiedliche Formen der Gruppenbildung und der Gruppenkonstitution verknüpft sind. Vgl. hierzu Fishman et al. 1971, Bernstein 1972 und Labov 1972.

Die alltägliche unmittelbar interaktive Deutung von Gesprächen beruht im Gegensatz zur oben skizzierten Struktur verschrifteter Texte auf einem anderen Fundament der Bedeutungskonstitution. Die Bedeutung einer sprachlichen Äußerung im Gespräch bestimmt sich aus der Folge von Aktionen und Reaktionen der Gesprächspartner, von sich ändernden Situationen. Sie bezieht sich auf Gestik, Intonation, Gesichtsausdruck etc. der Gesprächspartner, und alle diese Hinweise und Stimuli der Interaktionssituation zielen darauf ab, die besondere, sehr enge Bedeutung und Situierung einer sprachlichen Äußerung zusammen mit ihren Beimischungen und Nebentönen hic et nunc, augenblicksbezogen, festzulegen. Das Netz mitteilender und deutender Aktionen und Reaktionen im Gespräch konstituiert einen Prozeß direkter »semantischer Ratifizierung« (Goody/Watt 1981, 48), die gleichzeitig durch unmittelbare Sicherheit der Deutung und Flüchtigkeit der ›Beweisbarkeit‹ einer ›richtigen‹ Deutung gekennzeichnet ist. Mündlichkeit charakterisiert so zugleich die unmittelbare Teilhabe der Gesprächspartner an einer Interaktionsgemeinschaft und auch das primär auf diese Interaktionsgemeinschaft und ihre Gesprächssituation bezogene, begrenzte Sinnpotential der sprachlichen Äußerungen. – Schriftlichkeit dagegen und die auf ihr beruhenden Produkte zielen auf eine tendenzielle Universalität denkbarer Situationen, Kontexte und Adressaten, auf eine ›Absicherung‹ des Interaktionssinnes im ›universe of discourse‹. Die Universalität der möglichen Interaktionsgemeinschaft ist jedoch verknüpft mit der konkreten ›Einsamkeit‹ des Schreibers oder Lesers, mit der Abwesenheit konkreter Interaktionspartner. Andererseits eröffnet dieser ›Verlust‹ der konkreten Partner die Möglichkeit, sich leichter einem common sense zu entziehen, der in konkreten Interaktionssituationen gemeinhin Interaktionspartnern aufgezwungen wird.

Dies bedeutet auch: Schrifttexte lassen sich zwar leichter tradieren, aber der Leser als einzelner kann sich zugleich den Normen der Tradition auch leichter entziehen. Er kann dies, weil er mit einem verschrifteten Text für die Deutung und Auseinandersetzung eine konstant bleibende, objektivierte Vorlage zur Verfügung hat, während die mündliche Rede aufgrund der mit ihr verbundenen wechselnden ›flüchtigen‹ Eindrücke im nachhinein nur noch als ›Erinnerungsspur‹ zu deuten ist (Luckmann 1981, 520).

Arbeitsweise und Resultate hermeneutischer Schriftgelehrter sind geprägt durch eine grundlegende Distanz zum Leben und Erleben. Diese Distanz wird nicht nur durch den Filter der Schrift bewirkt, sondern auch durch die permanente Überprüfung des ›Texterlebens‹, des Prozesses der Deutung und der erarbeiteten Lesarten, die ihrerseits durch Schriftlichkeit ermöglicht ist.
Andere als wissenschaftliche Textinterpreten, Sänger, Schauspieler, Prediger etc., sind geradezu dazu verpflichtet, mit Hilfe rhetorischer und mimischer Kunstgriffe Wiederbelebungsversuche des Textes zu unternehmen, ihm das an Leben und Bewegung wieder zuzuführen, was er in der Schrift verloren hatte. Mit der bereits von Platon im Dialog »Ion« getroffenen Charakterisierung des Rhapsoden lassen sich der künstlerische und der wissenschaftliche Interpret sehr gut unterscheiden.
Sokrates bezeichnet im Dialog den Rhapsoden Ion als »Sprecher des Sprechers« Homer (Platon 1977/78, 104). Dem guten Rhapsoden, darin sind sich Sokrates und Ion einig, geht es dementsprechend um die Wiedererweckung der Begeisterung an den geschilderten Taten und Gegenständen, um die Rückübersetzung und ›Erweckung‹ des Textes zum Leben und Erleben. – Demgegenüber zerstört der schriftgelehrte Hermeneut die Begeisterung, indem er die Einheit des Erlebens in den Vergleich möglicher – oft konkurrierender – Lesarten zerlegt. Die analytische Arbeit als kontinuierliche Zerlegung des Textes mit dem Ziel der rationalen Begründung der Deutung und der Deutungsarbeit lebt von der durch die Schrift garantierten Dauer des Textes und zielt auf die vertextete Dauer der Deutung. Sie zerstört das Erleben eines Textes, indem sie es und ihn zerlegt und fixiert. An die Stelle des Erlebens setzt der Interpret die Erklärung des Deutungsprozesses. Er setzt auf das Bewußtsein statt auf Empathie, auf die vielen Möglichkeiten statt auf die konkrete einsinnige Realisierung. Er konstituiert in der Interpretation ein Vergangenheitsverhältnis des Textes – statt der Wiedererweckung der Gegenwart im Augenblick des Texterlebens. Kurz: Die Kunstlehre der Interpretation braucht nicht den Künstler, sondern den Analytiker.
Aber auch um die Wissenschaft wäre es schlecht bestellt, wenn sie sich ausschließlich in Schriftgelehrsamkeit und Schreiben erschöpfte. Wissenschaftsorganisation, Lehre und Forschung sind zwar mit ihrer Verschriftung, der Aufzeichnung der Methoden und Resultate, mit der schriftlichen second-hand-Diskussion

ganz wesentlich in ihrer Struktur verändert worden (Goody/Watt 1981), aber ein Teil dessen, was Platon für unverzichtbar hielt,[11] ist – zwar verkümmert – dennoch erhalten geblieben: das wissenschaftliche Gespräch und mit ihm auch die Textauslegung im Gespräch. Ohne dieses Element vollzöge sich wissenschaftliche Arbeit, die ja ohnehin durch Lebensferne gekennzeichnet ist, nur noch im Reich der Schatten, schwarzer Schatten auf weißem Papier.

Platons Warnung hat – auch bei ihm selbst – die Verschriftung des Denkens, der Wissenschaft, nicht verhindert. Und mit der Einführung über die wissenschaftliche Arbeit hinaus in Politik, Literatur, in das gesellschaftliche Leben überhaupt verändert sich die Ausdrucksfähigkeit der Sprache überhaupt: die Komplexität der Syntax, des Wortschatzes, der Semantik nimmt zu.

Lange, abstrakte und dazu noch unveränderliche Texte waren mündlich kaum produzierbar und noch weniger tradierbar. Sie sind Produkte der Schrift, die durch Schriftsteller, Wissenschaftler und Schreibstuben eine »Technologie der bewahrten Kommunikation« (vgl. Havelock 1963, XI) hervorbringt, die neue Technologie des Intellektes.

Denn Schrift erlaubt nicht nur das Schreiben, sie erlaubt auch eine extensive Manipulation von Zahlen und Buchstaben. Sie generiert

11 Vgl. Platon 1977/78, 73ff. Daß für Platon wissenschaftliche Arbeit nicht nur nicht notwendig mit ›Textproduktion‹ verbunden war, daß er sogar bei gewissen Gegenständen (s. u.) die schriftliche Aufzeichnung des Denkens, die Bindung des Denkens an *einen* Text, sei er geschrieben oder (dogmatisch) gesprochen, für schädlich, weil dem dialektischen Prozeß des Denkens unangemessen hielt, zeigt der 7. Brief (Platon, a.a.O. 317): »Von mir selbst wenigstens gibt es keine Schrift über diese Gegenstände [die stufenweise Entwicklung der Erkenntnis (der Verf.)], noch dürfte eine erscheinen; läßt es sich doch in keiner Weise, wie andere Kenntnisse, in Worte fassen, sondern indem es, vermöge der langen Beschäftigung mit dem Gegenstande und dem Sichhineinleben, wie ein durch einen abspringenden Feuerfunken plötzlich entzündetes Licht in der Seele sich erzeugt und dann durch sich selbst Nahrung erhält.« Selbst wenn er auf das sorgfältigste formulierte, fährt Platon fort, wäre von der Aufzeichnung des Denkens nichts den Menschen Ersprießliches zu erwarten: Einige wenige fänden auch ohne eine solche Aufzeichnung – durch einen leisen Fingerzeig – den Weg, andere aber – die Mehrheit – bildeten sich unkontrolliert ein, »irgendwelche erhabene Wahrheiten begriffen« zu haben.

neue, auf ihr selbst beruhende Textmuster.[12] Zu den vielfältigen gesellschaftlichen Welten und Realitäten gesellt sich die neue Welt der Texte und deren Realität. Die Eigengesetzlichkeit der Schriftsprache führt folgerichtig auch dazu, daß sich das Schreiben sehr viel stärker selbst zum Gegenstand macht, als es die gesprochene Sprache tut. Von jeher hat Schriftlichkeit die ihr verpflichteten Schriftsteller zu Räsonnement und Klage über die Schwierigkeiten beim Schreiben getrieben. Die moderne Literatur – am pedantischsten die deutsche – hat diese Schreibschwierigkeiten eine Zeitlang zum nahezu einzigen Thema erhoben.

Dies alles zeigt, daß die Schriftlichkeit unter den ihr verbundenen Technologen (s. o.) nicht nur Nutznießer, sondern auch Opfer hervorbringt, daß sie nicht nur Medium, sondern auch Botschaft und Produzent ist.

Auch das Verhältnis der Schriftlichkeit zum Tradieren und zum Tradierbaren ist ambivalent. Sie konstituiert ein anderes Verhältnis zur Tradition als die mündliche Überlieferung. Sie fixiert objekthaft das Überlieferte, wo die mündliche Überlieferung – sich den jeweiligen Anforderungen der Gegenwart und ihrer Gesellschaft anpassend – Vergangenheit und Gegenwart verknüpft und so die Vergangenheit jeweils ›auf den neuesten Stand bringt‹.[13] Dadurch ist diese Art der Überlieferung wiederum mit der Erzählstruktur autobiographischer (auch schriftlicher) Berichte verbunden (Soeffner 1982a)[14].

Mit der schriftlichen Überlieferung unveränderbarer Texte kon-

12 Von den Konstruktionen der Kabbala bis zu den Textmontagen des Dada und der Verwechslung und Gleichsetzung von Text und Welt insgesamt im französischen Strukturalismus der Gegenwart (Ricoeur, Derrida) lassen sich die Eigengesetzlichkeit und die generative Struktur des Zusammengehens von Text und Schrift an Extrembeispielen sehr gut nachweisen. Generative Struktur und Eigengesetzlichkeit der Schriftsprache sind jedoch auch dort wirksam und nachweisbar, wo sie sich weniger auffällig zeigen.

13 Vgl. die empirischen Untersuchungen über die unterschiedliche Art von Literalität in traditionalen Gesellschaften, Goody 1981.

14 Der Einfluß insbesondere literarischer Texte und ihrer Typisierungsschemata auf die Ausgestaltung – auch mündlicher – biographischer Erzählungen ist unverkennbar. Biographische Erzählungen können unter diesem Blickwinkel auch als quasi fiktionale Vertextung von Lebensläufen, als literarisches ›impression management‹ der Individuen gesehen werden.

stituiert sich überhaupt erst Geschichte, die Erfahrung des Vergangenen als des Andersartigen, im eigentlichen Sinn. Im Akt des Tradierens wird Tradition bewußtseinsfähig als das in die Gegenwart Hineinwirkende, aber von ihr Unterschiedene und durch die Dokumente Unterscheidbare. Zugleich wächst mit der schriftlichen Überlieferung die Zahl der überlieferten Dokumente ins Unermeßliche. Aber zum eigentlichen Problem der schriftlichen Überlieferung wird nicht nur die Vielfalt, sondern vor allem die Unterschiedlichkeit – die Singularität – der Texte. Was die mündliche Überlieferung zusammenbindet, fällt in der Vielfalt der schriftlich überlieferten Dokumente auseinander und wird erst in der Auslegungsarbeit des Historikers durch seine *Konstruktionen* wieder zu einer Einheit, zu einem Modell von Vergangenheit.
Anders als die der Tendenz nach einheitsstiftende mündliche Überlieferung oder die auf die Weitergabe nur *einer* – heiligen – Schrift begrenzte Vergangenheits- und Gegenwartsbewältigung schafft die Weitergabe einer Vielfalt von Dokumenten Einsicht in die Vielfalt möglicher Meinungen (Goody/Watt 1981, 89f.).
Die Unterschiedlichkeit der Texte macht die Abweichung vom gesellschaftlichen Konsens nicht nur historisch sichtbar, sondern generell bewußt und auch bewußt machbar.
Die fortgesetzte und sich damit zwangsläufig ändernde schriftliche Kommentierung einer heiligen Schrift bringt statt der Unveränderbarkeit eines sich immer und ewig gleichbleibenden Gehaltes die wechselnden Interpretationen, die Ungewißheit des vorgeblich Gewissen hervor. Sie fördert damit Häresien und Reformation und zugleich die Entstehung und Entwicklung der wissenschaftlichen Hermeneutik: die explizite, bewußte Aufsuche alternativer Deutungsmöglichkeiten, die Überprüfung und zumeist auch Zerstörung des selbstverständlich Erscheinenden, z. B. eines Kodex ewiger Werte. – Indem schriftlich überlieferte Texte die Zeiten und mit ihnen ganz unterschiedliche Sozialstrukturen überdauern, verweisen sie nicht – nicht einmal wenn es sich bei ihnen um ›heilige Schriften‹ handelt – auf die Ewigkeit der in ihnen vermuteten Werte, sondern auf die Ewigkeit und das Überdauern von Texten und Interpretationen, die ihrerseits dazu tendieren, neue Texte und Interpretationen hervorzulocken.
Die Vielfalt und Unterschiedlichkeit schriftlich überlieferter Texte hat noch weitere Konsequenzen. Im Gegensatz zu einer sozial intakten mündlichen Überlieferung macht es gerade die

Textvielfalt unmöglich, daß »die Individuen so umfassend an der kulturellen Tradition partizipieren, wie es in einer nicht-literalen Gesellschaft möglich ist« (Goody/Watt 1981, 89).

Zugleich hat diese Vielfalt, an deren ständiger Erweiterung auch die wissenschaftlichen Interpreten heftig mitarbeiten – vgl. den vorliegenden Text – zur Folge, daß die Textauslegung, das mühsame Geschäft der Interpretation, immer hinter der Menge der interpretierbaren Dokumente (die ja ihrerseits selbst schon Deutungen repräsentieren) zurückbleibt und zurückbleiben muß.

Daraus folgt: wissenschaftliche Hermeneutik arbeitet immer exemplarisch. Sie ist per se Fallanalyse. Sie kann die Intersubjektivität und Verallgemeinerbarkeit ihrer Ergebnisse niemals dadurch erreichen, daß sie alle Daten und Texte erfaßt und bearbeitet.

Statt dessen arbeitet sie an ihrem Fall, dem exemplarischen Text, auf zwei Ebenen: (1) an der Aufsuche, Erprobung und Absicherung ihrer Interpretationsregeln und ihres Verfahrens; (2) an der Analyse einer Fallstruktur, in der die allgemeinen Bedingungen und Konstitutionsregeln sozialer Gebilde in ihrer Konkretion und konkreten Wirksamkeit sichtbar werden. Dabei soll einerseits der Fall in seiner Besonderheit aus der Wirksamkeit allgemeiner Regeln und Strukturen sozialen Handelns ›erklärt‹, andererseits aber die Aufsuche jener Regeln und Strukturen im konkreten Milieu und Handeln des dokumentierten Falles geleistet werden.

So führt die sozialwissenschaftliche Interpretation der sozialen Welt zur Produktion von Texten über die Welt und in die Welt der Texte. Dabei könnte sie leicht ihr Ziel aus dem Auge verlieren: aus der Welt der Texte wieder herauszufinden. Diese Welt der Texte, das wissenschaftliche Reservat oder Schlaraffenland, in dem den Interpreten am Schreibtisch die Daten schwarz auf weiß entgegenfliegen oder wohlsortiert in Bibliotheken für die Interpretation zugerichtet sind, strahlt eine kaum zu überwindende Versuchung aus, der die Hermeneuten – durch die einseitige Spezialisierung auf Lesen und Schreiben geschwächt – allzuleicht erliegen; sie erliegen der Illusion, die Welt der Texte und ihre Ordnung sei die eigentliche Welt. Jenseits dieser Welt tue sich das Chaos auf, die noch nicht in Text übersetzte Welt sozialer Milieus. Die Welt der Eindrücke, Handlungen und Erfahrungen – des Alltags: das noch nicht durch die Interpretation ›auf den Punkt‹ gebrachte ›Uneigentliche‹. Hermeneutik – so betrachtet – wäre

eine Dame ohne Unterleib, verheiratet mit dem entsprechenden Interpreten, einem Buchhalter mit schriftstellerischen Ambitionen. Beide lebten in einem Textmuseum mit Dokumentationsabteilung und Vervielfältigungszentrum, aber ohne Lebenswelt.
Sozialwissenschaftliche Hermeneutik als u. a. textproduzierende und textauslegende Arbeit ist darauf verwiesen, sich zu erinnern, woher ihre Texte stammen, wer sie gemacht hat, wie sie produziert wurden. Sie muß unterscheiden zwischen Aussagen über Texte und Aussagen über soziale Sachverhalte und Fälle, die in Texte übersetzt wurden. Zwar sind alle diese sozialwissenschaftlichen Aussagen und Interpretationen ihrerseits ebenfalls Texte. Es kommt bei ihnen jedoch darauf an, daß sie die noch nicht vertexteten, aber sozial wirksamen Strukturen der Lebenswelt appräsentieren, statt sie texttheoretisch zu verwischen.

IV. Objekte der Hermeneutik und Hermeneutik als Objekt

In seiner Vorlesung über literarische Hermeneutik (WS 1967/68) begründete Peter Szondi seine Behauptung, daß es eine *literarische* Hermeneutik (damals) kaum gegeben habe, mit der Hermeneutik, die es damals gab (Szondi 1975, 9). Daß die Hermeneutik vor allem in den *empirischen* Sozialwissenschaften eine so geringe Rolle spielt, liegt dagegen eher an den empirischen Sozialwissenschaften, wie es sie heute gibt.[15]
Einer der Gründe des geringen Interesses an der Hermeneutik und der Blindheit gegenüber der undurchschauten Wirksamkeit hermeneutischer Verfahren und Prämissen innerhalb der empirischen Sozialwissenschaften ist darin zu finden, daß die empirische Soziologie der Gegenwart nur eine sehr unterentwickelte Bezie-

15 Vor allem Oevermann hat nicht nur seit Jahren auf dieses Defizit und die sich daraus ergebenden Konsequenzen für die empirischen Sozialwissenschaften hingewiesen, sondern auch eine in sich geschlossene (vielleicht allzu geschlossene) Konzeption einer Methodologie sozialwissenschaftlicher Hermeneutik vorgelegt. Vgl. dazu insbesondere Oevermann et al., »Die Methodologie einer ›objektiven Hermeneutik‹ und ihre allgemeine forschungslogische Bedeutung in den Sozialwissenschaften«, in: Soeffner 1979 (vgl. auch Habermas 1981, insbesondere Bd. 1, Kapitel 1, 4, und Bd. 2, Kapitel V und VI).

hung zur Geschichte als solcher hat – von wenigen berühmten Ausnahmen abgesehen, die aber vor allem außerhalb der Soziologie rezipiert werden. So ist es auch nicht weiter überraschend, wenn auch bezeichnend, daß innerhalb einer relativ jungen Disziplin wie der Soziologie einerseits unentwegt ›Geschichte(n) der Soziologie‹ geschrieben werden, während andererseits Untersuchungen im Rahmen einer Soziologie der Geschichte nicht gerade häufig sind.[16] Grob gesagt, man kann den Eindruck gewinnen, die gegenwärtige Soziologie verstünde sich ausschließlich als Gegenwartssoziologie mit einem gewissen Hang zur Prophetie.

Hermeneutik dagegen (vgl. II, III) *konstituiert primär ein Vergangenheitsverhältnis* (Marquard 1981, 119f.). Sie fügt interpretierenden Texten und Dokumenten etwas hinzu, was in ihnen – zumindest so – nicht enthalten oder ausgedrückt ist. Pointiert ausgedrückt: »Hermeneutik ist das Ändern dort, wo man nicht ändern kann« (ebenda 123).

Wie jede andere Ausrichtung der Hermeneutik ist auch die sozialwissenschaftliche durch ein prinzipielles raum-zeitliches *und* analytisch diskriminierendes Distanz-Verhältnis zu ihren Gegenständen charakterisiert. Gegenwärtig, im strengen Sinne, ist nur das Interpretieren selbst. Für den Interpreten ist zwar der Interpretationsgegenstand (hoffentlich) anwesend und damit auch gegenwärtig, die Entstehungszeit des Interpretationsgegenstandes dagegen und mit ihr seine Ursprungs-Situation und sein ursprünglicher Handlungssinn sind endgültig abgeschlossen (Luckmann 1981, 518). Hier gibt es nichts mehr hinzuzufügen. Nur im Rahmen jener zweiten, oben genannten ›offenen‹ Sinnschicht hypothetischer Situationen und Kontexte zu einem Text, auf der Ebene einer postulierten Universalität der Rezipierbarkeit von Texten über die Zeiten hinweg gibt es etwas hinzuzufügen, ein ›Mehr‹ an Ausdrückbarkeit. *Hermeneutik konstituiert somit auch ein spezifisches Gegenwartsverhältnis:* die hypothetische Vergegenwärtigung des Vergangenen.

Die Offenheit der hermeneutischen Interpretationssituation, die damit verbundene wissenschaftliche Konstruktion von Perspektivenneutralität und Multiperspektivität ermöglichen nicht nur die Kontrastierung und Überprüfung verschiedener Lesarten und

16 Es sei denn, man übernehme das gängige Mißverständnis, ›Sozialgeschichte‹ mit ›Soziologie der Geschichte‹ gleichzusetzen.

Deutungen eines Dokumentes, sondern auch eine Kontrastierung der in ihm dokumentierten und/oder aus ihm entschlüsselten Typisierungen, Handlungsorientierungen und Wissensbestände mit jenen anderer Dokumente, anderer Zeiten, anderer Menschen. Hermeneutik ermöglicht die Kritik vergangener und ›gegenwärtiger‹ Dokumente des sozialen Handelns und sozialen Wissens spezifischer Zeiten und sozialer Gemeinschaften durch die konstruierten und rekonstruierten Perspektiven anderer Zeiten und anderer Gemeinschaften.

Aber in dieser Kritik werden Gegenwart und Vergangenheit nicht durch die Posaunen der Hermeneutik von Schriftgelehrten zum Jüngsten Gericht gerufen, um angeklagt oder belohnt zu werden – welche Strafe und welchen Lohn hätte Hermeneutik schließlich auch zu bieten. Hermeneutische Kritik ist weder Strafgericht noch Besserwisserei. Sie will vielmehr etwas über das in den Dokumenten und in der Deutung enthaltene Wissen wissen, über seine Herkunft, Konstitution, Wirksamkeit und über seine Alternativen. Indem sie das implizit Gewußte expliziert, zielt sie nicht nur auf eine Deutung des Gewußten, sondern auf die Konstitutionsregeln und Bedingungen des Wissens selbst. Hier und nur hier liegt ihr Bereich tendenziell generalisierbarer Aussagen. Diese kommen jedoch nur in der praktischen Auslegung konkreter Dokumente verifizierbar und als konkret wirksam zum Vorschein.

Wenn die Hermeneutik – mit Recht – als Kritik von Mythen bezeichnet wird, so kann dementsprechend sinnvollerweise nicht in erster Linie die Kritik des im Mythos Dargestellten gemeint sein, sondern vor allem die der mythischen Erklärungs- und Wissensformen selbst, des Umgangs mythischen Wissens mit Welt.

Bei der Frage nach dem Umgang des Wissens mit Welt gerät zwangsläufig auch eine Wissensform – eine tendenziell neue Mythenbildung – in den Bereich hermeneutischer Fragen, die sich gegenüber dem ›klassischen‹ mythischen Denken immunisiert zu haben glaubt: die Wissenschaft – genauer: die wissenschaftliche Konstruktion und Rekonstruktion der Wirklichkeit.

Hermeneutische Fragestellungen und die hermeneutische Kontrolle über die Wirksamkeit ungeprüfter Vor-Urteile und tradierten Vorwissens sorgen in der Kritik sowohl der Mythen als auch der Wissenschaft, einschließlich der Naturwissenschaften (vgl. Popper 1972, Kapitel II und III, und Whitehead 1938), dafür, daß der Bestand ewiger Wahrheiten in dem Maße kontinuierlich abgebaut wird, in dem sich das Wissen um die Bedingungen und die Formen des Wissens selbst vermehren. Die Frage danach, worauf Hermeneutik antwortet, ist wahrscheinlich allzu schnell und zu umfassend beantwortet mit dem Hinweis auf die Grundbefindlichkeit der Menschen, auf die »sterblichkeitsbedingte Endlichkeitslage – auf die Vergänglichkeit« (Marquard 1981 und Gadamer 1972, 433 ff. und 351 ff.; Jauß 1981, 459-481). Hermeneutik als Auslegungs- und Reflexionsprozeß antwortet zunächst auf die Frage nach der Gewißheit des Wissens. Sie entdeckt dabei nicht, was sie gesucht hat. Sie sucht Gewißheit und das, was Bestand hat, und findet statt dessen Endlichkeit.

Anders als die Naturwissenschaften, die darauf abzielen, den Mythos zu eliminieren, haben die Geistes- und Sozialwissenschaften ihn zu interpretieren (vgl. Bultmann 1954) – auch um Antworten auf den ursprünglich *verdeckten* Sinn ihrer Fragen zu bekommen. Weil sich als Resultat der Suche nach der Gewißheit als hermeneutische Antwort der Zweifel an der Gewißheit ergibt, bringt hermeneutische Arbeit mit den Ergebnissen ihrer Deutung zugleich eine *Haltung* hervor: den Skeptizismus (vgl. Marquard 1981). Der soziale und vor allem humane Sinn dieser Haltung besteht in ihrer reinigenden Wirkung: sie fungiert als eine Art Abführmittel gegen das Grundsätzliche.

Aber auch der Skeptizismus stellt eine Versuchung dar, nämlich die, sich mit der Skepsis als einzigem Resultat zufriedenzugeben, einer beliebten, weil in Diskussionen außerordentlich vorteilhaften Position der Positionslosigkeit: Ein Habenichts fühlt sich deshalb sicher, weil man ihm nichts mehr wegnehmen kann. Menschen, und dazu zählen auch Wissenschaftler – sogar Hermeneuten –, haben eine ›private‹ Welt und damit auch immer schon einen Standpunkt, ganz gleich, ob sie dies wissen oder nicht. Nur »Engel haben keine ›private‹ Welt und darum auch keine Lebenswelt« (Schütz 1985, 30. 10. 54). Sie sind dementsprechend eine Gruppe, die sich schwebend die Standpunktlosigkeit erlauben kann – nur sind sie höchstwahrscheinlich keine Hermeneuten.

Auch sind die Möglichkeiten hermeneutischer Arbeit so flüchtig, relativ und wenig greifbar, wie es nach dem bisher Gesagten scheinen mag, nun doch nicht. Hermeneutik stellt ihre Fragen schließlich nicht an sich selbst, sondern an einen Deutungsgegenstand. Als Methode wird sie sich ihrer selbst bewußt, indem sie über anderes arbeitet. Und dieses andere, die Deutungsgegenstände, liegt als Texte objekthaft vor. Daß die Texte objekthaft vorliegen, daß es unterschiedliche Texte sind, daß es unterschiedliche text- und objekthaft vorliegende Deutungen über Texte gibt, ist ja gerade der Grund dafür, daß Widersprüche in und zwischen den Texten und ebenso in den Deutungen entdeckt werden können: Es ist ja gerade die durch die Aufzeichnung gewährleistete Objekthaftigkeit und Festigkeit der Texte, durch die die – begrenzte – Relativität der Deutung und damit der Zweifel begründet wird und durch die der Zweifel als Haltung für sich selbst Objektivität in Anspruch nimmt.

So paradox es klingt: ein Skeptizismus, der für sich selbst die objektive Notwendigkeit des Zweifels in Anspruch nimmt, und die vom Standpunkt des Skeptizismus aus angegriffene »objektive Hermeneutik« (Oevermann 1979) beanspruchen beide dasselbe Validitätskriterium für sich: Objektivität. Ohnehin sind beide Positionen einander näher, als es zunächst scheint.

An der scheinbaren Unvereinbarkeit der beiden Standpunkte trägt vor allem die mißverständliche Redeweise von der »objektiven Hermeneutik« Schuld: man kann wohl ein intersubjektiv geteiltes und damit ›objektivierbares‹ Wissen über Hermeneutik, ihre Zielsetzungen und Verfahren erarbeiten, aber keine ›objektive Hermeneutik‹. In der hermeneutischen Arbeit suchen wir Auskunft über unser Wissen und über die Bedingungen unserer Deutungen von Objekten. Aber in diesen Deutungen erzielen wir kein ein für allemal festgemauertes, objektives Wissen über Wahrheiten von Bestand.[17] Insofern ist Hermeneutik die Antwort auf die Bürgerkriege der normativen Perspektiven und Gesinnungen (Marquard 1981, 128).

Was wir als wissenschaftliche Subjekte an Wissen erarbeiten, si-

17 Insbesondere für die wissenschaftliche Hermeneutik gilt im Umgang mit dem Ausdruck ›Wahrheit‹ nach wie vor die Warnung Nietzsches: »Was ist also Wahrheit? Ein bewegliches Heer von Metaphern, Metonymien, Anthropomorphismen, kurz eine Summe von menschlichen Relationen (...) die nach langem Gebrauch einem Volk fest, kanonisch und verbindlich dünken: die Wahrheiten sind Illusionen, von denen man vergessen hat, daß sie welche sind.« Wahrhaftig sein in diesem unbefragten, normativen Sinne ist für Nietzsche folgerichtig die »Verpflichtung, nach einer festen Konvention zu lügen«. (Nietzsche 1980, V, 314)

chern wir nicht ab durch Objektivität, sondern durch die im *fortschreitenden* wissenschaftlichen Diskurs konstituierte Intersubjektivität. Die Intersubjektivität des Diskurses ist das eigentliche Ziel von Wissenschaft und als Kontrollinstanz für und von Wissen allemal wichtiger als die vorübergehende Objektivität der Resultate, von denen nach eingehender Überprüfung zumeist das übrigbleibt, was sie als Texte sind: die Objekthaftigkeit statt der Objektivität.

Eine in diese Richtung interpretierte ›objektive‹ *sozialwissenschaftliche* Hermeneutik erhebt den Anspruch auf Objektivität in zwei Richtungen: (1) im Hinblick auf Überprüfbarkeit bzw. Offenlegung der Auslegungsverfahren und des in sie eingehenden Vor-Wissens; (2) im Hinblick auf Richtung und Ziel des Verfahrens, d. h. im Hinblick auf das sozial ›objektiv‹ Wirksame – auf die gesellschaftlichen Institutionen und deren historisch objektiven Sinn als Handlungsdeterminanten (im Gegensatz zum – von außen vermuteten – subjektiven Handlungssinn einzelner Handelnder) und auf die objektive Sinnstruktur des Handelns (im Gegensatz zum subjektiv intendierten Sinn der Handlung eines einzelnen Handelnden) (Luckmann 1981, 519).

Eine in dieser Weise gegenüber sich selbst und ihren Möglichkeiten skeptische Objektivität versucht sich in doppelter Hinsicht zu kontrollieren und abzusichern. (1) Sie verwechselt beim Interpretieren des Vergangenen nicht das faktisch Gegebene, sozial objektiv Wirksame mit dem Notwendigen – eine Gefahr objektivierender Deutung, auf die bereits Kierkegaard hingewiesen hat.[18] (2) Sie spielt nicht das sozial Objektive, Allgemeine gegen eine vermeintliche Begrenztheit des Subjektiven als des zu Vernachlässigenden oder bloß Abgeleiteten aus, weil sie die sozialwissenschaftliche Perspektive ihrer Deutungsarbeit artikuliert. Andererseits bedeutet Hermeneutik aus sozialwissenschaftlicher Perspektive zunächst und vor allem die Arbeit am Einzelfall, insofern sie das Allgemeine nur am konkreten Fall analysieren und

18 Vgl. S. Kierkegaard 1964, v, 73: »Derjenige, welcher das Vergangene versteht, Historico-Philosophus, ist deshalb ein nach rückwärts gewandter Prophet. (...) Daß er Prophet ist, bezeichnet gerade, daß der Gewißheit des Vergangenen die Ungewißheit zugrundeliegt, die für dieses ganz im gleichen Sinne gilt, wie für das Zukünftige, die Möglichkeit, aus welcher es unmöglich mit Notwendigkeit hervorgehen kann, nam necessarium, se ipso prius sit, necesse est.«

zeigen kann. Allerdings sieht sozialwissenschaftliche Hermeneutik dabei aus ihrer Perspektive den einzelnen sozial Handelnden als Institution in einem Fall.

Die Grenzen *konkreter* hermeneutischer Arbeit und Fallanalyse sind – abgesehen von der genannten Distanzgrenze und der in ihr gesetzten Relativität – weniger grundsätzlich. Sie liegen oft eher in der Unfähigkeit der Interpreten, die Perspektive von anderen zu übernehmen und sich an ihre Stelle zu setzen; genauer: in der Unfähigkeit, die engen Perspektiven der eigenen und konkreter anderer Gemeinschaften durch solche einer komplexer organisierten und damit universelleren Gemeinschaft zu ersetzen (vgl. Mead 1934, 218).

In der Konstruktion möglicher – universell nachvollziehbarer – Perspektiven leistet die Hermeneutik (1) die Anpassung von Protokollen vergangener Handlungen an andere historische Handlungssituationen und Sinnfiguren; (2) – damit verbunden – die »Rettung der Verständlichkeit von Dingen und Texten« (Marquard 1981, 126); (3) die Konstruktion hypothetischer Problemsituationen und Lösungsmöglichkeiten und damit die Konstruktion potentiellen zukünftigen Handlungsmaterials.

›Abschließendes‹ läßt sich über Hermeneutik nicht sagen. Sie gibt lediglich in der Deutungsarbeit Hinweise auf sich selbst. Einige dieser Hinweise lassen sich vorläufig festhalten: Hermeneutik als Methodologie ist eine Kunstlehre, die keinen Künstler, sondern einen Analytiker braucht. Hermeneutik als Verstehensform und Problemlösungsverfahren findet dann Antworten auf Fragen, wenn die, die sie gestellt haben, nichts mehr mit diesen Antworten anfangen können. Sie zerstört Gewißheiten, indem sie danach sucht, und findet Fragen und Antworten, die sie nicht gesucht hat. Sie arbeitet an Hypothesen über unser Wissen von der Welt und in der Welt und entdeckt, daß sowohl unsere Umwelt als auch unser Wissen über sie und über uns selbst hypothetisch sind. Sie rekonstruiert und konstruiert Irrtümer, um uns selbst die Chance zu eröffnen, diese Irrtümer wissentlich zu begehen und ihnen damit nicht ganz ausgeliefert zu sein.

Hermeneutik

Zur Genese einer wissenschaftlichen Einstellung durch die Praxis der Auslegung

I

Selbstverständlichkeit und Selbstverständnis der Hermeneutik

Wissenschaftliche Hermeneutik ist kein historisch spät und unvermittelt auftretendes Kunstprodukt menschlichen Geistes. Sie erwächst aus einem anthropologischen Erbe. Die für die menschliche Gattung eigentümliche Loslösung des Antriebes von präformierter Motorik und die damit verbundene Schwächung biologischer Eindeutigkeit des Verhaltens bilden die Grundlagen für die gattungstypischen Umgangsformen der Menschen miteinander und gegenüber der ›Welt‹. Aufgrund seiner ›offenen‹ Antriebsstruktur und wegen seiner »zu ihr wiederum passenden Sprache ist der Mensch« durch biologische Mehrdeutigkeit charakterisiert (Plessner 1928, XVIII).

Dies bedeutet: Die biologische Mehrdeutigkeit des Verhaltens zwingt den Menschen von vornherein und immer schon zur Deutung seiner Umgebung, des Verhaltens seiner Mitmenschen und auch seines eigenen Verhaltens. Menschliches Wahrnehmen und Handeln sind grundsätzlich von Deutung begleitet, geformt durch die fehlende biologische Eindeutigkeit menschlichen Verhaltens und ›gezwungen‹ zum Vergleich verschiedener Deutungsmöglichkeiten. Sie erfordern die ›Speicherung‹ von eigenen und tradierten, ›fremden‹ Erfahrungen in der Erinnerung – die Ausbildung eines Gedächtnisses –, und sie verlangen in aktuellen Handlungen die Wahl einer der ermittelten Deutungsmöglichkeiten.

So ist jede durch äußere Wahrnehmung erzeugte Vorstellung ein Mischprodukt aus den in der Wahrnehmung sich formenden Eindrücken und aus unbestimmt vielen Elementen von Erinnerungsbildern, die sich je nach Anlaß, Situation, Stimmungslage und sonstigen Einflüssen unterschiedlich ›wachrufen‹ lassen und organisieren können. Wahrnehmung und Deutungstätigkeit sind von vornherein miteinander verknüpft, und dies bevor – oft sogar, ohne daß – diese primären Deutungstätigkeiten in den Griff des Bewußtseins kommen, das sich seinerseits auf diesem unsicheren Boden aufbaut. Unsicher – im Hinblick auf die Überprüfbarkeit durch die eigene Erfahrung – sind für alle Individuen darüber hinaus die als angeblich gesichertes Vorwissen überlieferten gesellschaftlichen ›Wissensbestände‹, die jeder von uns als soziohistorisches Apriori bereits vorfindet, in die er, ohne es zunächst zu bemerken, hineinwächst und auf die er in seinem Handeln zurückgreift. Es sind diese überlieferten Wissensbestände und Orientierungssysteme, auf die jeder von uns sich in den meisten seiner Handlungen und Anschauungen bezieht. Demgegenüber gründet nur ein sehr kleiner Ausschnitt – der kleinste – unseres Wissens von der Welt in unserer persönlichen Erfahrung (Schütz 1971/1972, 1, 15).

Der größte Teil unseres Wissens und Handelns basiert auf überlieferten second-hand-Erfahrungen, die zwar einerseits unser Wissen erweitern und zusammen mit anderen in eine Wissensgemeinschaft einbetten, die aber andererseits durchaus auch realitätsferne Stereotypen oder gar Elemente eines kollektiven Wahnsystems sein können, das wir – bis auf weiteres – übernommen haben.

Zum Gattungserbteil gehört – ebenfalls der durch biologische Mehrdeutigkeit des Verhaltens geprägten Ausgangslage verpflichtet – das Schulen und Tradieren von Auslegungstechniken und -fähigkeiten vorrangig in der primären Sozialisation, aber auch über sie hinaus: Der alltägliche, ›normale‹ Umgang menschlicher Individuen mit ihren Mitmenschen und ihrer Umgebung ist das Ergebnis dieser Schulung, in der – vor allem durch die erlernte Sprache, aber nicht ausschließlich durch sie – die soziohistorisch tradierten Auslegungsmuster und Bedeutungszusammenhänge erworben werden und in der jedes neue Mitglied der Gattung sowohl in eine gesellschaftlich bereits ausgelegte Welt als auch in die ›bewährten‹, routinisierten Auslegungsweisen der jeweiligen Gemeinschaft eingeübt wird, der es angehört. Die wohl auffälligsten, in allen Zeiten und allen Gesellschaften gleichermaßen auffindbaren ›hermeneutischen‹ Tatbestände sind Religionen oder religiöse Weltauslegungen, in denen nicht nur unterschiedliche Deutungsfiguren, sondern auch Auslegungstechniken, Auslegungstraditionen, Auslegungsgehalte und die symbolischen Formen dieser Gehalte immer aufs neue eingeübt und weitergegeben werden. Trotz dieser allen Menschen und Gesellschaften gemeinsamen Ausgangslage und trotz der in allen Zeiten und Gesellschaften auffindbaren Auslegungsspezialisten (z. B. in Religion und/oder Rechtsprechung, bei Priestern, Magiern, Königen, Beratern, Künstlern etc.) hat das, was wir heute als ›wissenschaftliche Hermeneutik‹ bezeichnen, einen ganz bestimmten, konkret historisch rekonstruierbaren Ursprung.

Es sind die antiken und jüdisch-christlichen Weltauslegungen, Wirklichkeitskonstruktionen, Kulturprodukte, Denkweisen und sozialen Fertigkeiten, die im Verlauf einer langen Geschichte den spezifisch-wissenschaftlichen Deutungshorizont des Ausdrucks ›Hermeneutik‹ konstituieren. Er ist wie die dem gleichen Kulturraum verpflichteten ›abendländischen‹ Wissenschaften, deren Produkt er ist, zugleich kulturabhängig und im Anspruch universal. Hermeneutik als Technik, Fertigkeit und Methodologie der Auslegung und Deutung symbolischer menschlicher Äußerungen, Äußerungsformen und Handlungsprodukte entwickelt sich zu einem *wissenschaftlichen* Verfahren und zu einer *wissenschaftlichen* Kunstlehre der Auslegung und Deutung auf der Basis eines ausgearbeiteten Schriftsystems und schriftlich fixierbarer, überlieferbarer Texte. Ohne diese Basis ist und vor deren Entwicklung war wissenschaftliche Hermeneutik nicht möglich.

Ihre ersten ›formalen‹ Voraussetzungen sind: (1) die Diskursivität, d. h. die materielle Fixiertheit und damit Tradierbarkeit symbolischer oder symbolisch interpretierbarer menschlicher Äußerung (damit sind alle, nicht nur die sprachlichen Handlungsprodukte gemeint); (2) die sprachliche Fassung, schriftliche Fixierung und damit die Tradierbarkeit der *Deutung* dieser symbolischen Äußerung. – Erst durch diese Voraussetzungen lassen sich die Zielsetzungen wissenschaftlicher Auslegung erreichen: die Kontinuität der Aufmerksamkeit gegenüber einem fixierten – aus dem Fluß von Handlungsprozessen herausgehobenen – Deutungsgegenstand; darauf basierend die extensive Deutung des Deutungsgegenstandes, d. h. die Aufsuche und Konstruktion aller denkbaren Interpretationen und damit sowohl des allgemeinen *Sinnpotentials* des Deutungsgegenstandes als auch des jeweiligen soziohistorisch bedingten Deutungshorizontes des Deutenden; schließlich die extensive Überprüfung der fixierten Deutungen am ebenfalls fixierten Text durch die tendenziell historisch fortsetzbare und erweiterbare Gruppe der Interpreten.

Wissenschaftliche Hermeneutik ist somit das Produkt von Schriftlichkeit und schriftlicher Dokumentation menschlicher Handlungen, Einstellungen und Empfindungen. Die Entwicklung von Schriftsystemen ihrerseits stellt einen weiteren evolutionären Schritt in Richtung auf die Erweiterung, Ausdifferenzierung und Explikation menschlicher Handlungs-, Orientierungs-, Sinn- und Auslegungssysteme dar. Die wissenschaftliche Hermeneutik hat maßgeblichen Anteil an der Nutzung dieses Potentials von Schrift und textlicher Dokumentation.

Mit dieser Beschreibung ist selbstverständlich nicht impliziert, daß die Hermeneutik sich *nur* mit sprachlicher oder schriftlich fixierter Kommunikation beschäftigt.

Eine Hermeneutik, die aus der Sicht ihrer Vertreter als ›reine‹ Sprachtheorie in der Weise darzustellen wäre, daß sie sich gewissermaßen – von einer selbstversorgten Sprache getragen – freischwebend über den Gesamthaushalt menschlicher Erfahrungen, menschlicher Ausdrucksmittel und Kommunikationsstrukturen erhöbe, ist vielleicht ein sehr kunstvolles, ganz sicher auch ein außerordentlich künstliches Gebilde. – Für Schriftgelehrte wie Schleiermacher mag es zunächst ganz einsichtig erscheinen, all das nicht für ›Wissen‹ zu halten, was »noch nicht zur Klarheit und Bewußtheit des inneren Sprechens gekommen ist«, weil es »entweder noch verwirrt ist, oder, wenn auch die innere Dignität gleich ist, ⟨...⟩ es doch den objectiven Charakter verliert, das Subjective nimmt überhand: es tritt in das Gebiet des Gefühls« (Frank 1977, 160ff.). Für Handwerker, Musiker, Tänzer, Bildhauer etc. ist diese Aussage alles andere als plausibel. Und erstaunlich ist, daß trotz unseres – ein wenig – erweiterten Wissens über andere, nicht so sprach- und schriftbesessene Kulturen, wie es unsere eigene ist, trotz Ethnologie und Verhaltensforschung, die Schriftgelehrtentradition und ihre künstliche Begrenztheit – so auch im Neostrukturalismus – fortzuleben scheint, auch wenn dessen Theoretiker ihre Texte gern mit ethnologischen oder psychoanalytischen Requisiten ausstaffieren.

Unabhängig von der Problematik des Ausdruckes »Inneres Sprechen« bei Humboldt, Mead, Wygotski wird in einer solchen Formulierung die ›Objektivität‹, d.h. Intersubjektivität tradierter und verwendeter Typen nicht-sprachlicher Kommunikation übersehen und damit zugleich eine Form und Erscheinungsweise sozial ›objektiv‹ (= intersubjektiv) gegebenen Wissens, das den

größten Teil des Alltags, sowohl seiner Erfahrung und Wahrnehmung als auch seines praktischen Wissens durchzieht.
Die wissenschaftliche Hermeneutik, die sich *primär* an Schrift und textlicher Dokumentation orientiert, ist das Ergebnis einer historischen Entwicklung, weist selbst eine – noch nicht abgeschlossene – Entwicklungsgeschichte auf und konstituiert durch das Moment der Tradierbarkeit von Deutungen sowie durch Dokumentation von Handlungen, Ereignissen und Erzeugnissen historisches Denken. Durch die Fixierung menschlicher Äußerungen ›konserviert‹ sie diese, dokumentiert sie in ihrer Einmaligkeit, macht sie als Dokument unterscheidbar von anderen Dokumenten, stellt die Dokumente und deren Deutungen in eine zeitliche Reihenfolge und verweist in der Sammlung und Aneinanderreihung von Dokumenten auf Veränderung, Abfolge. Die Sammlung historischer Dokumente und ihrer Deutungen repräsentiert zugleich das (1) Material der *Geschichte*, (2) die *Geschichtlichkeit* der Deutungen und (3) die Konstitution und Entwicklung *geschichtlichen Denkens*: die Kunstlehre des wissenschaftlichen Verstehens ist notwendig eine Kunstlehre des historischen Verstehens.
Die formalen Voraussetzungen der *wissenschaftlichen* Hermeneutik beruhen auf der Fixiertheit und Wiederabrufbarkeit sowohl der zu interpretierenden ›Daten‹ als auch der Interpretationen. Verstehen und Auslegung menschlicher Handlungen, Produkte und Handlungsdeutungen jedoch haben ihre Wurzeln im alltäglichen Umgang der Menschen miteinander und mit ihrer Umwelt. Verstehen und Auslegung liegen nicht nur historisch, sondern auch systematisch vor jeder wissenschaftlichen Einstellung: Sie sind Interaktions- und Bewußtseinsleistungen, die im Alltag – in jeder historischen Alltagswelt – mehr oder minder selbstverständlich geleistet werden. Diese Verstehensleistungen werden von frühester Kindheit an intersubjektiv entfaltet. D. h., Verstehen ist zugleich genetisch angelegt und in seiner konkreten Ausformung eine in Abhängigkeit von der allgemeinen Struktur menschlicher Sozialisation und der kulturspezifisch-selektiven Aufmerksamkeitsschulung vermittelte Fertigkeit. Dabei sind diese vorwissenschaftlichen Verstehensfertigkeiten – die sogenannte ›Alltagshermeneutik‹ – offenbar ziemlich kompliziert aufgebaut und geschichtet: Sie haben eine Phylogenese, eine Stammesgeschichte, eine Kultur- und Sozialgeschichte – und sie haben

eine historische, genauer: eine in ein soziohistorisches Apriori eingebettete Ontogenese.
Diese die menschliche Interaktion immer schon begleitenden und konstituierenden Verstehensleistungen sowie ihre Entstehungs- und Funktionsbedingungen werden in der Wissenschaft normalerweise nicht und im Alltag ohnehin nicht als Problem thematisiert. Statt dessen werden sie in der Wissenschaft wie im Alltag selbstverständlich praktiziert. Als immer schon Selbstverständliches kommen sie nicht in den Blick des Bewußtseins: Sie strukturieren zwar handlungsleitende Bewußtseinsleistungen, sind aber selbst im alltäglichen Handlungsvollzug und Handlungsdruck kaum reflektiv in den Griff des Bewußtseins zu bringen. Dabei werden sie im Verlauf ihres Erwerbs und ihrer Anwendung typisiert und routinisiert, wobei diese Routinisierung und Typisierung der Verstehensleistungen und -fertigkeiten für die Handelnden psychisch entlastend wirken. Gleichzeitig sind Routinisierung und Typisierung die Voraussetzung jeder sozialen Interaktion. – Sie konstituieren das Vertrauen der Interaktionspartner darauf, daß jeder von ihnen die gleichen Leistungen vollzieht, an einem gemeinschaftlichen Interaktionsrepertoire teilhat, *formal* die gleichen Kompetenzen aufweist und dementsprechend sozial bereits akzeptierte oder – aufgrund ihrer bekannten Typisierung – sozial akzeptierbare Sinngebungen nach- und mitvollziehen kann.
Die Problematik wissenschaftlicher Hermeneutik besteht demgegenüber vor allem darin, daß sie eine idealisierende und zugleich fallspezifisch orientierte, auf die Herausarbeitung des Typischen und zugleich auf die Besonderheit des Einzelfalles (Dokumentes) hin ausgelegte Rekonstruktion *nicht nur der Interaktion und der Interaktionsprodukte, sondern im Zusammenhang damit auch der vorwissenschaftlichen, ›alltäglichen‹ Verstehensleistungen und -fertigkeiten und ihrer Prämissen, Regeln und Resultate ist.*
Andererseits weisen die Resultate inexpliziten wissenschaftlichen und vorwissenschaftlichen Verstehens eine Reihe von Ähnlichkeiten auf: Beide münden in die Artikulation von Erklärungen *für etwas*, wobei sich diese Erklärungen aus den meist nicht oder nicht mehr gewußten alltäglichen Verstehensleistungen sowie deren Regeln und Vorannahmen ableiten. Ähnlich oder gleich ist, daß es sich bei diesen Erklärungen um Beobachtungen, Relationierungen, Typisierungen, Klassifikationen und Abzählungen

von schon verstehensmäßig konstituierten bzw. verstandenen Daten, auch von Alltagsdaten handelt. Der alltägliche common sense setzt zwangsläufig seine Erklärungen insofern in einen pragmatischen Kontext, als Erklären im Alltag immer schon von pragmatischen Interessen geleitet und von allen möglichen Kosmologien, Mythologien – neuerdings quasi-wissenschaftlichen Mythologien – und Ideologien überlagert und überformt ist. Vermutlich ist die wissenschaftliche Erklärung der Grundstruktur nach der Alltagserklärung analog, jedoch formalisiert und sozial institutionalisiert. Aber beide Erklärungstypen verhalten sich gegenüber den vorgängigen Deutungs- und Verstehensakten nahezu gleich unreflektiert.

Eine Ausnahme machen hier die verstehenden – hermeneutischen – Wissenschaften. Sie gewinnen ihre Ergebnisse, ihre Deutungen, indem sie bei der Deutungsarbeit am konkreten Deutungsgegenstand zugleich eine *Explikation* der Arbeitsweise und der Regeln des Verstehens zu vollziehen versuchen. Auch die Arbeitsweisen alltäglicher einerseits und wissenschaftlicher Hermeneutik andererseits sind in ihrer Grundstruktur analog. Während jedoch alltägliches Verstehen auf implizites Wissen rekurriert und seine Verstehensleistungen und -regeln inexplizit läßt, besteht wissenschaftliche Hermeneutik in der Explikation sowohl des Vorwissens als auch der Interpretationsregeln, deren sich der Interpret bedient und auf die er sich stützt. Aber nicht nur in seinem höheren Reflexionsgrad und der bewußteren Organisationsform, sondern auch in seiner Zielsetzung unterscheidet sich wissenschaftliches von alltäglichem Verstehen: Wissenschaftliches Verstehen steht nicht selbst in dem Handlungsvollzug, den es deutet. Es stellt sich nach ›außen‹, arbeitet ex post an Handlungsprotokollen, Dokumenten und ›records‹ unwiderruflich vergangener Ereignisse, Handlungen und Empfindungen. Es setzt sich ›künstlich‹ – der Fiktion nach – frei vom Handlungsdruck und zielt damit auf Extensivität sowohl der Deutung als auch der Kritik an der Deutung. Es kann Handlungssituationen und die darin enthaltenen Sinnentwürfe und Handlungsentscheidungen deshalb so ausführlich aufschlüsseln, weil es selbst rekonstruktiv und damit ›entscheidungsfrei‹ außerhalb der interpretierten Handlung steht.

Dabei ist die Rolle des wissenschaftlichen Interpreten nicht die eines Schiedsrichters über Menschen oder gar die Menschheit und ihre Geschichte oder Geschichten, sondern die des historisch arbeitenden Analytikers, eines »Historico-Philosophus«, eines »rückwärts gewandten Propheten« (Kierkegaard). Sozialwissenschaftliche Hermeneutik ist weder für Gouvernanten noch für Missionare der Gesellschaft ein geeignetes Hilfsmittel. Dennoch ist sie mehr als nur eine Kunstlehre des Verstehens. Als geistes- und sozialwissenschaftliche Variante einer allgemeineren wissenschaftlichen Einstellung repräsentiert sie wie diese eine distanzierte, rekonstruktiv-konstruktive Haltung gegenüber sogenannten Fakten und eine dauerhafte, methodisch eingesetzte Skepsis am ›positiven Wissen‹.

In ihrem Verhältnis sowohl gegenüber möglichen Deutungsgegenständen als auch gegenüber den Deutungsmöglichkeiten gehören alltägliche Deutungsroutinen und wissenschaftliche Hermeneutik unterschiedlichen ›Spielen‹ an: Im Alltag spielt man – dem Ziel des alltäglichen common sense angemessen – »Ich sehe das, was Du siehst«, in der Wissenschaft dagegen: »Ich sehe was, was Du nicht siehst«. – Wissenschaftliche Hermeneutik hat dementsprechend die Maxime, *alles* sehen, denken und auslegen zu wollen. Die ethische Grenze dieser Haltung hat Spinoza mit dem Hinweis angegeben, daß man nur dann alles denken darf, wenn man nicht alles tun darf. Für den Alltag – zumal für den politischen – gilt eher, daß man nur dann alles tun darf, wenn man nicht (alles) denkt.

Die Suche nach Deutungsalternativen, der methodische Zweifel und damit die hermeneutische Skepsis waren nicht von Anfang an zugleich mit den bewußten Praktiken und Methoden der Auslegung da. Sie entwickelten sich historisch ›hinter dem Rücken‹ der Interpreten, bis sie schließlich deren Bewußtsein einholten.

Hermeneutische Praxis im Rahmen einer Kunstlehre der Auslegung explizierte und präzisierte sich, ihre Regeln und ihre Zielsetzungen zunächst, indem sie sich an ›heiligen Schriften‹, ehrwürdigen Codices und ›Quellen‹ abarbeitete. Ihr theologisches Ziel war die Erklärung ewiger, d.h. übergeschichtlicher Wahrheiten und Mythen, ihr juristisches: die Bewahrung unveränderbarer Gesetze, ihr philologisches: die Rückkehr ›ad fontes‹. Aber aus der philologischen Detailarbeit, aus der Fortschreibung theologischer Predigt- und Deutungspraxis, aus der Filigranarbeit der Gesetzeskommentierung und aus der tradierten Rechtsprechungspraxis erwuchsen die – zunächst unbeabsichtigten – Folgen hermeneutischer Praxis:

- die Verfeinerung der Kunstlehre der Auslegung, die Explikation ihrer Methoden, Regeln und Überprüfungskriterien, die Explikation und Konstruktion von Grammatik und Rhetorik, die Betrachtung der *Sprache als eines historisch veränderbaren Systems* von Regeln, Relationen, Bedeutungen und von sozialen Wissens- und Wirkungselementen;
- die *Einsicht in die Geschichtlichkeit der Deutungen* gegenüber einem unveränderten Text, die Deutungsgeschichte;
- die historische Veränderung und Erweiterung von Gesetzeswerken durch die Kommentierung der Gesetze und durch die dokumentierte Rechtsprechungspraxis, zusammen mit der Einsicht in diese Veränderung;
- die Entdeckung des Geschichtlichen in den ›ewigen‹ Werten der Mythen und heiligen Schriften, die Entdeckung ihrer Entstehungsgeschichte und damit ihre *hermeneutische Entmythologisierung*;
- die Entdeckung einer bewußten Geschichtsschreibung, die selbst wiederum zum Gegenstand hermeneutischer Analyse wird, *die Entdeckung der impliziten Darstellungsprinzipien, Deutungsmuster und Sinnkonstruktionen der Geschichtsschreibung;*

kurz: historisch-kritisches, rekonstruktives Verstehen als Methodologie *und* als wissenschaftliche Haltung ›wertfreier‹ Distanz.
An dieser Zwischenstation der Entwicklung einer wissenschaftlichen Methodologie des Verstehens und des bewußten Versuches, die wissenschaftliche Auslegung um eine Phänomenologie der Deutungsakte und Deutungsleistungen zu ergänzen, wird die Hermeneutik als verstehende Wissenschaft zwangsläufig umgeformt und erweitert zu einer Wissenschaft vom Verstehen. Auslegung wird nicht länger als bloße Methode, Hermeneutik nicht mehr ausschließlich als Methodologie oder Kunstlehre des Verstehens begriffen: das Verstehen, seine Konstitution, Regeln und Motive werden vielmehr selbst Gegenstand. Die Hermeneutik wird selbstreflexiv.
Dadurch, daß nun in den hermeneutischen Wissenschaften der Versuch unternommen wird, bei der Auslegung von Dokumenten zugleich das implizite Regelwissen, die Wirksamkeit der Vorannahmen und Typisierungsleistungen ›alltäglicher‹ Verstehensroutinen in wissenschaftlichen Erklärungen zu analysieren und schließlich auch Antworten auf die »Frage nach der Frage, auf die

die Hermeneutik eine Antwort ist« (Marquard 1981, 119ff.), zu finden, werden neue Aufgaben hermeneutischer Arbeit sichtbar: die Aufklärung über die soziale Fundierung, Funktionen, Zwecke und Leistungen hermeneutischer Methodologie und Skepsis und damit verbunden die Klärung der Zusammenhänge und der Unterschiede zwischen wissenschaftlicher Hermeneutik und alltäglichen Verstehensprozessen sowie deren Fundierung, Funktionen, Leistungen, Zwecken und Zielsetzungen.

Die Soziologie als historisch späte, sich oft als Ersatzreligion aufspielende und dadurch gefährdete wissenschaftliche Disziplin reiht sich heute wieder – zaghaft – in die hermeneutischen Wissenschaften ein, zu einem Zeitpunkt, an dem der soeben genannte Prozeß der Selbstaufklärung hermeneutischer Methoden und Fragestellungen längst eingesetzt und vor allem bei Dilthey, Husserl, M. Weber, Schütz und Gadamer die Wende zur Selbstreflexion vollzogen hat.

Die Deutungsarbeit im Rahmen sozialwissenschaftlicher Hermeneutik muß dementsprechend mehrere Fragestellungen und Aufgaben nebeneinander verfolgen:

(1) die Deutung dokumentierter menschlicher Äußerungen mit dem Ziel, die Konstruktion der konkreten soziohistorischen Selbst-, Realitäts- und Weltdeutungen historisch konkreter Gemeinschaften und Gesellschaften zu rekonstruieren und so die handlungsleitenden Sinnfiguren soziohistorischer und ökonomischer Handlungsmilieus, Handlungsfelder und Handlungsnetze in ihrer handlungsgenerierenden Wirksamkeit in den Blick zu bringen;

(2) die Analyse der sozialen, d. h. der gemeinschafts- und gesellschaftskonstituierenden Leistungen des Verstehens und der spezifischen Formen und Handlungstypen der Verständigung, der Verständigungsakte;

(3) die Methodisierung des hermeneutischen Zweifels, d. h. die Analyse des Rationalitäts- und Universalitätsanspruches der Hermeneutik sowie der Bedingungen, Gesetzmäßigkeiten, Regeln, Überprüfungskriterien und Fehlerquellen sowohl der Verstehensleistungen und -fertigkeiten als auch der Verständigungsakte;

(4) die Reflexion über die hermeneutische Dialektik von Verstehen und Zweifel, über den Hintergrund, die sozialen Motive, Antriebe und Grunderfahrungen des Zweifels als einer spezi-

fischen Weltsicht, Weltorientierung und Welterfahrung der Wissenschaft, die mit Wissen handelt, das durch Zweifel gewonnen ist und ihm immer aufs neue ausgesetzt wird. »Wissen verschaffend über alles für alle, trachtet sie [die Wissenschaft], Zweifler zu machen aus allen.« (Brecht, *Leben des Galilei*)

Soviel wissen wir, aber wir wissen kaum etwas über die starken *Motive* des Zweifels am Wissen.

II

Der Hermeneut und die Geschichte oder »sobald er imstande ist, die Ereignisse in der Reihenfolge ihres zeitlichen Ablaufes wiederzugeben, wird ihm so wohl, als schiene ihm die Sonne auf den Magen« (Musil 1952, 650).

Während in der ›alltäglichen‹ face to face-Situation[1] Situationsdeutung und Handlungsauslegung unmittelbar stattfinden, Teil

1 Dieses Element ist ungeachtet einiger Einwände von seiten der strukturalistisch angereicherten Hermeneutik Manfred Franks als Folie der Interpretationsprozesse anzusehen.
Menschliche Sozialisation ist Auslegungslehre im doppelten Sinne: als lernende Aneignung der Tradition – des bereits Ausgelegten – und als Erlernen des Auslegens selbst. Grundmodell der Ausbildung und des Erwerbs von Auslegungsfähigkeiten ist die Mutter-Kind-Interaktion und damit die face to face-Situation: die Auslegung von Bewegungen, Gesten, Handlungen und Sprache – gesprochener Sprache.
Die Vis-à-vis-Situation und die durch sie geprägte Erfahrung bleibt erhalten – auch in der Artikulation abstraktester Erkenntnisse –, so z. B. wenn Frank von der »geheime(n) Interaktion zwischen der Individualität des *Sinns* ... und der Universalität der signifikanten Ordnung« oder der »Interaktion des Individuellen und des Allgemeinen« spricht.
Franks Metaphorik ist unübersehbar orientiert an der Erfahrung von Interaktion in der Vis-à-vis-Situation. Aber diese – immer wieder in der gegenwärtigen Hermeneutik-Debatte benutzte, zur Formel erstarrte – Metaphorik erklärt nichts. Sie beschwört lediglich einen be-

von Aktion und Reaktion der Interaktionspartner und somit durch die *Gleichzeitigkeit* von Aktion/Reaktion und Deutung charakterisiert sind, konstituiert die wissenschaftliche Hermeneutik durch das methodische Prinzip der Handlungsdistanzierung ein Vergangenheitsverhältnis (s. o.): Sie behandelt

(1) das Geschehen als Vergangenes, versucht

(2) das Vergangene zu sichern – konkret: zu dokumentieren, und sie richtet

(3) ihre Arbeit auf die Dokumente des Vergangenen, auf das Gewordene, in dem das Werden erstarrt und der ursprünglich unmittelbare Handlungssinn sich eher versteckt als enthüllt.

So unabdingbar und sinnvoll einerseits dieses methodische Prinzip für die wissenschaftliche Hermeneutik ist, so sicher ist andererseits, daß sich hinter diesem Prinzip mehr verbirgt als der Wunsch nach einer abgesicherten Methode: Die Herstellung von Dokumenten, die Suche nach ihnen und die Wertschätzung, die ihnen entgegengebracht wird, verweisen auf den Wunsch sowohl des sogenannten Alltagsmenschen als auch der Wissenschaftler nach Sicherheit, nach einem festen Boden, von dem aus die Ge-

kannten Erfahrungstypus und suggeriert Plausibilität, ohne das zitierte Erfahrungsmuster selbst zu analysieren.
Auch die Rede vom »Verstehen als stummen Nachvollziehen« (Frank) bleibt dunkel. Was heißt ›stummes Nachvollziehen‹? Wo hat man es gelernt? Auf welche primären und daher allgemeinen Erfahrungen geht es zurück? – Wahrscheinlich auf ein zwar bekanntes, fundamentales und konstitutives, aber kaum analysiertes und schwer zu beschreibendes Element der Interaktion: auf das Zuhören und das interpretierende Wahrnehmen; auf einen nur zu einem geringen ›äußeren‹ Teil beobachtbaren, weitgehend ›inneren‹ Vorgang, dessen Aktivität vermutlich in der systematisierten und gezielten ›passiven‹ Annäherung und Angleichung des Zuhörenden und Wahrnehmenden an den Sprechenden und/oder Handelnden besteht.
In der primären Sozialisation – in der Ontogenese – tritt die Erfahrung von Subjektivität – Vereinzelung – ›Abtrennung‹ von der Mutter, den Eltern erst nach einer vorangegangenen Interaktions- und Deutungsschulung ein. – Es ist eine Art Problematisierung sowohl der Erfahrung als auch der Unterscheidung von ›ego‹ und ›alter‹. Historisch – ebenfalls spät – gibt es eine strukturell analoge Entwicklung: die Problematisierung der ›Subjektivität‹, einer Subjektivität, die zunächst in vorangegangenen Kollektiverfahrungen aufgehoben und damit ›unproblematisch‹ war.

genwart erklärbar und die Zukunft handhabbar gemacht werden können. Hier ist der Wunsch nach Sicherheit der Vater der Illusion, man habe – wenn auch eine ungewisse Zukunft – so doch Gewißheit über das Vergangene oder zumindest über das Gewordene.

Kierkegaards Wort vom ›rückwärts gewandten Propheten‹ (Kierkegaard 1964, 73) charakterisiert das illusionäre Verhältnis des Menschen, sei er sogenannter ›Alltagsmensch‹ oder Historiker, zur Vergangenheit: »Daß er Prophet ist, bezeichnet gerade, daß der Gewißheit des Vergangenen die Ungewißheit zugrunde liegt, die für dieses ganz im gleichen Sinne gilt wie für das Zukünftige, die Möglichkeit [...], aus welcher es unmöglich mit Notwendigkeit hervorgehen kann, nam necessarium se ipso prius sit, necesse est [denn das Notwendige muß notwendigerweise sich selbst voraussetzen]« (ebenda).

Im Sinne des Deutungszwanges, dem wir unterliegen, ist etwas nicht allein dadurch gewiß, daß es ist; es muß aus unserer Sicht vielmehr mit Gründen oder – am besten – *notwendigerweise* so geworden sein und so sein, wie es ist. Bevor wir nicht eine sinnhafte Ordnung, in die sich alles einpaßt, zustande gebracht oder unterstellt haben, gibt sich unser Erklärungsbedürfnis nicht zufrieden. Durch den uns charakterisierenden Deutungszwang wachsen Erklärungs- und Illusionsbedürfnis so eng zusammen, daß sie nur mit Mühe und auch Mut wieder getrennt werden können. Zumal auch – und gerade – Illusionen von Erklärungen, bezeichnenderweise von sehr einsinnigen, leben und sich nicht nur als solche ausgeben, sondern einen spezifischen Typus von Erklärungen – ähnlich dem der Horoskope – vorstellen.

Insofern wir schon immer deuten, ordnen und erklären, entwerfen wir notwendigerweise Modelle der Welt und der Wirklichkeit. *Notwendig* dabei ist unser Umgang mit und unser Gebrauch von Modellen, nicht jedoch das, worauf sie sich beziehen, das Gewordene, dem wir »Notwendigkeit zulügen« (ebenda) wollen.

Deuten und Schlußfolgern oder Erklären sind keine nur der Wissenschaft eigentümlichen Leistungen. Sie werden jedermann jederzeit abverlangt. Man kann sich ihnen überhaupt nicht und den mit ihnen verbundenen Täuschungen nur mit Mühe entziehen: »Könnte ich bloß«, was wir eben nicht können, »das Schließen lassen« – so Kierkegaard –, »dann wäre ich niemals betrogen«

(Kierkegaard 1964, 75). Aufgrund dieser uns aufgezwungenen Ausgangslage besteht Wissenschaft – anders als unser alltägliches Deutungs- und Erklärungsverhalten – aus der *bewußten* Konstruktion von Schlüssen, Erklärungen, Modellen: Irrtümern – mit dem Ziel, uns über eben diese Irrtümer sowie ihre Formen und Motive aufzuklären (Popper 1972).

Der für uns alle unaufhebbare, allgemeine – eher *formale* – Deutungs- und Erklärungszwang mag zwar seinerseits als Erklärung dafür hinreichen, daß wir uns so oft täuschen, aber er erklärt nicht unsere Lust an der Täuschung und die Hingabe, mit der wir uns täuschen und täuschen lassen: in allen möglichen und unmöglichen Belangen, was im einzelnen zu erklären ich hier um Gottes willen nicht vorhabe – u. a. aber auch in dem, was wir ›Geschichte‹ nennen. Und hier, in unserer Lust an der Vergangenheit, am Modell oder an den Modellen von ›Geschichte‹ wird noch etwas anderes als der formale Deutungs- und Erklärungszwang erkennbar – ein sehr durchschlagskräftiges Motiv: der (hier ›kulturell‹ überhöhte) Lebens- und Überlebenswille.

Ich zitiere einen jungen Geschichtsprofessor aus seiner überschwenglichen und daher vergleichsweise ›offen‹ illusionären Antrittsvorlesung: »Indem sie [die Geschichte, d. Verf.] den Menschen gewöhnt, sich mit der ganzen Vergangenheit zusammenzufassen, und mit seinen Schlüssen in die ferne Zukunft vorauszueilen: So verbirgt sie die Grenzen von Geburt und Tod, die das Leben des Menschen so eng und so drückend umschließen, so breitet sie optisch täuschend sein kurzes Dasein in einen unendlichen Raum aus und führt das Individuum unvermerkt in die Gattung hinüber.« (Schiller 1787, 375)

Geschichte, und dies gilt in strengem Sinne wahrscheinlich nur für die moderne Geschichtsschreibung, ›garantiert‹ denen, die aus einer kollektiv verpflichtenden, geglaubten und abgesicherten Religion keine Versicherung gegen die Endlichkeit mehr abschließen konnten, die Überwindung der Sterblichkeit in anderer Form. Entstehung(szeit), Durchschlagskraft, Ordnungswille, die Ersetzung des Heilsplanes durch rational rekonstruierbare ›Notwendigkeiten‹, die sich womöglich in Grenzen formulieren und in die Zukunft hochrechnen lassen, sie alle – die ideellen Kinder von Hegel und Marx – lassen dieses alte Motiv in seinem neuen Kleid erkennen. Gesellschaften, die sich auf die Garantien eines kollektiven Heilsplanes verlassen können, brauchen keine Geschichte:

Sie können sie nicht planen und können und wollen nichts aus ihr lernen. Geschichtsgläubigkeit, Geschichte als Modell, Ordnungs- und Erklärungszusammenhang setzen sich – neben anderem – da durch, wo (ähnlich strukturierte) Heilspläne ihre kollektive Kraft verlieren, die Heilung von der lästigen Endlichkeit aber nach wie vor gewünscht wird.

Geblieben ist im Modell ›Geschichte‹ der Traum vom Leben und Überleben und von einer – möglichst einfachen – Ordnung. »Jener einfachen Ordnung, die darin besteht, daß man sagen kann: ›Als das geschehen war, hat sich jenes ereignet!‹ Es ist die einfache Reihenfolge, die Abbildung der überwältigenden Mannigfaltigkeit des Lebens in einer eindimensionalen [...] die Aufreihung alles dessen, was im Raum und Zeit geschehen ist, auf einem Faden, eben jenem berühmten ›Faden der Erzählung‹, aus dem nun also auch der Lebensfaden besteht.« (Musil 1952, 650) – Dementsprechend lieben wir »das ordentliche Nacheinander der Tatsachen, weil es einer Notwendigkeit gleichsieht« (ebenda).

Indem so das Darstellungsprinzip – das geordnete zeitliche Nacheinander – Erklärungen vorwegnimmt, strukturiert und aus dem darstellenden Nacheinander eine Abfolge von Gründen suggeriert, schließt es die Vergangenheit und Gegenwart mit der Zukunft zusammen: Zukunft als geordnete Vorstellung und Planung entsteht aus der Projektion der geordneten Abfolge und des ordentlichen Nacheinanders in eine zunächst offene Zeit unübersehbarer Möglichkeiten. Die ordnende Zukunftsvorstellung gestaltet das zukünftige Land der unbegrenzten Möglichkeiten um in parzellierte Territorien mit begrenzten, im voraus erschlossenen Möglichkeiten: das, was noch nicht ist, ist bereits ausgelegt, bevor es ist. Die Prophetie verschließt den tendenziell offenen Horizont, indem sie die Notwendigkeitsillusion bei der Erklärung des Vergangenen für die Zukunft unverhüllt in Sollensbestimmungen umformt. Sie verfährt nach der Devise, daß nicht sein kann, was nicht sein darf, weil es noch nie gewesen ist oder weil es für alles schon vorweg Erklärungen gibt.

Die Planung der Zukunft geschieht nach dem Modell der ›Geschichte‹, der ordnenden Erklärung des Vergangenen. Wir deuten unsere Zukunft, weil sie Teil unseres Deutungshorizontes ist. Genauer: Wir haben eine Zukunft, weil wir zur Deutung gezwungen sind. Gewiß ist, daß wir unsere Zukunft deuten müssen. Ungewiß dagegen ist, was wir material deuten: unsere Prophe-

tien. Mit einiger Sicherheit kann über die Zukunft nur so viel gesagt werden: Das einzige, was an der Auslegung der Zukunft selbst Zukunft hat, ist die Zukunft der Auslegung.
Was dagegen Inhalte und Ausrichtungen unserer Prophetien angeht, so sind sie, wie unsere Sozialutopien zeigen, Kinder bestimmter Zeiten, Kulturen, Ängste und Gattungszwänge: Wenn Engerlinge Seher wären, würden sie von Maikäfern singen. Und was jene inneren Stimmen betrifft, die uns das Neue und Unerhörte ausmalen, so verkleiden sie das Vergangene in seine schöneren oder bedrohlicheren Gegensätze, erinnern an alte Wünsche und Bedrohungen, stimmen uns ein auf Hoffnung oder Angst. Zur Zukunft verhalten wir uns wie zur Vergangenheit: als Erzähler und ordnende Komponisten. Richtig auskosten können wir selbst die Gegenwart nur in der Erinnerung – wenn wir sie geordnet und pointiert erzählen oder ausmalen können.
Für die Deutung des Vergangenen wie des Zukünftigen gilt, daß wir zunächst auf Erfahrungs- und Deutungsroutinen, überlieferte Typen und Muster zurückgreifen, die gewohnte Lösung der ungewohnten vorziehen und ungewöhnliche Deutungen oder Lösungen – von uns aus – nur durch Anstrengung, durch das methodische Abweichen von der Routine in den Blick bekommen. Aber eben dies macht wissenschaftliche Hermeneutik aus: die Suche nach der unwahrscheinlichsten Deutung, Lesart oder Möglichkeit in dem, was uns als Deutungsmaterial zur Verfügung steht. Erst wenn dieses Prinzip durchgehalten wird, ist es möglich, den *objektiven* als den *möglichen* Bedeutungshorizont eines Deutungsgegenstandes herauszuarbeiten und Deutungsmöglichkeiten zu verifizieren, d. h. das Deutungspotential so umfassend und die unterschiedlichen Deutungsalternativen so begründet wie möglich darzustellen.
Wenn diese Maxime beherzigt wird, so entsteht selbst da, wo aufgrund einer festen Überzeugung einem kanonischen Text eine kanonische Auslegung entspricht, bei der Auslegungsarbeit ›hinter dem Rücken‹ der Interpreten ein immer umfangreicheres Deutungs- und Bedeutungspotential. Die Konzentration von Deutungsspezialisten auf eine heilige Schrift etwa – ursprünglich ein eher regressiv anmutendes Verhalten, das sich der Mannigfaltigkeit aller sonstigen Erscheinungen entzieht – führt, sofern nicht lediglich zitiert, sondern tatsächlich ausgelegt wird, ›von selbst‹ zu konkurrierenden Deutungen und unterschiedlichen

Lehren. Der sich aus dem Lehrstreit wiederum ergebende Begründungszwang verurteilt die Interpreten zur Angabe
(1) der Methode, aus der sie ihre Argumente beziehen, und
(2) der Textstellen, genauer: der Details, an denen die Deutung überprüft werden kann.

Philologie als die methodische Betonung des Details, als Liebe zum scheinbar Unwesentlichen, bereitet schon bei der durch den Glauben gesteuerten Auslegung heiliger Schriften eine Einstellung vor, die in der Radikalität sowohl ihrer Sucht nach Wissen als auch ihrer Skepsis zunehmend die wissenschaftliche Deutung der Welt sowie der die Welt Deutenden und der Deutungsverfahren prägt.

In dem Maße, in dem in Europa die heiligen Schriften, deren Funktion ja gerade in einer verbindlichen Auslegung der Welt bestand, unter dem Eindruck der modernen Naturwissenschaften, der Entdeckung neuer Techniken, Kontinente und Kulturen ihr kollektives Deutungsmonopol verloren, in eben diesem Maße verselbständigte sich auch die Betonung des Details, die Bedeutung jeder einzelnen Erscheinung: Beobachtung und Experiment sind nicht allein methodisch legitimiert. Ihre Gegenstände, die einzelnen Erscheinungen werden nun vielmehr ernstgenommen als *durch sich selbst* und nicht durch transzendentale Ordnungen legitimiert: das Detail erschließt sich in seinem Sinn nicht durch die Zugehörigkeit zu einer vorgegebenen Ordnung, sondern die – noch gesuchte – Ordnung ergibt sich aus der Analyse und Auslegung des Details und seiner Umgebung.

Detailanalyse, Einzelbeobachtung und Einzelfallstudie sind also nicht nur Ausgangspunkt einer wissenschaftlichen Suche nach einer durch neue Kriterien beweisbaren Ordnung. Sie sind wie die neu entstehenden Wissenschaften überhaupt (insbesondere die Spätankömmlinge Geschichte, Biologie, Psychologie und Soziologie) darüber hinaus Ausdruck einer neuen Innerweltlichkeit. Diese ist dadurch gekennzeichnet, daß an die Stelle des verlorenen Jenseits die Suche nach dem »verborgenen Diesseits« (Plessner 1959) tritt, eine Einstellung zur Welt, die Plessner treffend als »Weltfrömmigkeit« (ebenda, 73) bezeichnet.

An die Stelle der für die alten Kosmologien konstitutiven und augenfällig dargestellten symbolischen Verknüpfungen der Erzählungen, Mythen und Zeichen tritt die Suche nach einem neuen Bindeglied zwischen den Einzelerscheinungen. Und wie meist bei der Suche nach Neuem stößt man auf etwas Altes: auf die Methoden des Argumentierens, Schließens, Beweisens und Widerlegens. Nur daß das, was früher Methode war, nun zu einem Vermögen, einer eigenen Kraft und zum universalen Maßstab wird. ›Rationalität‹ – die Arbeit und die Verfahren einer als isolierbar vorgestellten Größe, der Vernunft – heißt diese neue Instanz. Sie ist Methode – Triebkraft und wissenschaftliche Gerichtsinstanz zugleich. Vor allem aber wird sie zum neuen Ordnungsfaktor: was nicht in ihre Sprache übersetzt und durch sie darstellbar ist, ist noch nicht, was es ›wirklich‹ ist, weil es noch nicht begriffen oder durchschaut ist. Was die Weihen der Rationalität noch nicht empfangen hat, ist Schein oder Illusion.

Rationalität, ein Hilfsmittel der Auslegung, des Zweifels, des Argumentierens, der Verständigung und Planung, wird mit einer Aura versehen, die das verdeckt oder zerstört, was Rationalität leisten soll: Begründungszwang, Kritik und Selbstbegrenzung. Selbstbegrenzung insofern, als Rationalität als eine spezielle Zugangsweise der Menschen zu sich und ihrer Umwelt unterschieden werden muß

(1) von anderen ihr entweder vorausgehenden und sie z. T. bedingenden Zugangsweisen im Wahrnehmen, Empfinden und Erleben oder von durch sie nicht kontrollierten Umgangsstilen wie Trieben, Affekten, Glaube etc.:

(2) von ihren Gegenständen. Letztere werden nicht erst durch die Rationalität zu Gegenständen. Dies sind sie auch für uns durch unsere anderen Zugangsweisen zur Welt. Aber sie werden durch die Rationalität umgeformt zu ganz bestimmten Typen von ›Gegenständen‹, die sich von den durch andere Zugangsweisen konstituierten Typen unterscheiden. Eine Frau ist für einen Wissenschaftler – gleich welcher Disziplin – etwas anderes als für einen Liebhaber oder für ein Mitglied der Frauenbewegung.

Solange Rationalität als universale Währung gehandelt und von anderen Münzsorten nicht unterschieden wird, ist die Gefahr groß, daß gerade sie als Instrument der Skepsis, Kritik und Illusionskontrolle gegen sich selbst immunisiert, blind und dogmatisch wird.

Die Versuchung, etwas bereits für erklärbar, erklärt, begründet oder gar notwendig zu halten, nur weil es innerhalb eines geordneten Darstellungszusammenhanges auftaucht, der seinerseits auf

seine oft unbewußten und willkürlichen Konstruktionsprinzipien hin gar nicht mehr überprüft wird, ist so groß, daß wir ihr ohnehin ständig erliegen. Eine Hypostasierung der Rationalität würde diese Versuchung noch vergrößern. Der Hang ›moderner zivilisierter‹ Menschen, von der eigenen Biographie über die Weltgeschichte bis zur Tagespolitik alles in ein durch Determination und Monokausalität geprägtes Erzählmuster des geordneten Nacheinanders – bis in die Zukunft hinein – zu bringen, zeigt die gefährliche Tendenz eines sozial verpflichtenden, als ›Rationalität‹ bezeichneten Ordnungsmusters zur Selbstimmunisierung: Was nach dem formalen – zumeist monokausalen – Ordnungsmuster der Rationalität dargestellt wird, gilt allein durch die formale Darstellung bereits als erklärt, bzw. die Erklärung wird durch ein formales Darstellungsmuster ersetzt – und verhindert.
Das Netz der möglichen Verknüpfungen von Ereignissen, die Mannigfaltigkeit der Möglichkeiten und Deutungen, die Suche nach der unwahrscheinlichsten, aber noch möglichen Lesart, nach dem objektiv möglichen Bedeutungspotential von Handlungen oder Handlungsdokumenten also, und schließlich die Beschreibung der – sich einsinnigen Kausalitäten und Determinationshypothesen entziehenden – Netzwerke aus Handelnden, Handlungen, Produkten und Erzählungen über all dies: sie alle und mit ihnen die in ihnen repräsentierten Ordnungsalternativen verschwinden hinter dem Schleier eines universalen, ideologisierten Ordnungsmusters formaler und vorgeblicher Rationalität.
Angesichts dieser anspruchsvollen und zugleich eigentümlich naiv instrumentalisierten Darstellungs- und Selbstdarstellungsfigur der Moderne (und auch der ›Post-Moderne‹, um keine Selbsttypisierung einzulassen) ist es nötig, sich an noch nicht ideologisch überhöhte Grundstrukturen der Verknüpfung von Rationalität und Hermeneutik zu erinnern: Beide haben dieselbe Basis – den Deutungszwang der menschlichen Gattung und die Interaktionsgemeinschaft der Deutenden. Daß es begründbare und zu begründende Auslegung gibt und mit ihr Rationalität, besagt zunächst nur, »daß Perspektiven sich kreuzen, Wahrnehmungen sich bestätigen und ein Sinn erscheint« (Merleau-Ponty 1966, 17). – Die Vielzahl der möglichen Perspektiven, die tendenzielle Überwindung der unterschiedlichen Perspektiven durch den idealisierten Perspektivenwechsel (wenn ich an deiner Stelle wäre und du an meiner stündest ...) und der durch den Austausch der

Perspektiven ermöglichte Austausch der Argumente konstituieren immer schon und immer wieder die Verknüpfung von Deutungsarbeit und Begründung einer Deutung.
Zur wissenschaftlichen, rational verfahrenden Hermeneutik wird diese Auslegungsarbeit aber erst, wenn genügend Distanz (vgl. 1) zum dokumentierten Deutungsgegenstand besteht und wenn darüber hinaus die Verfahren der Sinnkonstitution, der Bildung von Alternativen, der Sinnselektion, der Verständigung und Konsensbildung beschrieben und aus ihrem Strukturzusammenhang heraus erklärt werden können. Zum einen die möglicherweise sehr stark unterschiedenen Perspektiven und Auslegungen und zum anderen die wahrscheinlich übergreifenden Auslegungsverfahren sind gemeinsam Gegenstand wissenschaftlicher Hermeneutik. Deren Ziel besteht dementsprechend in der Entdeckung und Erklärung der *Differenzen* der Auslegung und in der Analyse vermuteter Gemeinsamkeiten der Verfahren. Insofern konstituiert wissenschaftliche Hermeneutik eine besondere Einstellung, die sich einerseits auf die allgemeinen Bedingungen und Verfahren sowohl alltäglicher als auch wissenschaftlicher Auslegungen und andererseits auf »alle Probleme der Vernunft – der Vernunft in allen ihren Sondergestalten richtet« (Husserl 1936, 7).
So entsteht seit und mit der Wende der europäischen Wissenschaften zur ›Innerweltlichkeit‹ eine »neuartige Praxis« (ebenda, 329) wissenschaftlicher Auslegung, die damit auch eine neuartige soziale Funktion erhält, nämlich die »der universalen Kritik alles Lebens und aller Lebensziele, aller aus dem Leben der Menschheit schon erwachsenen Kulturgebilde und Kultursysteme und damit auch einer Kritik der Menschheit selbst und der sie ausdrücklich und unausdrücklich leitenden Werte« (ebenda).
Wenn Husserl die in dieser neuartigen Praxis Tätigen als »Funktionäre der Menschheit« (ebenda, 15) bezeichnet, so wird an dieser Formulierung – zusammen mit der vorangehenden – noch einmal dreierlei sichtbar:

(1) das Postulat des methodischen Zweifels und des Zweifels als *Einstellung* des Deutenden gegenüber Deutungsgegenständen, Deutungsangeboten und vorhandenen Erklärungen;
(2) das Postulat, der Deutende habe auch die eigenen Lösungen und Erklärungen dem Zweifel auszusetzen;
(3) das Postulat des Zweifels an eindimensionalen Erklärungen, seien sie kausaler, dialektischer oder strukturaler Art.

III
Vom Umgang mit dem Kontext

Grundsätzlich sind also menschliche Interaktion und Weltorientierung »verurteilt zum Sinn« (Merleau-Ponty 1966, 16): Menschliche Wahrnehmungsakte, Gesten und Handlungen sind immer unmittelbar gekoppelt an Deutungsakte. Dabei repräsentieren menschliche Rede, Sprachhandlungen und sprachlich konstituierte Texte nur eines von vielen Gesten- und Symbolsystemen, auf die sich menschliche Kommunikation und Weltorientierung stützen. D. h., die menschlichen Verstehensleistungen und -fertigkeiten (vgl. I) sind keineswegs begrenzt auf das Verstehen sprachlicher Äußerungen. Vielmehr ist letzteres eingebettet in den Gesamtzusammenhang menschlicher Orientierungs- und Deutungspraxis, aus dem es sich ableitet, auf den sich sein Vorwissen mit stützt, mit dessen Hilfe es sich absichert und der zugleich als Kontext, Bedeutungshorizont und Rahmen sprachlicher Äußerungen fungiert. Für sozialwissenschaftliche Hermeneutik – die Soziologie der Sprache eingeschlossen – ergibt sich hieraus, daß sie sich nicht auf die Betrachtung der Funktion von Sprache in der sozialen Interaktion begrenzen kann, sondern vielmehr *die sprachliche Explikation sozialer Interaktion als Ganze* zum Thema hat.
Dementsprechend ergibt sich für den sozialwissenschaftlich-hermeneutischen Umgang mit Sprache, genauer: mit sprachlichen Dokumenten, eine Reihe von Schwierigkeiten und – aus diesen Schwierigkeiten resultierend – unterschiedliche interpretative Zugriffsweisen gegenüber Texten.
Vor den besonderen Problemen, die sich aus der Dekontextualisierung von Texten aus ihren ursprünglichen Verwendungszusammenhängen ergeben, ist ein wichtiges Konstitutionsprinzip (sprachlicher) Zeichenketten in Erinnerung zu rufen. Neben dem schriftlich Fixierten enthält jeder Text auch das ›Konkret-nicht-Ausgedrückte‹, das Schweigen, das zwangsläufig ebenfalls zum Interpretationsgegenstand wird. Sartres Forderung nach einer ›Hermeneutik des Schweigens‹ hat hier ihren Ursprung. Sie ist die analytische Konsequenz auf die Einsicht, daß es keine ›Pause‹ im menschlichen Verhalten gibt und dementsprechend auch keine ›Pause‹ in der Deutung. Anders ausgedrückt: Pausen oder ›Intervalle‹ sind selbst bedeutungstragende und sinnstiftende Elemente,

sowohl innerhalb von Handlungs- als auch innerhalb von Redesequenzen oder verschrifteten Texten.
Die Sprache allgemein, im besonderen jedoch die Schriftsprache, als hochgradig konventionalisiertes Zeichensystem macht diesen Sachverhalt besonders deutlich: das Intervall zwischen den Zeichen konstituiert jene ›signifikante Positivität‹ (Saussure/Derrida) jedes Zeichens. Die Intervalle verweisen auf die jeweils durch sie limitierten Zeichen; zugleich jedoch verweisen Intervalle wie Zeichen auf jene Zeichen des Systems, die nicht ausdrücklich präsent sind. Bezogen auf die Konkretion der Texte steht dieser Verweis jedoch in einem pragmatischen Zusammenhang. Er bezieht sich nicht auf alle denkbaren Zeichen und Zeichenrelationen, sondern ›appräsentiert‹ (Schütz) den Sinnhorizont (die Sinnhorizonte), als deren Ausdruck die jeweils konkrete Text- und Intervallstruktur gelten kann. Die Deutung, d. h. die mehr oder weniger bewußte Konstruktion möglicher sinnhafter Kontexte zu einem sprachlichen Gebilde, besteht somit in der Appräsentation von Sinnhorizonten, durch welche die konkreten Textstrukturen ›Bedeutung‹ erhalten: als Sinngebilde legitimiert werden.
Was in der Sprache als Abgrenzung der Einzelzeichen weitgehend konventionalisiert, in der Schriftsprache als ›blank‹ systematisiert ist, hat vermutlich auch in den anderen von Menschen benutzten Zeichensystemen seine Entsprechungen. Unser explizites Wissen über diese Entsprechungen ist jedoch außerordentlich gering, und unsere Deskriptionsversuche stecken noch in den Anfängen. Gerade bei der Analyse sprachlicher Protokolle von Handlungen ist daher sehr klar zu unterscheiden zwischen dem wissenschaftlichen Postulat der Versprachlichung von (auch nonverbalen) records und ihren sprachlichen Auslegungen einerseits und den noch nicht verworteten, zeichenhaften und symbolischen Ausdrucksformen, die jener ›Übersetzung‹ in Sprache zugrunde liegen.
Zurück zur Analyse von Texten im eigentlichen Sinne!
Die Hauptschwierigkeiten bei der Analyse sprachlicher Dokumente entstehen dadurch, daß diese Dokumente aus ihrem ursprünglichen Handlungszusammenhang, ihrem historisch-konkreten Sinnrahmen, herausgelöst sind, erst im nachhinein interpretiert werden und die ursprüngliche Handlungssituation, der diese Dokumente entstammen, als Ganze unwiderruflich verloren ist.

Daraus folgt, daß sich der Bedeutungshorizont des überlieferten sprachlichen Dokumentes und der Blickwinkel der Interpreten zugleich in einer Richtung erweitert und in einer anderen verengt.

Die *Verengung* resultiert aus der ausschließlichen und einzig möglichen Konzentration auf den sprachlichen Text als das einzig fixierte und verfügbare Datenmaterial, und sie führt oft zu einem folgenreichen Mißverständnis der Interpreten: zu der Auffassung, mit der Analyse der *sprachlichen* Mittel, Ablaufstruktur und Regeln sei bereits eine Analyse der fallspezifischen interaktiven Sinnfigur oder des Handlungssystems dieses sprachlichen Interaktionsprotokolls geleistet. Statt dessen werden, was nicht unterschätzt, aber auch nicht verwechselt werden sollte, bei einer derartigen Sprachanalyse das Wissen über Funktion und Typen sprachlichen Handelns sowie das Regelwissen über Möglichkeiten der Sprachverwendung expliziert und erweitert: das Wissen über den regelgeleiteten Einsatz und die Funktion von Sprache *in* der sozialen Interaktion.

Die *Erweiterung* ergibt sich zwangsläufig dann, wenn das Analyseziel in der Interpretation des durch den Text dokumentierten *Handlungssinnes* und der fallspezifischen Sinnfigur besteht. Eine solche Interpretation muß, da die ›Urszene‹ der Interaktion, auf die das vorliegende Dokument verweist, verloren ist, hypothetische Kontexte konstruieren, denen der vorliegende Text entweder aufgrund sicherer Zusatzinformationen (falls vorhanden) oder aber systematisch auf der Basis begründeten sozialen Wissens über menschliche Sinnorientierung und Handlungsorganisation im Diskurs der Interpreten sinnvoll zugeordnet werden könnte. Aus der *hypothetischen Konstruktion* der objektiv möglichen, sinnvollen Kontexte zu einem Dokument entsteht die *Konstruktion eines objektiv möglichen*, von einer als idealtypisch angenommenen Interpretengemeinschaft rational nachvollziehbaren *Bedeutungspotentials* des Textes. Der Text in seiner Abfolge wird dabei verstanden als dokumentierte Aktions- bzw. Reaktionsabfolge des oder der Interagierenden auf sich selbst. Er verweist damit auf die fallspezifischen Selektionsmechanismen und die fallspezifische Bedeutungskonstitution innerhalb der Textsequenz als der Interaktionsabfolge. In der Textabfolge vollzieht sich demnach – interpretativ und nur sequenzanalytisch, d. h. reaktionsanalytisch rekonstruierbar – die Individuierung des Interaktionsfalles, seines objektiv möglichen Handlungssinnes und seiner spezifischen Sinnfigur. Die Rekonstruktion der Produktionsbedingungen des konkreten singulären Textes leistet damit die Rekonstruktion der Fallspezifik von Interaktionsdokumenten. Was sichtbar wird, ist die Besonderheit des Falles im Rahmen der für ihn objektiv möglichen Kontexte und Sinnwelten. Seine ›Subjektivität‹ besteht in der sich im Interaktionsprozeß vollziehenden Konkretisierung *einer* der für ihn objektiv gegebenen Welten aus dem gesellschaftlichen Rahmen der objektiv möglichen. Die Interpretation rekonstruiert diese ›besondere‹ Welt des Falles, ihre Aufbauprinzipien und die interaktionsstrukturellen und historischen Gründe ihrer Wahl.

Im Anschluß an diese Vorüberlegungen lassen sich die unterschiedlichen Ansätze sozialwissenschaftlich-hermeneutischer Arbeit an Sprachdokumenten sowie die Umgangsformen der Interpreten mit ihrem Fall entlang folgender Leitlinie charakterisieren: Sage mir, wie du mit den Kontexten umgehst, und ich sage dir, welche Art von Interpret du bist!

Anhand dieser Leitlinie sollen im folgenden einige der gegenwärtig diskutierten – oft spezifisch ›deutschen‹ – Ansätze sozialwissenschaftlicher Hermeneutik vorgestellt werden.

Empirische Arbeit, sofern sie nicht theoriegeleitet und an Theorieentwicklung interessiert ist, hat mit Technologie viel, mit wissenschaftlicher Forschung dagegen fast nichts zu tun. Empirisch-hermeneutische, sozialwissenschaftliche Analysen werden dementsprechend nicht in theoriefreien und traditionslosen Räumen geleistet. Es sind neben der gemeinsamen Tradition und Geschichte hermeneutischer Forschung (vgl. 1) und der Soziologie Max Webers insbesondere folgende Theorieansätze, die die gegenwärtige Praxis sozialwissenschaftlicher Hermeneutik prägen:

(1) Die ›idealistische‹ (oder, für jene, die ihre theoretische Abstammung von Hegel lieber vernebeln oder ›progressiv‹ tönen wollen, die ›jung-‹ oder ›nachidealistische‹) Theorietradition, die sich als der Tendenz nach ›subjektlose‹ Theorie vorzugsweise mit strukturtheoretischen Konzepten (Parsons, Levi-Strauss, Chomsky) verbündet und auch in ihrer auf Mead gegründeten interaktionistischen Wende immer in ihrer strukturtheoretischen Konzeption erkennbar bleibt. Seine konsequenteste, offenste und anspruchsvollste Ausprägung findet

dieser Ansatz in der Konzeption der ›objektiven Hermeneutik‹ von U. Oevermann.

(2) Die auf Husserl zurückgehende, vor allem von A. Schütz weiterentwickelte, phänomenologisch orientierte Sozialwissenschaft. Neben den hieran anknüpfenden, in den USA von Garfinkel, Cicourel u. a. vertretenen Positionen üben in Deutschland vor allem die evolutionstheoretisch und historisch orientierten Erweiterungen dieser Tradition durch Th. Luckmann und die im Anschluß an A. Gurwitsch und Merleau-Ponty entwickelten milieutheoretischen Überlegungen von R. Grathoff einen großen Einfluß auf die empirische Forschung aus.

(3) Die auf Mead zurückgehende und durch ihn begründete evolutions- und interaktionstheoretische Theorietradition, die sich mit beiden soeben genannten Traditionen verbündet hat und in der gegenwärtigen Diskussion ein wichtiges Bindeglied für die Zusammenarbeit der Forscher aus den verschiedenen theoretischen Lagern bildet. Je nachdem, ob das Bündnis mehr zwischen ›Interaktionisten‹ und Phänomenologen (Goffman, A. Strauss, F. Schütze) oder zwischen ›Strukturalisten‹ und Interaktionisten geschlossen wird, ergeben sich – eingedenk aller angesichts derartiger Etikettierungen notwendigen Einschränkungen – neue und eigenständige theoretisch-empirische Konzeptionen.

(4) Schließlich ist der Einfluß H. Plessners und die von ihm herausgearbeitete Verknüpfung von Anthropologie und historisch vorgehender Wissenssoziologie in einer ganzen Reihe von Forschungs- und Theorieansätzen unverkennbar (Allert, Kellner, Sprondel, Soeffner), die sich sonst deutlich unterscheiden und anders ›verrechnen‹ lassen. Bezogen auf die Analyse zeitgeschichtlicher Daten gehen insbesondere von den historisch-kritischen Arbeiten Plessners und auch Luckmanns entscheidende Anstöße für die empirische Arbeit aus.

Neben einer solchen – vergröbernden und entsprechend groben – theoriegeschichtlichen ›Klassifikation‹ der Ansätze sozialwissenschaftlicher Hermeneutik lassen sich jedoch über die Schranken der Theorien hinweg systematisch auch zwei unterschiedliche Interpretationsausrichtungen charakterisieren, die für die empirische Forschung in ihren Folgen ebenso bedeutsam sind wie die theoretische Herkunft ihrer Vertreter:

- Es handelt sich zum einen um die nahezu ausschließlich an sprachlichen und/oder künstlerischen Texten im engeren Sinne orientierten Interpretationsverfahren, gleichgültig, ob die Interpreten nun ›objektiv hermeneutisch‹ (Oevermann, Allert, Caesar-Wolf), narrationsstrukturell (Garfinkel, Schegloff, Jefferson, Schütze, Hoffmann-Riem, Bergmann, Fischer) oder eher wissenssoziologisch, historisch-rekonstruktiv (Kellner, Gumbrecht, Sprondel, Soeffner) vorgehen;
- zum anderen um die milieuanalytisch orientierten Feld- und Einzelfallstudien (Goffman, Strauss, Glaser, Grathoff, Hildenbrand, Enninger).

Beide Verfahren stützen sich bei ihrer Interpretation auf zuvor systematisch erhobene Daten, d. h. sie finden diese nicht irgendwie vor und geben sie auch nicht ›rein deskriptiv‹ wieder (was ohnehin ein naives oder illusionäres Unterfangen wäre), sondern sie produzieren ihre Daten kontrolliert im wissenschaftlichen Arbeitsprozeß – und wer jemals Transkripte hergestellt und Milieudeskription betrieben hat, weiß, wie mühselig dieses Datenproduktionsgeschäft ist, über dessen implizite Gesetze, Arbeits- und Ablaufstrukturen, Vorannahmen und Einflüsse auf die nachfolgende Interpretation wir noch herzlich wenig wissen. – Ebenso selbstverständlich arbeiten beide Interpretationstypen mit Kontextwissen, mit der Rekonstruktion vergangener (historischer) und der Konstruktion hypothetischer Kontexte: Beide sind zugleich eine hypothetische Vergegenwärtigung des Vergangenen und der Versuch, das Besondere des historisch-konkreten Einzelfalles vor dem Hintergrund des hypothetisch konstruierten allgemeinen Bedeutungspotentials sichtbar werden zu lassen. Dabei unterstellen beide als universellen Kontextfaktor die ›Sprachkompetenz‹ sowohl der Textproduzenten als auch der Interpreten.

Sie unterscheiden sich jedoch unübersehbar in der Behandlung des situativen Kontexts der zu analysierenden ›Ursprungsszene‹, die während der und durch die Datenerhebung in ein sozialwissenschaftliches Dokument umgeformt wird. Nicht aufgrund der unterschiedlichen Datenqualität – beide Verfahren stützen sich auf diskursive, fixierte Audio-, Video- und Schriftdokumente –, sondern aufgrund des unterschiedlichen Zugangs zum analysierten Feld und aufgrund der unterschiedlichen Datenkonstruktion *während* der Erhebungsphase unterscheidet sich auch der Status ihrer Resultate – vor allem bezogen auf Fallstudien.

Die *Milieudeskription* dokumentiert neben den gesprochenen und transkribierten Texten die Modi der Orientierung eines Menschen im Raum, in der konkreten Umgebung, in der gelebten Zeit, gegenüber der eigenen Leiblichkeit und gegenüber anderen Personen: Sie dokumentiert damit die weitgehend nichtsprachliche Produktion und Reproduktion eines sozialen Milieus, dessen Singularität sie bei der Deskription in die kollektiven semantischen Typen der Sprache übersetzen muß und dabei immer schon auch deutet. Dabei verweist die Mühsal der kontrollierten, sprachlichen Deskription auf den sprachlich nicht zu bearbeitenden Handlungsrest. Bei der interpretierenden Verknüpfung (a) der aus der sprachlichen Deskription nichtsprachlicher Handlungs- und Milieunetze gewonnenen Texte und (b) der transkribierten sprachlichen Texte verweisen (a) und (b) wechselseitig so aufeinander, daß der Fall in seiner Konkretion, d. h. in potentieller *Unabhängigkeit von seiner Vertextung* erkennbar bleibt: Die Unterschiedlichkeit in der Erarbeitung der beiden Textebenen *appräsentiert* das Nicht-Vertextete, die Ebene der Konkretion von Handlung und Milieu des Falles außerhalb der Texte.

Wenn hier von ›Milieuanalyse‹ gesprochen wird, so kommt es zunächst darauf an, wenigstens zwei der gröbsten Mißverständnisse, die häufig mit diesem Ausdruck verknüpft werden, abzubauen. Zumindest die von mir oben erwähnten milieuanalytisch arbeitenden Wissenschaftler arbeiten (1) weder mit naiv in die Soziologie verschleppten Biologismen und sich daran anknüpfenden kybernetischen Wunschvorstellungen von elegant abbildbaren Mensch-Umwelt-Relationen noch (2) mit einer ebenso naiven Determinationshypothese, wonach der Mensch zu dem wird, ›was das Milieu aus ihm macht‹, was immer hier mit dem Ausdruck Milieu gemeint sei.

Für die Soziologie als Wissenschaft von den gesellschaftlichen Orientierungs-, Handlungs-, Produktions- und Wissensformen gilt ebenso wie für die phänomenologisch orientierte Philosophie, daß ›Umwelt‹ ein Begriff ist, »der ausschließlich in der geistigen Sphäre seine Stelle hat« (Husserl 1936, 317), d. h. ein Begriff, der die spezifisch menschlichen zeichen- und symbolhaft organisierten Wahrnehmungs-, Deutungs- und Handlungsformen repräsentiert, ›hinter‹ die – zumindest Menschen – nicht zurückgreifen können. Dementsprechend ist es ein Unding, umweltliche Natur oder ›unbeseelte‹ Umwelt als in sich Geistesfremdes zu begreifen und so die Geistes- und Gesellschaftswissenschaften »durch Naturwissenschaft (...) unterbauen und so vermeintlich exakt« (ebenda) machen zu wollen. Soziologie ist vielmehr sowohl durch das Wesen derer, die sie betreiben, als auch durch ihren Gegenstand bestimmt als geisteswissenschaftliche Interpretation menschlicher Symbolverwendung, Handlungsorganisationen und Vergesellschaftungsformen.

Menschliche Umwelt läßt sich dementsprechend weder nach einem Modell von ›außen/innen‹ oder ›Subjekt/Objekt‹ noch mit Hilfe räumlicher Abmessungen und territorialer Verteilungen beschreiben. Sie ist für uns kein Gegenüber, weder Käfig noch unbegrenzter Raum, sondern eher Wahrnehmungs-, Orientierungs- und Handlungshorizont. Sie bewegt sich mit uns, wenn wir uns bewegen, sie verändert uns – unser Handeln –, wenn wir sie verändern. Sie existiert nicht ohne uns, und wir existieren nicht ohne sie. Aber wir *sind* nicht unsere Umwelt, wir *haben* sie. Unser Verhältnis zu ihr und zu uns ist – um mit Plessner zu sprechen – bestimmt durch unsere »exzentrische Positionalität«, durch den »doppeldeutigen Charakter« unserer Existenz (Plessner 1970, 41 f.), die zwei unterschiedliche und dennoch ineinandergreifende Ordnungen repräsentiert.[2] Empirische Milieuanalyse stellt somit den Versuch dar, die konkreten Orientierungs-, Handlungs- und Organisationsformen von Individuen in und mit ihrer Umwelt zu beschreiben und konkretes Handeln vor diesem Hintergrund zu interpretieren.

2 vgl. Plessner, ebda., 44-45:
»Ich gehe *mit* meinem Bewußtsein spazieren, der Leib ist sein Träger, von dessen jeweiligem Standort der Ausschnitt und die Perspektive des Bewußtseins abhängen; und ich gehe *in* meinem Bewußtsein spazieren, und der eigene Leib und seine Standortveränderungen erscheint als Inhalt seiner Sphäre.
Zwischen beiden Ordnungen eine Entscheidung treffen zu wollen, hieße die Notwendigkeit ihrer gegenseitigen Verschränkung mißverstehen. Mit demselben Recht muß ich an zwei sich ausschließenden Ordnungen festhalten: An der absoluten Mittelpunktsbezogenheit aller Dinge der Umwelt auf meinen Leib bzw. auf das »in« ihm beharrende Zentrum von Wahrnehmung, Denken, Initiative und Anteilnahme, auf mich bzw. »das Ich« *und* sie zugunsten der relativen Gegenseitigkeitsbeziehung aller Dinge einschließlich meines Leibes (mitsamt meinem Bewußtsein) preisgeben. Beide Ordnungen zeichnen sich in der Doppelrolle des Menschen als Körper im Körper ab.«

Ein anderes, ebenso bedeutsames Motiv, die Milieuanalyse auch und gerade in die Sprachsoziologie einzubeziehen, ist das Unbehagen an einer Überschätzung des sprachlichen Zeichen- und Symbolsystems und, damit verbunden, an der einseitigen Bevorzugung sprachlicher ›Primärdaten‹ (Aufzeichnungen, Dokumente, Transkripte von bereits sprachlichen Ausgangsdaten).
Dieses Unbehagen ist nicht auf Soziologen beschränkt – es ist sogar eher unverständlich, warum es gerade bei Soziologen so schwach ausgebildet ist. Das allgemeine Problem der Überschätzung sprachlicher Bedeutungsträger im Rahmen des Gesamtzusammenhanges menschlicher Symbolverwendung ist vielmehr schon oft betont und ebensooft vergessen worden. – Dabei ist es insbesondere für die soziologische Arbeit von besonderem Interesse zu wissen, was geschieht, wenn – etwa in Transkripten, Protokollen etc. – einzelne Sprachäußerungen aus den semantischen Situationshilfen, aus dem »Zeigfeld der Sprache«, wie Bühler die Einbettung sprachlicher in außersprachliche Phänomene nannte (Bühler 1934, 255), herausgelöst werden.
»Daß ein Symbolgerät«, fährt Bühler fort, »wenn es in dem Ausmaß wie die Sprache vom malenden Wiedergeben entfernt und indirekt geworden ist, einen hohen Grad von Universalität seiner Leistung erreichen kann, ist leicht einzusehen; aber warum daneben die Fähigkeit zu relationstreuen Wiedergaben nicht grundsätzlich verloren geht, verstehe ich offen gesagt nicht so, wie es von einer vollendeten Sprachtheorie dem Verständnis aller erschlossen werden müßte. Vielleicht *überschätzen* wir die Erlösung vom Zeigfeld, vielleicht *unterschätzen* wir das Faktum der prinzipiellen Offenheit und das Ergänzungsbedürfnis jeder sprachlichen Darstellung eines Sachverhaltes vom Wissen her um diesen Sachverhalt. Oder was dasselbe ist: vielleicht gibt es eine Ergänzung alles sprachlich gefaßten Wissens aus einer Quelle, die sich nicht in die Kanäle des sprachlichen Symbolsystems ergießt und trotzdem ein echtes Wissen erzeugt« (ebenda).
Die Funktion und die Problematik alles dessen, was mit dem ebenso umfassenden wie dunklen Ausdruck ›außersprachlicher Kontext‹ umschrieben und in der Regel in Nebenbemerkungen abgelegt wird, wird – zumindest in einem Teilbereich – durch die Milieuanalyse konkretisiert und als unverzichtbare Interpretationsaufgabe in das Bewußtsein der Interpreten gehoben. Zugleich damit entsteht aber auch das Grundproblem der Protokol-

lierung und Deskription von Milieus und/oder Situationen: der Versprachlichung nicht-sprachlicher Zusammenhänge.

Spätestens an dieser Stelle – bei der konkreten Arbeit an Deskription und Protokoll – geben sich einigermaßen aufmerksame Beobachter zumindest dunkel darüber Rechenschaft, daß es über den Wahrnehmungen und Vorstellungen, die wir ›an sich‹ zu haben glauben, »eine Welt von Typusbegriffen« (Durkheim 1912, 584) gibt, nach denen wir unsere Vorstellungen ausrichten. Zugleich wird deutlich, daß die Allgemeinheit und Akzeptabilität dieser Typen für andere auf Kosten der Fallspezifik und Genauigkeit geht und daß eine grundlegende Differenz zwischen sprachlicher Darstellung und sinnlicher Wahrnehmung bestehen bleibt.

Über der sinnlich wahrnehmbaren Welt baut sich darüber hinaus – diese ordnend, klassifizierend und deutend – eine eigene Welt kollektiver Zeichen und Symbole auf, sowohl in der Sprache als auch in Handlung und Orientierung. Milieus und die in ihnen stattfindenden und sie gestaltenden Handlungen sind symbolhaft konstituiert: Leben in sozialer Ordnung und in Milieus als Bestandteilen dieser Ordnung bedeutet Leben in Symbolen. Insofern sind Milieu- und Sprachanalyse gleichermaßen Symbolanalyse, und insofern bestimmt auch erst der Symbolzusammenhang als ganzer Formen und Typik menschlichen Handelns. Wissenschaft als Symbolanalyse besteht demnach in dem Versuch der Rekonstruktion des symbolischen Gesamtzusammenhanges menschlicher Handlungs-, Orientierungs- und Wissensformen.

Nicht nur aufgrund der vielfältigen Verknüpfungen und Verzweigungen der Symbolnetze, sondern auch aufgrund der damit verbundenen Ambivalenz der Symbole (vgl. hierzu insbesondere Freud 1910, 227 ff.) ergibt sich für den Deutenden zwangsläufig die Verpflichtung, vorschnellen, einsinnig-kausalen Deutungen zu mißtrauen: Wegen ihrer ambivalenten Bedeutungsstruktur und komplexen Einbettung ist zwangsläufig nichts zweifelhafter als eine einsinnige Symboldeutung. Die Entscheidung darüber, welches Bedeutungspotential Handlungen und Handlungsprodukten, also auch Texten, zukommt, ergibt sich daher folgerichtig aus der Rekonstruktion des raum-zeitlichen Organisationsgefüges, in dem jene auftreten (zum Prinzip der Sequenzanalyse, das sich hieraus ergibt, vgl. Oevermann et al. 1979). Konkret:

(1) die raum-zeitliche Organisationsstruktur der verwendeten Symbole,

(2) die raum-zeitliche Situation derer, die sie verwenden, und
(3) das Wissen, die Möglichkeiten und die raum-zeitliche Organisation der Deutenden konstituieren den Bedeutungshorizont sozialen, d. h. symbolhaft repräsentierten Handelns.

Was für soziales Handeln allgemein gilt, trifft auch und erst recht für sozialwissenschaftliche Daten zu. Auch diese führen den interpretativen Horizont ihrer Herkunft, Qualität, Ausgangshypothesen, Erhebung, Formalisierung und Verwendung mit sich. Erst durch diesen Horizont werden sie überhaupt zu Daten. Metaphorisch gesprochen: auch Daten haben ihr Milieu. Dieses Milieu muß bei der Interpretation von anderen Daten und deren jeweils spezifischen Milieus abgegrenzt werden, um sowohl in seiner Eigenart als auch in seiner besonderen Konstitution und Einbettung verstanden werden zu können.

Nun gehört es zum Status von Dokumenten – und zu diesen gehören auch sozialwissenschaftliche Datenbestände –, daß sie aus dem Handlungsfluß und dem historischen Ablauf, in dem sie entstanden und auf den sie sich beziehen, herausgelöst sind. Ihr Kontext ist nur noch durch die ›Erinnerung‹, andere Daten und Dokumente oder gar nicht mehr exakt zu ermitteln. In jedem Fall sind ihre ursprünglichen Handlungszusammenhänge, ihre Entstehungssituationen und ihre Milieus nur noch bruchstückhaft gegeben, und sie sind dadurch, daß diese ebenfalls dokumentiert sind, qualitativ etwas völlig anderes als hic et nunc ausgeführte, erlebte und wahrgenommene Handlungen: Dokumente von Handlungen konstituieren eine Distanz zu den Handlungen, die sie dokumentieren.

In dieser Distanz liegt sowohl das Deutungsproblem als auch die Deutungschance. Die für die menschliche Gattung mögliche und sie kennzeichnende Chance zur Handlungsdistanzierung produziert den Deutungszwang, eröffnet die Mehrdeutigkeit und damit Unsicherheit der Deutung und konstituiert andererseits das Prinzip der Planung: das Denken in Alternativen, die Konstruktion von Als-ob-Situationen, die Errichtung hypothetischer Welten. Die gegenüber zurückliegenden und nur noch als Dokument überlieferten Texten ex post sich vollziehende Deutung in wissenschaftlicher Einstellung einerseits und hypothetische Zukunftsentwürfe andererseits sind in ihren wesentlichen Elementen (vgl. II) strukturell gleich. Sie leben von der Imagination hypothetischer Sinnesvorstellungen. Sie konstruieren im Jetzt des

Deutungsvorganges ein hypothetisches Milieu der Sinne für Vergangenheit oder Zukunft: Handlungskontexte rekonstruieren bedeutet somit die Konstruktion

(1) hypothetischer Umwelten,

(2) hypothetischer Sinnesvorstellungen, aus denen diese Umwelten gespeist werden, und

(3) hypothetischer Orientierungen, an denen sich die dokumentierten Handlungen ausrichten und durch die sie – für jedermann nachvollziehbar – als sinnhaft interpretiert werden können.

In diesem Rahmen versorgen und animieren die in der Milieudeskription hergestellten Dokumente die Sinne: die Grenzen nach außen, gegenüber anderen Milieus erhalten klarere Konturen, während der ›innere‹ Symbolzusammenhang um Details angereichert und im Deutungspotential vergrößert wird.

Im nachhinein interpretiert werden dennoch fast immer Texte, denen mit der Interpretation ein neuer Text hinzugefügt wird; getreu der Maxime, daß die Wissenschaft als System im Unterschied zum ›Leben‹ ausschließlich aus Texten besteht. Auf eben diesen Unterschied aber zwischen vertexteter wissenschaftlicher ex post-Analyse und praktischem Handlungsvollzug im Alltag verweist die Milieuanalyse: Sie sucht – obwohl sich auch hier notwendigerweise die von ihr selbst produzierten Texte in der Analyse dazwischenschieben – den Fall in seiner Konkretion. Sie koppelt den Fall und seine Struktur nicht ausschließlich an die objektive Bedeutungsstruktur von Texten, sondern auch an beobachtete außersprachliche und außersprachlich dokumentierbare Handlungs- und Milieustrukturen, deren Deutung auch auf anderen als sprachlichen Typisierungen (etwa auf Wahrnehmungsmustern und Sehgewohnheiten) basiert.

Die Milieuanalyse stellt dabei die Redundanzhypothese, d. h. die Annahme, daß die verschiedenen Gestenaustausch- und Symbolqualitäten (vom ›Körperausdruck‹ über Kleidung, soziale Emblematik, non-verbalen Gestenaustausch bis zur sprachlichen Interaktion im konkreten Interaktionsprozeß) einander ergänzen, aber nicht grundlegend widersprechen können, nicht grundsätzlich in Frage, nimmt sie aber auch in der empirischen Analyse nicht so unbefangen hin, wie das gemeinhin üblich ist. – Zwar stellt sich diese Problematik für die Analyse ausschließlich schriftlich fixierter Texte ohnehin nicht, weil sie eben nichts anderes als das schriftlich fixierte Material als Interaktionsdokument hat. Die Interaktionsanalyse als ganze jedoch muß in Rechnung stellen, daß außersprachliche Interaktionselemente – so z. B. in double-bind-Situationen – einen Deutungsprozeß abschließen und definieren können, ohne daß diese Definition zusätzlich noch sprachlich durch die Interaktionspartner ratifiziert werden muß. D. h.: die nonverbale Sinndefinition und Sinnratifizierung ist im sprachlichen Text nicht unmittelbar enthalten.

Demgegenüber orientiert sich die *sozialwissenschaftliche Textanalyse* im engeren Sinne bei ihrer Arbeit an der Ablauf- und Bedeutungsstruktur von Texten: Was nicht in den Texten oder von ihnen abgedeckt ist, wird bewußt nicht zum Gegenstand gemacht. Die gedankenexperimentell herbeigeschafften hypothetischen Kontexte und Lesarten erhalten ihr Leben durch den zu interpretierenden Text, sie sind seine Geschöpfe und nur durch ihn zu legitimieren. Sicher, auch er ist ein fallspezifisch produzierter Text, das Handlungsprotokoll eines Interaktionsfalles. Aber hier ist ausschließlich der Text der Fall, während ein Fall in seinem Interaktions- und Milieunetz nicht ausschließlich Text ist. Dementsprechend arbeitet sozialwissenschaftliche Textauslegung unter der Prämisse des universalistischen Konzepts der Sprach- und damit auch der Deutungskompetenz von Alltagshandelnden *und* Interpreten an der Leitlinie der Rekonstruktion objektiver Bedeutungsstrukturen von Texten. Sofern bei dieser Analyse von einer ›Fallstruktur‹ die Rede ist, kann damit konsequenterweise nur die fallspezifische (im Sinne von konkretem einzelfallbezogenem Text) Sinnstruktur eines *Textes* gemeint sein. Sinnstruktur des Textes und Fallstruktur sind hier deckungsgleich. Alle Interpretationsgrößen sind letztlich Textgrößen.

Die Aussage: Der Text ist der Fall, meint also, zum Fall wird nur, was Text ist und in der Auswertung wiederum zum Text wird. – Objektiv oder besser: ›intersubjektiv‹ wird die Interpretation durch das Darstellungsmedium von Wissenschaft; durch diskursive – aufgezeichnete – schriftlich fixierte Sprache: Nicht nur wer schreibt, bleibt, sondern vor allem das, was geschrieben ist.

Sosehr auch dieses Instrumentarium einer sozialwissenschaftlichen Hermeneutik als Kunstlehre verfeinert werden kann, sie ist eine Wissenschaft, bei der am Anfang und am – womöglich erreichbaren – Ende das Produzieren von Texten steht und bei der die Objektivitätsstandards ausschließlich an Textgrößen, Textstrukturen etc. gebunden sind. Verglichen mit der Milieuanalyse sucht und findet die Text- und zugleich Sprachanalyse den Fall nicht in der *Konkretion* seines Handlungs- und Orientierungsraumes, sondern in der *Abstraktion* der Bedeutungs- und Typisierungsstruktur des sprachlichen Textes. Dabei muß sich die Textanalyse, wie dies die Literaturwissenschaften mit dem Begriff der ›Fiktionalität‹ von Texten zum Ausdruck bringen, ständig dessen bewußt sein, daß Texte zwar wesentliche Bestandteile der sozialen Realität, nicht aber *die* soziale Realität als ganze sind: daß sich unser Leben – glücklicherweise – nicht nur in Texten abspielt.

Sprachlich ausformulierte und manifestierte Dokumente – Texte – führen so manchen Interpreten in Versuchung, die Ordnungsregeln der Sprache oder eines konkreten Sprachsystems für die einzigen Ordnungsregeln bei der gesellschaftlichen Konstruktion der Wirklichkeit zu halten (vgl. II). Indem sie erst das sprachlich Repräsentierte, als Geordnetes und daher ›Begriffenes‹, für das ›eigentlich‹ Wirkliche halten, tendieren sie dazu, die sprachliche Abbildung einer Ordnung für diese Ordnung selbst zu halten. Andere Symbolsysteme, Orientierungsvorgaben und Ordnungsregeln geraten dabei aus dem Blick.

Wenn nun ein – durch seine möglichen, nicht dokumentierten außersprachlichen Kontexte – tendenziell offenes Bedeutungspotential naiv und unkontrolliert mit formalen Ordnungsstrukturen einer Sprache (syntaktischen, semantischen, morphologischen, pragmatischen, konversationellen Regelsystemen) relationiert wird, eröffnen sich für den Interpreten zumindest zwei Holzwege. Zum einen wird das Bedeutungspotential des Dokumentes sehr stark eingeengt; zum anderen produziert diese Relationierung ›selbständig‹ und formal regelgeleitet im doppelten Sinne ›fixe‹ Bedeutungen. Interpretationen dieser Art ähneln von der Struktur her dem Kartenlegen: In beiden Fällen wird über Erscheinungen, Ereignisse und Personen ein Ordnungsraster gelegt, das ausschließlich seinen eigenen Regeln folgt. Es bringt so eine in jeder Hinsicht erstaunliche Ordnung in die unordentliche und mehrdeutige Welt, und es ist durch nichts und niemanden zu falsifizieren, weil eine externe Kontrolle nicht zugelassen wird.

Der Weg, bei der Interpretationsarbeit möglichst geordnete Deutungen durch vorgegebene Kategorien- und Regelsysteme zu produzieren, ist leider nicht der einzige Holzweg, den die Textanalyse wählen kann. Die ebenso verführerische – weil im Sinne einer auffindbaren, endgültigen Deutung verheißungsvolle – Möglichkeit besteht darin, dem zu interpretierenden Text, der durch diesen Text repräsentierten Handlung und Orientierung und schließlich auch den möglichen Deutungen des Textes eine gemeinsame Sinnstruktur zu unterstellen. Diese wiederum kann dann durch den Interpreten erschlossen werden kraft seiner und ihrer gemeinsamen Teilhabe an einem System universaler Regeln der Sinn- und Handlungskonstitution und einer für den oder die Interpreten verpflichtenden ›objektiven‹ oder ›positiven‹ Methodologie diskursiver Rationalität.

Auch bei diesem Weg werden das Ordnungsmodell und die es stützenden Hypothesen dadurch, daß ihnen der Charakter der Universalität zugesprochen wird, nicht nur zu einem selbstversorgten Sinn- und Sinnproduktionssystem, sondern auch zu einem nicht mehr falsifizierbaren Glaubensgebäude, dessen eigene Ordnungs- und Funktionsregeln nicht mehr in Zweifel gezogen werden können und dürfen. Für ein solches Auslegungssystem bedeutet die Analyse der Einzelerscheinung und des Einzelfalles letztlich nicht einen Erkenntnisfortschritt im Hinblick auf die Auslegung einer durch die Mannigfaltigkeit der Erscheinungen und deren Verknüpfungen geprägten Welt: Die Einzelerscheinung dient vielmehr als weiterer Beleg für eine ›hinter den Dingen‹ liegende, im Grunde bereits entdeckte Ordnung (vgl. 11). Konstruktionen dieser Art treten zwar an unter den Feldzeichen der Wissenschaft, aber sie marschieren in den ausgetretenen Fußstapfen der alten Propheten, mit deren religiösen Kosmologien sie eine gemeinsame Erklärungsstruktur verbindet.

Vor dem Hintergrund einer solchen Erklärungsfigur wird die Jagd nach der ›objektiv hinter‹ einer Erscheinung liegenden Sinnstruktur als Teil der Suche nach dem – der universalen, hinter den Dingen liegenden Struktur nach bekannten – im einzelnen aber noch verborgenen Diesseits verständlich. Sie ähnelt unverkennbar Ahabs Jagd nach dem weißen Wal: Alle unterschiedlichen Meere und Erscheinungen werden nur aus einem Blickwinkel und Interesse wahrgenommen. Sie werden auf einen fixen Punkt hin organisiert: auf den großen Fisch, mit dem der Jäger, und auf die einzig richtige Deutung, mit der der Interpret untergeht.

Korrespondierend mit der Annahme von Universalien und deren Wirksamkeit entsteht die These von der Ahistorizität, einer über alle Zeiten hinweg gültigen und in diesem Sinne ›objektiven‹ Deutung von letztlich ihrem Bedeutungspotential nach ebenso ahistorischen Sinnstrukturen einer – paradoxerweise konkreten, dokumentierten und fallspezifischen – Handlung (Oevermann et al. 1979, 366ff.). Dem Modell der Hegelschen Logik folgend, werden so die Einzelerscheinungen und ihre historische Abfolge verstanden als Symptome oder Anzeichen für die Wirksamkeit einer der rationalen Analyse vollständig zugänglichen und damit möglicherweise sogar auch in sich ›vernünftigen‹ Gesetzmäßigkeit – sei diese nun Ausdruck des ›Weltgeistes‹ oder einer generativen Struktur.

Ein in dieser Weise strukturalistisch verkleideter Idealismus oder auch idealistisch argumentierender Strukturalismus signalisieren die verkappte Wirksamkeit der Metaphysik des 19. Jahrhunderts in der gegenwärtigen Diskussion zur sozialwissenschaftlichen Hermeneutik. Beide überdecken darüber hinaus gerade durch ihre metaphysischen Elemente den in der ›Generierungsmetapher‹ dennoch sichtbar werdenden Technizismus einer ›social machinery‹. Im einen wie im anderen Fall liegt der Schlüssel in der Betonung der Methodologie – Dialektik, Strukturalismus und/oder ›positiver‹ Hermeneutik –, die ihrerseits tatsächlich für die Arbeitsweise des ihr verpflichteten Interpreten als generative Struktur fungiert und die Deutungsarbeit determiniert.[3]

Eine Folge dieses an universalen Annahmen orientierten Denkens und Interpretierens ist – folgerichtig – die Konstruktion eines universellen Kontextes zum gegebenen Ausgangstext. In letzter Konsequenz bedeutet dies – trotz der von Oevermann getroffenen und in der Vorgehensweise auch durchgehaltenen Unterscheidung einer auf ›universellen Formalismus abzielenden Regelexplikation‹ einerseits und einem an der ›Entfaltung soziohistorischer Typenbildung und objekttheorienorientierten Vorgehen‹ (Oevermann et al. 1979, 389) andererseits –, daß der historische Kontext (die Situation und das ›Milieu‹), in dem der Ausgangstext entstand, nicht bloß relativiert wird, was ihm ohnehin

3 Eine – dem äußeren Erscheinungsbild nach andere – Konsequenz dieser Denkfigur wird, zumal dann, wenn sie einerseits ausschließlich Texttheorie, aber andererseits zugleich universale Auslegungstheorie sein will, deutlich an Derridas Schriften: Hier formuliert das Interpretieren neue Mythen, indem es sich an seinen eigenen Modellen berauscht (vgl. Derrida 1967).

auch in jeder anderen wissenschaftlich-hermeneutischen Arbeit geschehen wäre, sondern daß er letztlich verschwindet zugunsten des in der »Welt 3« angesiedelten ahistorischen Bedeutungspotentials (Oevermann et al. 1979, 382; Popper 1972, 172). Ganz allgemein werden in diesem ›objektiven‹ oder besser: ›positiven‹ Denkmuster die Historie, die konkreten Bedingungen konkreter Handlungs- und Bedeutungskonstitution ebenso ausgedünnt und für ebenso verzichtbar gehalten wie in den alten Kosmologien. Auch hier kam diesen Größen bezeichnenderweise nur der Status von ›exempla‹ einer vorgegebenen Ordnung zu, der sie folgerichtig subsumiert wurden.

Anders ausgedrückt: Multiperspektivität als Entfaltung der Orientierungs-, Handlungs- und Deutungsalternativen, der – wie in Poppers »Welt 3« – die historische Qualität und Einbettung entzogen wird, wird zu schlechter Abstraktion ausgedünnt und verliert ihre Relevanz bei der Deskription und Analyse des historischen Einzelfalls. Die abstrakten Generalisierungen werden dem konkret historisch Handelnden wie ein zu großer, zeitlos grauer Anzug übergeworfen, in dem er nur noch als Zerrbild seiner selbst sichtbar wird. Wissenschaftliche Hermeneutik dagegen zielt auf das Gegenteil: auf die Entfaltung der Deutungsvielfalt als Entfaltung der Mannigfaltigkeit von Einzelerscheinungen, auf die Entdeckung des noch nicht Gesehenen und des Unvorhergesehenen einerseits und andererseits auf die Kontrolle sowohl der bewußt eingesetzten als auch der impliziten Deutungsaktivitäten, auf die Deskription und Kontrolle der Regeln und Muster, mit deren Hilfe wir Wirklichkeit(en) konstruieren und ordnen, und damit auf die Kontrolle von Illusionen in alltäglichen *und* theoretischen Modellen der Wirklichkeit.

Natürlich kann letztlich kein wissenschaftlicher Interpret umhin, Idealtypen zu konstruieren. Aber er konstruiert sie in der historischen Analyse als soziohistorische Typen, die er weder an Universalien mißt und testet noch mit einem universalen Handlungstypus vergleicht, sondern mit einem anderen historischen Typus.[4] Natürlich weiß der wissenschaftliche Interpret auch, daß es die konkreten Einzelfälle oder Ereignisse nicht als ›brute facts‹ gibt:

4 Vgl. die von A. Schütz im Anschluß an M. Weber erarbeitete Bestimmung des Begriffs ›Idealtypus‹ und dessen Funktion für die sozialwissenschaftliche Analyse (A. Schütz 1971/1972, II, 20ff.).

nackte Tatsachen gibt es vielleicht beim Striptease, nicht aber in den Sozialwissenschaften. Er weiß, daß soziales Handeln symbolisch organisiert ist, daß soziale Wahrnehmung typisiert und sich an Typen orientiert, daß also das Besondere durch die soziale Interaktion immer im Allgemeinen aufgehoben und allgemein vermittelt ist. Aber er weiß auch, daß das Allgemeine seine Existenz nur im Besonderen hat: »Es ist das Besondere, vereinfacht und verarmt« (Durkheim 1912, 578).

Dadurch wird deutlich, daß ›Verstehen‹ und ›Begreifen‹ in der wissenschaftlichen Auslegung nicht einfach Verallgemeinerungen sein können in dem Sinne, daß gemeinsame Merkmale einer bestimmten Anzahl von Objekten, Ereignissen, Handlungen oder Individuen isoliert und zusammengefaßt werden. ›Deuten‹ und ›eine Deutung fixieren‹ heißt, das Veränderliche aus dem Fluß der Ereignisse herauszulösen und insofern dem ›Beständigen‹, einem ausformulierten Ordnungsgefüge einzuordnen. Dabei soll – nicht zuletzt durch die Zeichenqualität der Darstellungsmittel – das Allgemeine im Individuellen sichtbar und das Individuelle zugleich dadurch zugänglich gemacht werden (Durkheim 1912, 587).

Die Deutungsarbeit folgt hier strukturell dem in der sozialisatorischen Interaktion angelegten Prozeß der Individuierung und der Identitätsentwicklung: der Entfaltung des Besonderen und der möglichen Vereinzelung (Standort, Perspektive, Erlebnisstil) in und aus dem Allgemeinen der Interaktion (Mead 1934, 177 ff.). Individuierung und deren Erfahrung sind letztlich die Voraussetzung für die – notwendige – hermeneutische Suche nach der ungewöhnlichsten, ›individuellen‹ Deutung, nach der Ausprägung und Typik des Besonderen im Allgemeinen der Symbol- und Handlungssysteme. Die Analyse des Einzelfalls bewegt sich dementsprechend zwischen der Rekonstruktion von Konkretion und Nähe zum historischen Fall und seiner Umgebung als einem besonderen Typus einerseits und abstrahierendem Vergleich mit anderen historischen Typen andererseits, zwischen der »Sprache des Falles« (Oevermann 1979) und wissenschaftlicher Typenbildung, zwischen der für die Fallinterpretation notwendig zu erarbeitenden ›Nähe‹ und der abstrakt historisch vergleichenden ›Anonymität des Wissens‹ (Schütz 1971/1972, II, 14, und Schütz/Luckmann 1979, 133 ff.).

Was der Interpret – auch und oft gerade der des Allgemeinen –

für sich als Interpreten und/oder als Einzelfall an Besonderheit reklamiert, kommt selbstverständlich auch dem zu interpretierenden Fall zu: Die Chance der Hermeneutik, zu immer umfassenderen Deutungen zu kommen, liegt gerade in der Individuierung des Falles *und* der Interpreten. Das in hermeneutischer Einstellung erarbeitete und sich ständig erweiternde Bedeutungspotential einschließlich des Zweifels an festgeschriebenen Deutungen lebt aus der Dialektik von Besonderheit und Allgemeinheit.

Vergleicht man im Anschluß an diese allgemeinen Überlegungen noch einmal milieuanalytische und textanalytische Ansätze, so müßte trotz der augenfälligen Unterscheidungen deutlich geworden sein, daß die beiden Verfahrenstypen weder als einander gegensätzlich verstanden werden können noch einander ausschließen.

Das Gegenteil ist der Fall: Die Wiederentdeckung und Ausarbeitung einer sozialwissenschaftlichen Hermeneutik hat darauf aufmerksam gemacht, wie leicht soziologische Dateninterpretation zur Technik des selbstgenügsamen Elementdefinierens, Faktorenbündelns und Quervergleichens verkommen kann, wie wenig diese Technik geeignet war, ihre eigenen Daten als Konstrukte und Texte zu verstehen oder zu interpretieren und schließlich, als wie unfähig sie sich zeigte, den Einzelfall überhaupt in den Blick zu bekommen, geschweige denn gerade aus dem Einzelfall generalisierende Aussagen zu gewinnen.

Die Milieuanalyse – ihrerseits diese kritische Leistung sozialwissenschaftlicher Hermeneutik übernehmend – überschreitet mit der Ethnographie der Interaktion und der sozialen Milieus die Grenze konventioneller Datenbegriffe. Sie stellt so der sozialwissenschaftlichen Hermeneutik als soziologischer Textwissenschaft ergänzend einen anderen Datenbereich zur Seite. Damit bietet sie zugleich die Möglichkeit einer Kontrolle der – ausschließlich auf sprachliche Daten bezogenen – Textinterpretation, d. h. sie kann auch deren Resultate kontrollieren und ergänzen. Außerdem befreit sie auch die empirische Soziologie aus einer selbstverschuldeten Beschränkung auf technizistische, elegant formalisierbare und/oder mathematisierbare Verfahren und aus der damit verbundenen inhaltlichen und materialen Ausdünnung der Gegenstandsbereiche.

Beide Verfahren dokumentieren sich und ihre Ergebnisse in Texten. Sie stimulieren die Produktion weiterer Texte (Rezensionen, Sammelbände, publizierbare Auseinandersetzungen etc.): sie arbeiten an ihrem Milieu. Und dieses Milieu wissenschaftlicher Texte besteht (neben Bibliotheken, Regalen, Aktenkoffern und manchmal auch Bibliothekarinnen) überwiegend aus anderen Texten.

IV

Zusammenfassung

Wissenschaftliche Hermeneutik als (1) Kunstlehre der Auslegung und Deutung fixierter symbolischer Äußerungen und (2) als wissenschaftlich distanzierte Haltung gegenüber Deutungsgegenständen, Alltagswissen, sogenannten ›Fakten‹, wissenschaftlichen Resultaten und gegenüber ihrer eigenen Methodologie und ihren Motiven hat ihre eigene Entwicklungsgeschichte und repräsentiert einen spezifischen Schritt in der Entwicklungsgeschichte der Wissenschaft.

Alltägliches Verstehen – Alltagshermeneutik – vollzieht sich im alltäglichen Interaktionszusammenhang auf der Grundlage impliziten Wissens, von dem man eigentlich nicht sagen kann, daß die Deutenden es *haben*: sie leben es. Die wissenschaftliche Hermeneutik dagegen entfaltet ex post aus den Handlungsprotokollen dieses Wissens und darüber hinaus die Bedingungen und Möglichkeiten dieses Wissens. In der vollendeten Auslegung – Rekonstruktion und Explikation – *hat* sie dann dieses Wissen, aber sie *lebt* es nicht. Alltägliches Verstehen vollzieht sich im *Handeln* (als Prozeß) – wissenschaftliche Auslegung dagegen bezieht sich auf die bereits abgeschlossene, dokumentierte *Handlung*. Das ›ursprüngliche‹ Handeln selbst ist von der wissenschaftlichen Interpretation nicht mehr einholbar.

Wissenschaftliche Hermeneutik ist an Sprache gebunden. Sie besteht in der Produktion von Texten über Texte, in der Explikation sprachlicher Dokumente oder auch in der Übersetzung und *Reduktion* nicht-sprachlicher Eindrücke und/oder Ausdrucksformen in Sprache, in Texte. Sie ist nicht nur Deutungsarbeit, sondern auch eine »Datenproduktionsmethode« (Luckmann).

Dabei wissen die Interpreten, daß nicht-sprachliches Verstehen (z. B. von Gestik, Tanz, Musik, Malerei etc.) nicht ohne Verlust

an Verstehensintensität und Qualität des Verstandenen in sprachliche Explikation überführt werden kann.
Die an die ›Dokumentation‹ gebundene, nachträgliche Analyse von Gesprächen aus alltäglichen face to face-Interaktionssituationen muß folgendes beachten: Gespräche innerhalb von face to face-Interaktionssituationen sind Bestandteile einer Interaktionseinheit aus sprachlichen und außersprachlichen Elementen. Sie leben unmittelbar von und in ihren außersprachlichen Kontexten. Erst verschriftete Texte sind demgegenüber semantisch selbstversorgt im eigentlichen Sinne. Sie appräsentieren verschiedene *mögliche*, nicht-sprachliche Kontexte der konkreten, singulären Sprechsituation. Schriftlich vertextete Wirklichkeit repräsentiert wegen dieser Selbstversorgtheit und damit weitgehenden Situationsunabhängigkeit ein Spektrum denkbarer Situationen, Perspektiven und Deutungen, denen sie zugeordnet werden kann. Der *unmittelbare* Kontext eines schriftlichen Textes dagegen ist dieser Text selbst.
Schriftliche Überlieferung und Deutung ist permanente Textproduktion (vgl. auch den vorliegenden Text). Schon daraus folgt, daß das mühsame Geschäft der Interpretation und Textauslegung immer hinter der Menge der interpretierten Dokumente zurückbleiben muß. Die Konsequenz: wissenschaftliche Hermeneutik arbeitet immer exemplarisch. Sie ist per se Fallanalyse. – Sie kann Intersubjektivität und Verallgemeinerbarkeit ihrer Ergebnisse niemals dadurch erreichen, daß sie alle Daten und Texte erfaßt und bearbeitet. Statt dessen arbeitet sie an ihrem Fall, dem exemplarischen Text, auf zwei Ebenen: (1) an der Aufsuche, Erprobung und Absicherung ihrer Interpretationsregeln und ihres Verfahrens; (2) an der Rekonstruktion einer Fallstruktur, in der die Bedingungen und Konstitutionsregeln sozialer Gebilde in ihrer Konkretion und ihrer konkreten Wirksamkeit und Veränderbarkeit sichtbar werden. Dabei sollen einerseits der Fall in seiner Besonderheit und die Bedingungen seiner Individuierung sichtbar werden, andererseits sollen seine Allgemeinheit und Vergleichbarkeit aus der Analyse der Formen und Strukturen der Typenbildung und -veränderung entwickelt und ›erklärt‹ werden. Auch diese Arbeit vollzieht sich in Fallanalysen.
Wie jede andere Ausrichtung der Hermeneutik ist auch die sozialwissenschaftliche durch ein prinzipielles raum-zeitliches *und* analytisch diskriminierendes Distanz-Verhältnis zu ihren Gegen-

ständen charakterisiert. Gegenwärtig, im strengen Sinne, ist nur das Interpretieren selbst. Für den Interpreten ist zwar der Interpretationsgegenstand – der Text – (hoffentlich) anwesend und damit auch gegenwärtig, die Entstehungszeit des Interpretationsgegenstandes dagegen und mit ihr seine Ursprungs-Situation und sein ursprünglicher Handlungssinn sind endgültig abgeschlossen. Hier gibt es nichts mehr hinzuzufügen. Nur im Rahmen jener zweiten, oben genannten ›offenen‹ Sinnschicht (Luckmann 1981, 517f.) – hypothetischer Situationen und Kontexte zu einem Text – auf der Ebene einer postulierten Universalität der Rezipierbarkeit von Texten über die Zeiten hinweg, gibt es etwas hinzuzufügen, ein ›Mehr‹ an Ausdrückbarkeit. *Hermeneutik konstituiert somit auch ein spezifisches Gegenwartsverhältnis:* die hypothetische Vergegenwärtigung des Vergangenen.

Wissenschaftliche Hermeneutik beschäftigt sich mit der Explikation des implizit Gewußten. Sie zielt dabei nicht nur auf eine Deutung des Gewußten, sondern auf die Explikation der Konstitutionsregeln, Bedingungen und Motive des Wissens selbst. Hier und nur hier liegt ihr Bereich tendenziell generalisierbarer Aussagen. Diese kommen jedoch nur in der praktischen Auslegung konkreter Dokumente *nachweisbar* und als *konkret wirksam* zum Vorschein.

Handlung – Szene – Inszenierung

Zur Problematik des »Rahmen«-Konzeptes bei der Analyse von Interaktionsprozessen

I

Die Beziehung zwischen Soziologie und Sprachwissenschaft gleicht der zweier Partner, die es immer einmal wieder miteinander versuchen, sich – heimlich – Großes voneinander versprechen, sich dann enttäuscht voneinander abwenden, um – meist schon nach kurzer Zeit – von neuem mit einem Flirt und einer vorsichtigen Annäherung zu beginnen. Gegenseitige Anziehung und Abstoßung resultieren aus einer eigenartigen Mischung aus materialer Gemeinsamkeit und struktureller Differenz.

Die materiale Gemeinsamkeit besteht darin, daß beide Disziplinen zum Kreis der Textwissenschaften gehören: Textelemente und Texte analysierend und dabei neue Texte herstellend. Die strukturelle Differenz besteht – unabhängig von vielen anderen Differenzen – in der unterschiedlichen Gewichtung des außersprachlichen ›Kontextes‹, in den sprachliche Erzeugnisse eingebettet sind. Liegt das Schwergewicht bei der soziologischen Analyse von Texten in dem Versuch, aus den Texten als Handlungsprotokollen oder als Repräsentanten ›gefrorener‹ Handlungen auf einen auch außertextlichen Handlungsraum und allgemeinen Handlungssinn zu schließen, so bewegt sich bei der sprachwissenschaftlichen Analyse die Berücksichtigung der außersprachlichen Einbettung von Texten in der Regel zwischen dezidierter Nichtbeachtung des Außersprachlichen einerseits und seiner Behandlung als kontingenter Randbedingung andererseits. Wenn also von Soziologen sprachliche Gebilde als Teil – als ein besonders gut untersuchter Teil, aber eben nur als Teil – eines umfassenderen gesellschaftlichen Handlungs-, Deutungs-, Gegenstands-, Werte-, Formierungs- und Sinnsystems gesehen werden, so kommt es bei einer soziologischen Analyse sprachlicher Gebilde im weitesten Sinne – seien es Dokumente, literarische Texte oder Aufzeichnungen von Reden und Gesprächen – systematisch darauf an,

1) die Beziehung zwischen Text und außersprachlichem Handlungsnetz, dem ›Horizont‹ oder ›Rahmen‹, zu unterscheiden;
2) Gemeinsamkeiten und Unterschiede zwischen Typen sprachlichen Handelns einerseits und Typen außersprachlichen Handelns andererseits zu beschreiben und zu interpretieren;
3) außerhalb und innerhalb des sprachlichen Textes diejenigen Anzeigehandlungen aufzuspüren und zu beschreiben, die eine thematische, handlungsspezifische oder typendifferenzierende Ein- bzw. Ausgrenzungsfunktion für die Zergliederung eines Handlungs- und auch eines Textuierungsprozesses nach unterschiedlichen Relevanzen übernehmen.[1]

Die mit anderen oder für andere handelnden, sprechenden und schreibenden Mitglieder einer Gesellschaft übernehmen dabei in den jeweiligen Handlungsprozessen immer schon eine Doppelrolle: Sie sind Akteure und gleichzeitig Interpreten eigener und fremder Handlungen. Sie handeln und interpretieren auf der Grundlage eines durch Sozialisation und Erfahrung erworbenen und innerhalb ihrer Kultur gesellschaftlich weitgehend geteilten und ebenso weitgehend routinisierten Vorwissens, das ihnen jeweils ein mehr oder weniger bewußtes Repertoire von typischen Bedeutungen, Handlungen und Auslegungen zur Verfügung stellt.

Geht es also darum, jene – selbst typisierten – Anzeigehandlungen aufzuspüren, die ihrerseits Handlungstypen, Themen und Auslegungsmuster evozieren oder ›rahmen‹, so kommt es darauf an, zu beschreiben, wie die Organisation von Erfahrungen, Relevanzen, Vorwissen und aktuellem Wissen in konkreten Handlungsprozessen durch beobachtbare Handlungen – seien sie sprachlich oder außersprachlich – aktiv vollzogen und konkret umgesetzt wird. Entsprechend dieser Zielsetzung spreche ich im folgenden weder von der Organisation der Sprache noch von der Organisation der Gesellschaft, sondern von der in konkreten Interaktions- oder Aktionsabläufen erkennbaren Organisation wechselseitiger Wahrnehmung und Handlungsorientierung. Es geht mir dabei um die Fragen: Wie – durch welche Anzeigen –

1 Theoretische und empirische Ansätze, die in diese Richtung gehen, finden sich insbesondere bei handlungstheoretisch *und* phänomenologisch orientierten Wissenschaftlern, so etwa bei E. Goffman, H. Garfinkel, Th. Luckmann, F. Schütze, W. Kallmeyer, J. Bergmann.

machen wir etwas zu dem, was für uns und unsere Gegenüber ›wirklich‹ und ›relevant‹ – im Sinne von: ›für die aktuelle Situation und die in ihr erwarteten und erwartbaren Handlungen wichtig‹ – sein soll? Welche ›Einstellungen‹, repräsentiert durch typisierte Reaktionen, fordern wir wechselseitig von uns ab? Wie sind die sichtbaren oder hörbaren ›äußeren‹ Handlungen (Geste, Rede, Mimik, Proxemik) organisiert, damit sie bestimmte Einstellungen anzeigen können? Wie, durch welche Auslegungsaktivitäten, werden unsere Einstellungen gegenüber bestimmten Menschen, Situationen oder Problemen als spezifische Auslegungen erkennbar?

Mit dieser Fragerichtung ist nicht eine Neuauflage des immer wieder zitierten oder beschworenen Thomas-Theorems von der ›Definition der Situation‹ durch die in dieser Situation Befindlichen (vgl. hierzu Thomas/Znaniecki 1918) intendiert, sondern eine Präzisierung des in diesem Theorem enthaltenen Gedankens von der aktiven Gestaltung einer typisierbaren Situation durch die in dieser Situation Handelnden und zugleich eine Veränderung der Thomasschen Fragerichtung. Denn was der bei Thomas metaphorisch verwendete Ausdruck ›Definition‹ suggeriert, findet in Interaktionsprozessen beobachtbar in aller Regel nicht statt: Eine Situation wird durch die in ihr Befindlichen nicht eigentlich definiert, sondern gewöhnlich stellen die, die sich ›in einer Situation‹ befinden, interpretierend und zumeist implizit, kaum bewußt, für sich fest, was für sie die Situation ist oder sein sollte, und sie verhalten sich – bis auf weiteres – entsprechend (vgl. hierzu Goffman 1977, 9).

Andererseits geht es mir auch nicht lediglich darum, zu beschreiben, »unter welchen Bedingungen ein (...) Gefühl entsteht« (ebenda), das uns anzeigt, welche Auffassung von der Wirklichkeit wir gerade haben (James 1893, II, Kap. 21). Ich will vielmehr versuchen zu zeigen, wie die Handelnden sich innerhalb dessen, was sie für die Szene halten, bewegen, wie sie an der Szenerie und an der Inszenierung einer Situation mitwirken, wie sie Zeichen und Anzeigehandlungen so organisieren, daß sie mit anderen gemeinsam zu einer Inszenierung kommen.

Damit wird es im folgenden zwangsläufig auch um jene spezifische Form der Zeichenverwendung gehen, bei der wir Zeichen nicht nur als Bezeichnender für Gegenstände, Ideen, Vorstellungen etc. benutzen, sondern auch als Zeichen für Zeichen – losgelöst von primären Eindrucks- und Ausdrucksqualitäten oder unmittelbaren Repräsentationsfunktionen. Den Hintergrund für diese Überlegungen bildet die Einsicht Plessners in die grundsätzliche Mehrdeutigkeit des menschlichen Verhaltens für die Mitglieder dieser Spezies (Plessner 1928, XVIII) und in die aus dieser Mehrdeutigkeit sich ergebenden Konsequenzen: die Einsicht in den für die menschliche Art konstitutiven Zwang zur alternativen, auslegenden, statt zur unmittelbaren Reaktion. Mangelnde Eindeutigkeit des Verhaltens und der Verhaltenssteuerung bedingt Hinweis- und Absicherungshandlungen sowie Vertrauen bildende Aktivitäten in der Interaktion. Typen- und Stereotypenbildung, die Einübung von Routinen und Mustern und vor allem die Beigabe von Interpretationshinweisen oder Deutungsvorschriften zu Handlungen und Äußerungen sind die praktischen Konsequenzen, die *in* der menschlichen Interaktion aus der Mehrdeutigkeit eben dieser Interaktion gezogen werden.

II

In seiner *Rahmenanalyse* beschreibt Goffman (1977) soziale Darstellungsformen, mit deren Hilfe die Gesellschaftsmitglieder sich gegenseitig anzeigen, in welchen erkennbaren, weil typisierbaren Handlungszusammenhängen sie sich gemeinsam mit ihren jeweiligen Interaktionspartnern zu befinden glauben. Sie rekurrieren dabei ganz selbstverständlich auf ein zwar individuell erworbenes, aber immer schon als kollektiv verfügbar und wirksam unterstelltes *implizites Wissen* über das, was ›man‹, wann, wo, mit wem tut, reden und verabreden kann oder nicht kann. Wer über dieses implizite Wissen und über Mittel verfügt, mit deren Hilfe man sich als Kenner alltäglicher und kollektiver Handlungs- und Situationstypen zu erkennen geben kann, verfügt zugleich sowohl über ein Typenrepertoire als auch über Darstellungsmittel, in denen Hinweise auf eine spezifische Verwendung und Deutung von Typen in der Interaktion gegeben werden.

Es sind dabei nicht die Typen selbst, sondern die Darstellungsmittel und die in ihnen angezeigten Verwendungshinweise, durch die eine Stimmigkeit innerhalb der Interaktionssituationen erzielt wird. Nicht allein die Verwendung spezifischer Typen, sondern auch Hinweise auf die jeweils vorliegende Verwendungsart von

Handlungstypen vereinigen also typisierte Handlungselemente zu einem von allen Interaktionspartnern geteilten Handlungs- und Deutungszusammenhang.[2] Kurz: ›Rahmungswissen‹ ist das Verfügungswissen über Interpretationsanweisungen zu denjenigen Anzeigehandlungen und Zeichen, mit deren Hilfe andere Zeichen zu einer in sich stimmigen Deutungseinheit zusammengebunden werden sollen. Vor allem aber ist es ein Wissen darum, daß ohne die Beigabe von Deutungshinweisen oder -vorschriften konkrete, situativ für alle Beteiligten gültige Bedeutungszuschreibungen zu Handlungen oder Äußerungen nicht möglich sind.

Wenn also prinzipiell in Interaktionsprozessen – deren konkrete Dauer und deren genauer Ablauf für die an ihnen Beteiligten niemals exakt prognostizierbar sind – Anzeigehandlungen und Deutungshinweise für die Segmentierung oder auch für Themenwechsel und Äußerungen thematischer Relevanz, für Eröffnungs- und Beendigungsaktivitäten enthalten sind, und wenn Handlungen als das beschrieben werden sollen, was sie dementsprechend sind, nämlich als *prozessual* und als bestimmt durch mobile Grenzen, so ergibt es sich von selbst, daß die Metapher vom »Rahmen« für die Beschreibung von Interaktionsprozessen nur bedingt verwendbar ist: Fixierte, auf Tonträgern mitgeschnittene oder im nachhinein aufgezeichnete Texte haben für den Interpreten aufgrund eben dieser Fixierung einen fixen Rahmen. Der fixe Rahmen ist das Produkt der Fixierung, nicht jedoch die primäre Qualität des ursprünglichen Interaktionsablaufes, in dem aus verschiedenen Möglichkeiten eine bestimmte Ablaufstruktur realisiert wurde.

Für die Handelnden sind die Grenzen des Ablaufes und die wählbaren Alternativen noch offen. Für den Interpreten sind sie bereits – durch die Fixierung des ›Textes‹ – geschlossen. Der Handelnde sieht und deutet den *Prozeß*, in dem er sich befindet, der Interpret sieht das *Produkt*. Und während der Handelnde darauf aus sein muß, das noch nicht endgültig prognostizierbare Produkt des Prozesses zu erraten, um seine Handlungen darauf ab-

2 Vgl. hierzu Meads Unterscheidung zwischen bestimmten ›Reizen‹ und der »Fähigkeit, jene Reize anderen Personen oder sich selbst aufzuzeigen«, wodurch jeweils konkret die »Aufmerksamkeit« aller auf je konkrete Sinnzusammenhänge gelenkt werden kann (Mead 1934, 134f.).

zustimmen, muß es dem Interpreten, wenn ihm an der Konkretion seiner Deutung als der Deutung von *Handlungen* liegt, darum gehen, aus dem Handlungsprodukt – dem ›Text‹ – den Handlungsprozeß und die in ihm als Handlungshorizont noch enthaltenen, später dann ausgeschlossenen Handlungsalternativen zu erschließen. Das ist der Sinn der Sequenzanalyse (Oevermann et al. 1979), in der Handlungsprozesse in ihrer historischen und situativen Konkretion dadurch sichtbar werden, daß ihre aktuelle Realisierung als Prozeß des sinnhaften Ausschließens von anderen Handlungsmöglichkeiten begriffen wird, die zum ursprünglichen Handlungshorizont für die Akteure und zum möglichen Bedeutungshorizont der Interpreten gehören.
Für den Interpreten mag es auf der Ebene einer Interpretationsheuristik ganz sinnvoll sein, von der Modellvorstellung eines abgrenzbaren »Rahmens« von Interaktionsprozessen auszugehen – allerdings nur, solange er dabei nicht vergißt, daß das, was er bereits fixiert vorfindet, im Interaktionsprozeß selbst erst prozessual festgelegt werden mußte. Wie die Anzeigehandlungen den Akteuren im Handlungsprozeß Wahrnehmungs- und Handlungsvorzeichen liefern, so gibt die Modellvorstellung vom »Rahmen« dem Interpreten gegenüber dem Text eine Interpretationsleitlinie: bestimmte Themen, Gegenstände, Handlungszüge und Schwerpunkte werden konturiert, Vorder- und Hintergrund werden voneinander abgehoben, bestimmte Handlungssequenzen werden durch ihren »Rahmen« von anderen abgegrenzt wie – um in der Analogie zu bleiben – das Gemälde von der Wand.
Damit sind jedoch schon die Grenzen der Brauchbarkeit dieser Analogie erreicht. Denn während der Bilderrahmen als Vorschrift dafür zu werten ist, daß das von ihm eingerahmte Gemälde qualitativ anders zu interpretieren ist als die Wand, an der es hängt, beziehen sich Sequenzierungs- oder thematische Ein- und Ausgliederungshandlungen innerhalb von Interaktionsprozessen auf eine gemeinsame Qualität: auf gemeinsame Strukturen sozialer Interaktion. Bliebe man innerhalb der »Rahmen«-Metaphorik, so stünde man bei der Analyse von Interaktionsprozessen nicht nur ebenfalls vor den Phänomenen des in der bildenden Kunst oft verwendeten Stilmittels des »Rahmens im Rahmen« oder der fiktiven Überschreitung des Rahmens, sondern diese Problematik würde zusätzlich durch das dichte Netz *prozessualer* Verweisun-

gen in Handlungszusammenhängen ungleich verschärft: Die Rahmen-Metapher verlöre vollends ihren Sinn.[3/4]

Das Rahmenkonzept dient allerdings – und das ist unübersehbar – nicht nur dem wissenschaftlichen Interpreten, sondern auch dem Alltagshandelnden, dem ›Umgangssprecher‹ und seiner sogenannten ›Umgangssprache‹, als Handlungshorizont. Ein Kleid, eine Äußerung, ein Benehmen, eine Geste etc., die nicht in diesen oder jenen ›Rahmen passen‹, sind gern diskutierte Gegenstände alltäglicher Rahmenanalysen. Aber was ist hier mit dem Ausdruck ›Rahmen‹ gemeint? – Am ehesten das, was Goffman »Organisationsprinzipien« für Erfahrungen und damit auch für Ereignisse genannt hat (Goffman 1977, 19).

Diese Organisationsprinzipien formen die Beziehungen nicht nur des einzelnen zum sozialen Leben und zu seiner Umgebung (ebenda, 22 f.), sondern auch die Koorientierung und Kooperation von Interaktionspartnern. Sie fungieren als subjektive Realisierungen einer sozial ›objektiv‹, dem einzelnen sozialisatorisch a priori vorgelagerten Wirklichkeitskonstruktion und -deutung (Berger/Luckmann 1969). Ein empirisch fundiertes Konzept, das dieser Verschränkung der subjektiven Realisierung sozial objektivierter Sinn- und Handlungshorizonte gerecht wird, indem es

3 So wird z. B. bei Bateson durch den laxen Umgang mit dieser Metapher oder durch die Verführung, mit Hilfe einer bereits akzeptierten Analogie Plausibilität zu suggerieren, ein sonst sehr interessanter Hinweis für die Analyse sozialer Interaktion erheblich zerredet. Vgl. das Kapitel »Eine Theorie des Spiels und der Phantasie« in: Bateson (1981), 241-261, insbesondere 249 ff.

4 Auf den ersten Blick scheint die Rahmenanalogie zumindest für ›institutionell vorgeprägte‹ Interaktion zu gelten. Aber auch hier zeigt sich – aus handlungstheoretischer Sicht – sehr schnell die begrenzte Reichweite des Rahmenkonzeptes. Eine Gerichtsverhandlung etwa wird weder durch den Sitzungssaal noch durch das professionelle Personal oder Gesetzeswerke und Prozeßordnungen zu spezifisch ›gerichtlicher Interaktion‹. Letztere wird durch spezifische Anzeigehandlungen inszeniert und nur durch einen permanenten Rekurs auf sie aufrechterhalten – ganz abgesehen davon, daß sich auch in einem so straff regulierbaren, weil durch ein professionell eingeübtes Handlungsrepertoire und Symbolsystem abgesicherten Interaktionstyp oft genug Handlungseinsprengsel oder gar längere Handlungssequenzen finden, bei denen der sogenannte ›Rahmen‹ verlassen wird und die durch Rekurs auf einen solchen Rahmen auch nicht interpretierbar sind.

diese Verschränkung in konkreten Handlungssituationen beschreibt, ist weniger in Goffmans – an den Organisationsprinzipien der Erfahrung des einzelnen und an dessen Beziehung zu seiner Umwelt orientiertem – Rahmenkonzept als vielmehr in dem von Strauss entwickelten Konzept des ›trajectory‹ zu finden. (Die empirische Anwendung dieses Konzeptes wird am besten veranschaulicht in Strauss et al. 1985, 8 ff.)
Dieses Konzept zielt auf die Beschreibung und Analyse der Einbettung und Formierung individuellen Handelns, individueller Handlungsplanung und Selbstinterpretation, in die Organisation und Veränderung begrenzter gruppaler Interaktionsparzellen sowie schließlich wiederum auf deren Abhängigkeit von größeren Interaktionsnetzen und Handlungszusammenhängen: auf die Beschreibung der Einbettung von Interaktionen in Handlungsnetze also, die zwar objektiv als Handlungshorizont wirksam, aber weder den Individuen noch den Gruppen gänzlich zugänglich oder bekannt sind.
Fragt man in diesem Zusammenhang danach, welche formalen, in gewisser Weise situationsunabhängigen – weil situationsübergreifenden – Hilfsmittel den Handelnden zur Verfügung stehen, um Unbekanntem mit bewährtem Instrumentarium begegnen zu können, so taucht in der wissenschaftlichen Diskussion ›regel‹-mäßig als eine Art theoretischer Allzweckwaffe zur Bekämpfung ungelöster Fragen bei der Analyse sozialen Handelns der Regelbegriff auf. Wiederum eine Modellvorstellung, wiederum ein Denkmodell, das den Vorteil eröffnet, empirisch materiale Ungleichheiten und Unordnung in formale Ordnung der Handlungselemente und des Ablaufs zu überführen, und wiederum ein Modell, das für die, die es benutzen, die Verführung bereithält, das Modell für die beobachtete Empirie zu halten oder es in jeder, aber auch jeder Empirie als empirisch wirksam beobachten zu können!
Die Verwischung der Grenzen von Analysemodell und Analysiertem, zugleich aber auch das Dilemma einer allgemeinen Anwendung des Regelkonzeptes auf menschliches Verhalten wird deutlich, wenn – und hier spricht einer für viele – von Regeln gesagt wird, sie seien, bezogen auf die, die sich handelnd vorgeblich nach ihnen richten, »im Allgemeinen sowohl vorher als auch nachher unsprachlich und unbewußt« (Bateson 1981, 259).
Ausformulierte Regeln im Sinne eines kollektiv abgesicherten

»Man tut, wenn ...« oder »Man tut nicht, wenn ...« wären dann, und es gibt gute Gründe für die Richtigkeit dieser Annahme, immer erst ex post in Sprache gegossen, d. h. als metakommunikative Verhaltensvorschriften erst formuliert worden, nachdem sie bereits kollektiv angewandt wurden. Aber ist es tatsächlich erlaubt, im wissenschaftlich strengen Sinne von Regeln zu sprechen, wo diese noch nicht formuliert sind? Zumal dann, wenn uns die alltägliche Erfahrung lehrt, daß Regeln als solche, d. h. als explizite Verhaltensvorschriften immer erst dann formuliert werden, wenn der ›ordnungsgemäße‹ Ablauf implizit gewußter Handlungsroutinen und Verhaltenssteuerungen nicht mehr kollektiv gewährleistet ist. Und wenn wir zudem wissen, daß die im nachhinein ausformulierten Regeln immer abstrakte Verkürzungen, materiale Ausdünnungen und den Einzelfall vernachlässigende Formalisierungen darstellen, daß sie schließlich pikanterweise die Regelabweichung erst deutlich und damit auch bewußt und praktikabel machen?
Die alltägliche wie auch die historische Erfahrung zeigen, daß in der Handlungspraxis alltäglicher Lebenswelten nach der paradoxen, aber erfolgreichen Maxime verfahren wird: »Es gibt zwar keine Regeln, aber wir verhalten uns danach« – und – »Es gibt zwar Regeln, aber wir verhalten uns nicht danach.« Modell- und Regelkonstruktionen haben daher keine andere Berechtigung als die, einerseits die Aufmerksamkeit gegenüber der Empirie zu schulen und andererseits zu zeigen, daß wissenschaftliche Modell- und Typenkonstruktionen gegenüber der Empirie systematisch unrecht haben. Bei dem Glauben, es ließe sich ›homolog‹ zur Empirie eine Verhaltensgrammatik konstruieren, durch die auf der Basis einer begrenzten Anzahl von Regeln unendlich viele Handlungsausformungen erfaßt oder gar erklärt werden können (Eibl-Eibesfeld 1980 und 1984), handelt es sich dementsprechend weniger um eine Vorstufe wissenschaftlicher Hypothesenbildung als vielmehr um ›soziologische oder auch humanethologische Alchimie‹ (Goffman 1977, 13).
Sowohl aus allgemein wissenschaftstheoretischer als auch aus handlungstheoretischer Perspektive scheint es bei der Beschreibung menschlichen Verhaltens und Handelns eher angemessen zu sein, vergleichsweise bescheiden von einem relativ gesicherten Ergebnis empirischer Beobachtung auszugehen: von der Einsicht, daß menschliche Kommunikation generell – nicht nur die verbale

also – auf vielen unterschiedlichen, oft kontrastierenden Ebenen abläuft. Diese Mehrdimensionalität menschlicher Kommunikation resultiert u. a. aus dem Ablauf menschlicher Sozialisation. Diese ist gekennzeichnet durch eine für die Generierung immer neuer Handlungs- und Kommunikationsmuster entscheidende Antinomie. Einerseits werden im Verlauf der Sozialisation kollektiv eingeschliffene Handlungs- und Deutungstypen tradiert und eingeübt, andererseits werden durch die gleichzeitig damit stattfindende permanente Erweiterung des Handlungs- und Deutungsrepertoires die Geltungsbereiche und Anwendungsräume jener ursprünglich relativ festen Typen variiert oder gar aufgelöst: Relevanzsysteme, Bedeutungshorizont und Vokabular erweitern sich; die Bedeutungsmöglichkeiten der Einzelzeichen werden immer umfangreicher – entsprechend der zunehmenden Menge von Erfahrungskontexten, denen sie zugeordnet werden können.

Die Konsequenz: Ohne Vor-Zeichen, ohne metakommunikative Deutungshinweise, wäre der Bedeutungshorizont einzelner Zeichen oder auch Äußerungen zu groß, als daß er in kurzer Zeit auf eine spezifische Deutungsrichtung hin eingeengt werden könnte. Die für Handlungssituationen zwingende relative Deutungs- und Koorientierungssicherheit wäre durchlöchert, das Aktions- und Reaktionsgefüge in Dauerreflexionen über Deutungsmöglichkeiten aufgelöst.

Zeichen, Äußerungen oder Handlungsabläufe; Typen, Routinen oder Muster; konkrete Situationen oder Interaktionsnetze – sie alle werden von denen, die mit ihnen umgehen oder sich auf sie beziehen, *in* der jeweiligen Kommunikationssituation mit metakommunikativen Markierungen[5] versehen. Diese zeigen dem Gegenüber an: Was wir jetzt tun, ist dies und nicht jenes, sonst noch Mögliche (z. B.: Ich spreche und handle hier als Richter und nicht als Familienvater oder Gruppentherapeut).

Durch jene metakommunikativen Beigaben erhält tendenziell jeder Kommunikationsakt eine *fiktionale* Qualität: Ich *muß* anzeigen, daß etwas so und nicht anders *gemeint* ist, weil es auch anders gedeutet werden könnte; und indem ich dies anzeige, ver-

5 Auf Watzlawicks – sich zwischen psychologisierender Metaphorik (»Inhalts- und Beziehungsaspekt«) einerseits und Minimalkybernetik (›analoge‹ und ›digitale‹ Kommunikation) andererseits bewegender – Terminologie und das durch sie repräsentierte Kommunikationsmodell wird hier bewußt verzichtet (vgl. Watzlawick et al. 1969).

weise ich auf das sonst auch noch Mögliche, dem hier der Wirklichkeitsakzent entzogen wird, den es an anderer Stelle erhalten könnte. Wir handeln, sprechen, interagieren nicht einfach: wir inszenieren unser Handeln, Sprechen und Interagieren, indem wir es für uns und andere mit Deutungs- und Regieanweisungen versehen, die uns eine gewisse Zielstrebigkeit der Kooperation sichern. Andererseits erhalten die von uns aktuell-pragmatisch inszenierten Wirklichkeitsausschnitte und Deutungen gerade durch das fiktionale Element des Inszenierens selbst etwas Brüchiges: den Beigeschmack des Vorläufigen, des eben nur ›bis auf weiteres‹ Gültigen.

Untersucht man mit Mead anstelle der Zeichen als solcher die unterschiedlichen Weisen der Zeichenverwendung (vgl. Mead 1934 und Bateson 1981, 257ff.), so lassen sich – grob – drei unterschiedliche Ebenen charakterisieren:

1) Jede Art der Zeichenverwendung suggeriert – mehr als sie supponiert – so etwas wie das Vorhandensein einer primären Qualität von Zeichen und Gesten: der Qualität, unabhängig von einem bestimmten Kontext als *›unmittelbare‹* Mitteilung zu dienen.

2) Hierüber schichtet sich als zweite Qualität von Zeichen und Gesten die auf, in konkreten Handlungssituationen und Kontexten ›unmittelbare‹ Mitteilungen zu *simulieren* (so z. B. dann, wenn Politiker zu wiederholten Malen auf Wahlkampfveranstaltungen ihre ›spontane‹ Entrüstung über ein bestimmtes Verhalten des politischen Gegners aufführen, oder wenn wir mit oder nach den Worten »ich bin ehrlich überrascht« unsere ehrliche Überraschung zum Ausdruck bringen).

3) Schließlich weisen wir in bestimmten Handlungszusammenhängen Zeichen und Gesten eine dritte Qualität zu: Durch Hinweise auf eine dritte Art der Zeichenverwendung machen wir es unserem Gegenüber möglich, zwischen den als unmittelbar intendierten und den simuliert unmittelbaren Mitteilungen zu unterscheiden (so z. B. dann, wenn wir Freunden vorführen, ›wie wir einmal jemandem spontan unsere Meinung gesagt haben‹).[6]

6 Daß nicht nur in der sogenannten ›fiktionalen‹, sondern auch in der wissenschaftlichen Literatur erfolgreich ein ironisch gebrochener Umgang mit den unterschiedlichen Verwendungsqualitäten von Zeichen und Schreib- bzw. Deutungsmustern gepflegt werden kann, zeigt Goffman im Vorwort zu seiner *Rahmenanalyse*: Er provoziert

Die Organisation sozialer Ordnung kann demnach nicht verstanden werden als das Auffüllen vorgegebener Handlungs- und Deutungsrahmen mit fixierten Typen. Sie basiert auch nicht auf einer ›Verhaltensgrammatik‹, einer Syntax tradierbarer ›Rahmen‹ und einem Lexikon von Handlungs-, Bedeutungs- und Deutungstypen. Vielmehr muß sie von den Gesellschaftsmitgliedern immer wieder durch konkrete Handlungen hergestellt und an Veränderungen angepaßt werden. Diese Handlungen müssen mit jeweils erkennbaren und dadurch wirksamen pragmatischen Deutungs- und Regieanweisungen ausgestattet sein. Den Gesellschaftsmitgliedern wird dabei ein souveräner Umgang mit der kommunikativen Mehrstimmigkeit von Gesten, Handlungen und Zeichen nicht nur abverlangt, sondern als sozialisatorisch erworbenes Wissen immer schon zugetraut.

III

Halten wir fest: Die Reproduktion sozialer Ordnung in der Vis-à-vis-Situation vollzieht sich als jeweils pragmatische Neuinszenierung eines Handlungs- und damit Wirklichkeitsausschnittes, dem durch die Inszenierung jeweils ein spezifischer Wirklichkeitsakzent (bezogen auf alltägliche Handlungspraxis, Spiel, Wissenschaft, Kult etc.) zugewiesen wird.
Der Ausdruck ›Inszenierung‹ drückt hierbei weder spielerische Zufälligkeit noch exakt instrumentalisierte oder instrumentalisierbare Planung aus, sondern – und dadurch wird die Verwendung dieses Ausdruckes im vorliegenden Zusammenhang legitimiert – das routinierte Zusammenspiel von zielgerichteter Interaktion einerseits und implizitem, durch Sozialisation und Erfahrung erworbenen Wissen um Bedeutungstypen *und* kommunikative Darstellungsformen andererseits . Die kommunikative Mehrstimmigkeit als Grundstruktur der Interaktion in Vis-à-vis-Situationen verlangt von den Kommunikationspartnern einen hervorragend eingeübten, wortwörtlich: ›bis zur Bewußtlosigkeit‹ durchgeprobten und zugleich differenzierten Umgang mit Inszenierungen.

die Aufmerksamkeit gegenüber ›Rahmenhandlungen‹ am Beispiel des spielerischen Umgangs mit der Gattung ›Vorwort‹, die eine solche Rahmenfunktion übernimmt (vgl. Goffman 1977).

Die jeweilige Inszenierung muß dabei 1) in ihren materialen und formalen Handlungselementen ernstgenommen werden, d. h. sowohl in ihrem materialen Gehalt als auch in ihren Handlungs- und Auslegungsvorschriften und dem darin akzentuierten Wirklichkeitsausschnitt. Sie muß trotz dieses Ernstnehmens 2) implizit in ihrer pragmatisch begrenzten Gültigkeit, ihrer quasi ›fiktionalen‹ Qualität, und damit Relativität, akzeptiert werden, die sie als konkrete Inszenierung im Wissen aller Beteiligten von anderen Inszenierungen, anderen Handlungs- und Auslegungsvorschriften, anderen Wirklichkeitsakzenten unterscheidet. Und sie muß 3) als Element der aktiven gesellschaftlichen Reproduktion und Konstruktion jenes Kosmos von »multiple realities« (James 1893, 1) und »mannigfaltigen Wirklichkeiten« (Schütz 1971/1972, 1, 237ff.) begriffen und dargestellt werden können, deren widersprüchliche Struktur aus Tendenz zur Sinneinheit und Geschlossenheit einerseits und Brüchigkeit und Über-sich-selbst-Hinausweisen andererseits sie bereits im Kern (vgl. 1 u. 2) enthält.
Dementsprechend gilt die primäre Aufmerksamkeit, mit der sich die Interaktionspartner gegenseitig ihren Handlungen und den darin verwendeten Zeichen und Gesten zuwenden, immer der Entschlüsselung jener Auslegungsvorschriften, durch die jene Handlungen und Äußerungen einem bestimmten Relevanzsystem zugeordnet werden und einen bestimmten Wirklichkeitsakzent erhalten. Wenn die materiale Gestalt und der scheinbar ›unmittelbare‹ Sinngehalt von Zeichen, Gesten, Handlungen nicht durch Auslegungshinweise und Regieanweisungen einem bestimmten Relevanzsystem, einer bestimmten Einstellung gegenüber dem, was hier und jetzt ›wirklich‹ sein soll, und damit einem bestimmten Erkenntnis- und Handlungsstil erkennbar zugeordnet wären, so würde der Bedeutungshorizont der Zeichen unendlich groß und tendenziell uninterpretierbar, ihre jeweilige Handlungsrelevanz dagegen unendlich gering bzw. nichtig.
In Interaktionssituationen werden dementsprechend *intensiv*, in eher handlungsentlastender rekonstruktiver, z. B. wissenschaftlicher Deutungsarbeit *extensiv*, in beiden Fällen aber notwendig immer schon Handlungen und Mitteilungen auf ›Kontexte‹ bezogen. Wo diese nicht mit einer gewissen Sicherheit identifiziert werden können, werden sie imaginiert oder notfalls ›frei‹ erfunden – ohne daß dies den Deutenden klar zum Bewußtsein kommen muß. D. h., Gesten, Handlungszüge, Äußerungen werden

nicht an sich, sondern als ›Symptom für ...‹ wahrgenommen. Sie werden durch die Deutung und die sich daran ausrichtenden Handlungen zu einem sinnhaften Zusammenhang zusammengefügt – zu einem ›Symptom‹ (Schütz/Luckmann 1979, 228).
Wie aus der *Deutungsperspektive* Handlungen und Handlungselemente als Symptome für ein sie zu einem Sinnganzen zusammenfassendes Syndrom wahrgenommen werden, so werden aus der *Handlungsperspektive* Einzelhandlungen als Einzelszenen einer übergeordneten Inszenierung arrangiert.
Dem szenischen Arrangement kommt dabei eine Mittlerfunktion zu: Aufgrund seiner für jeden Handelnden unmittelbar wahrnehmbaren Nähe zur Einzelhandlung, die ja in die Szene eingepaßt und durch diese auf ihre Stimmigkeit mit dem Arrangement getestet wird, konstituieren das szenische Arrangement und die aus ihr erwachsende Szene den eigentlichen Handlungsraum der Vis-à-vis-Situation. Hier werden in einem sichtbaren und unmittelbar wahrnehmbaren Darstellungsraum einerseits ›abstrakt‹ typisierte Zeichen, Gesten, Handlungszüge, Routinen mit Deutungsvorzeichen und Regieanweisungen versehen und auf eine eingegrenzte, konkrete Bedeutung hin organisiert. Andererseits verweisen das szenische Arrangement und die sichtbare Szene auf die als Ganzes unsichtbare, sich erst in der Szenenabfolge sukzessiv realisierende Inszenierung. Für jemanden, der ›neu‹ in eine solche Szene eintritt, steht dementsprechend nicht die extensive Deutung jeder von ihm an anderen wahrgenommenen Einzeläußerung oder Geste im Vordergrund, sondern die möglichst rasche Identifizierung des Arrangements, dessen Entschlüsselung ihm allein helfen kann, die folgenden Szenen zu bewältigen.
So variabel und dadurch ›neu‹ erscheinend szenische Arrangements oder Inszenierungen wirken mögen: auch sie gehören zu den erlernten und erlernbaren Fertigkeiten und Manövern einer sozialen Aufführungspraxis von und für Wirklichkeiten. So bewegen wir uns nahezu ausschließlich in typischen Arrangements, z. B. Eröffnungsszenen, die je nach dem Wissen der Beteiligten über den folgenden Inszenierungstypus formal-institutionell[7], in-

7 Hier variiert die Aufführungspraxis je nach den spezifischen Regieanweisungen der Institution: z. B. der Strafprozeßordnung bei Gericht, der Gottesdienstordnung der Kirchen, der Visitenrituale in Krankenhäusern etc.

formell-alltäglich[8] oder intim-vertraulich[9] ausgestaltet werden können, in jedem Fall aber innerhalb ihres Darstellungstyps weitgehend durch spezifische Regieanweisungen in ihrem rituellen Ablauf und in ihrem pragmatischen Sinnhorizont geprägt werden (Douglas 1974). Je nach Kultur-, Gesellschafts- oder Gruppenzugehörigkeit werden dabei kollektiv akzeptierte Arrangements und auch ganze Inszenierungen zitiert, d. h. mit Hinweisen auf eine als bereits erfolgreich gebilligte Aufführungspraxis versehen.

Die Vertrautheit mit Inszenierungspraktiken, mit kommunikativen Darstellungsformen und den dazugehörigen unterschiedlichen Regieanweisungen und Deutungsvorzeichen ist die Grundvoraussetzung für eine erfolgreiche Teilnahme an der gesellschaftlichen Organisation der Reproduktion und Veränderung von Ordnungs- und Wirklichkeitsvorstellungen. Sie ist damit das kommunikationspraktisch-sozialisatorische Äquivalent, die material-symbolische Ausgestaltung des ›Role-Taking‹ und der darin zum Ausdruck gebrachten Fähigkeit zur Übernahme der Haltung anderer.

IV

Der Hoffnung, mit Hilfe stets gleichbleibender Regeln, eines festgelegten Repertoires von ›Rahmen‹ und eines Lexikons von Handlungs- und Bedeutungstypen – mit Hilfe eines vorzüglichen technisierbaren Instrumentariums also – menschliches Handeln analysieren und durchkalkulieren zu können, bleibt wenig fester Boden. Genug vielleicht für Verhaltensalchimie, zuwenig für eine den konkreten Einzelfällen und dem Erscheinungsreichtum der Empirie gerecht werdenden Analyse.

Der Versuch, über die Analogie ›Inszenierung‹ – ›Interaktionsprozeß‹ und die dazugehörige Metaphorik eine handlungstheoretisch orientierte Beschreibungsebene für die Analyse der Organi-

8 Vgl. unterschiedlich arrangierte Begrüßungen von Bekannten und Freunden, Vorstellung von Fremden auf ›Partys‹, die Eröffnung eines Flirts in der Straßenbahn etc. (vgl. auch Goffman 1971).

9 Eröffnung eines ›vertraulichen Gesprächs‹, eines ›intimen Geständnisses‹, Arrangement einer ›spontanen‹ Zärtlichkeit oder Gefühlsäußerung etc.

sation sozialen Handelns zu gewinnen, führt in eine andere Richtung: Er zeigt, daß nicht fixierte und unveränderbare Einzelelemente des Handelns oder fixierte Interaktions- und Bedeutungstypen für die Konstitution und eine bestimmte Konstellation von Handlungsabläufen und Interaktionsprozessen entscheidend sind. Vielmehr ist es unsere in konkreter Interaktion erkennbare, jeweils spezifisch ausgeprägte Art der *Zuwendung* zu unserer Umgebung, in der sich jeweils eine bestimmte *Einstellung* zu unserer Umgebung und Umwelt ausdrückt und in der ein bestimmter *›Erkenntnis‹*- und *Deutungsstil* den Handlungs- und Deutungsvorschriften seinen Akzent verleiht.

Unter der Durchführung einer ›Inszenierung‹ verstehe ich dementsprechend – jenseits der zuvor verwendeten Spiel- und Schauspielmetaphorik –

1) die spezifische Art und Weise, in der wir uns in einem konkreten Augenblick, einem konkreten Handlungszusammenhang uns selbst und unserer Umgebung (Menschen, Dingen, Ideen, Vorstellungen, ›Innenwelten‹ etc.) zuwenden;
2) die Art und Weise, wie wir uns gegenseitig eine spezifische Zuwendung durch Gesten, Handlungen, Äußerungen anzeigen;
3) die durch diese Anzeigehandlungen koorientiert und kooperativ geformte gemeinsame Zuwendung zu unserer Umgebung und unserer Umwelt, jene gemeinsame Zuwendung, die es uns ermöglicht, von einer ›gemeinsamen Wahrnehmungs- und Handlungssituation‹ (dem ›szenischen Arrangement‹) zu sprechen;
4) die Koordination unterschiedlicher, gleichzeitig stattfindender Wahrnehmungen und Aktivitäten unter einem einheitlichen, ›in sich stimmigen‹ Relevanzschema, das eine spezifische Einstellung sowie die Betonung eines spezifischen Wirklichkeitsakzentes repräsentiert und einen jeweils spezifischen Erkenntnis-, Deutungs- und Handlungsstil zum Einsatz bringt.

Mit Hilfe der in diesem Ansatz enthaltenen handlungstheoretischen Perspektive werden zugleich Lösungen deutlich für das charakteristische Dilemma jener empirischen Einzelfallanalysen, die auf der Grundlage von Lexika fixierter semantischer Typen das konkrete Material – den konkreten Sprachgebrauch und die konkreten Handlungstypen – interpretieren zu können glauben. Für jenes Dilemma, das jeden Übersetzer notwendig scheitern läßt, der sich mehr auf Lexika als auf kontextabhängige Stimmigkeitsprinzipien verläßt, und das jede sozialwissenschaftliche Einzelfallstudie, die semantische Typen mechanisch wie feste Münzen behandelt, zu einem Vexierbild der Empirie werden läßt: Die menschliche Kommunikation kennt weder isolierbare Einzelbedeutungen noch unveränderbar fixierte Handlungstypen.

Die Typen, auf die wir uns in unserem Handeln und Deuten beziehen und durch die wir unser Handeln und Auslegen vollziehen, sind nie typische Einzelgegenstände (Dinge, Begriffe, Ideen etc.). Sie repräsentieren vielmehr einen in lebensweltlichen Erfahrungen gestifteten Sinnzusammenhang. Sie verkörpern nicht Einzelelemente, sondern auf kompositorischen Erfahrungen beruhende und sedimentierte einheitliche Bestimmungsrelationen zwischen unterschiedlichen Wahrnehmungen und Erfahrungen. Relationierende, kompositorische Erfahrung und Typisierung sind gleichursprünglich. Typen als Ergebnisse eines kompositorischen Aktes sind damit die in sich variablen Baumaterialien sozialen Handelns, gewissermaßen die Takte einer umfassenden Komposition, durch die Themen, Tonarten, Tempi etc. als Einheit strukturiert und in jeweils neuen Inszenierungen als jeweils modifizierte ausgeprägte und ›interpretierte‹ Einheit aktualisiert werden.

Typen repräsentieren also nicht lediglich sedimentierte kompositorische Erfahrungen. In problematischen, ungewohnten oder neuartigen Situationen verändern sie sich, oder es entstehen neue Typen durch neue Relationierungen und eine ›Neubestimmung‹ der Erfahrung (Schütz/Luckmann 1979, 279). In der Variabilität der Typen drücken sich so die unbegrenzten Bestimmungsmöglichkeiten der Erfahrung und eine prinzipiell offene Semantik sowohl der ›Bausteine‹ als auch der ›Kompositionen‹ und ›Inszenierungen‹ aus.

Daraus resultiert: Typen haben eine Geschichte, und sie bilden die Voraussetzung für die Erfahrung von Geschichte. Ihr Weg von der ›ursprünglichen‹ kompositorischen Erfahrung über die spezifischen Anwendungen in unterschiedlichen Situationen bis hin zu Neurelationierungen drückt aber nicht nur Geschichtlichkeit aus, sondern macht auch Geschichte tendenziell rekonstruierbar – sofern die Kontexte spezifischer Typenverwendung erhalten sind und sofern es eine schriftliche oder bildliche Aufzeichnung und Dokumentation der Typen und ihrer Verwendung gibt.

Erst in diesem Zusammenhang kommt der Sprache bzw. der sprachlichen Typik eine besondere Stellung zu. Jedoch nicht der sprachlichen Typik an sich – denn die Struktur der Sprache setzt Typen in Geste und Handlung voraus, während Typenbildung und -verwendung auch gut ohne Sprache auskommen –, sondern einer historisch späten Qualität der Sprache: der Schriftlichkeit. Erst durch die schriftliche Überlieferung entsteht strukturell die Erfahrung von Geschichtlichkeit. Schriftlichkeit garantiert die Unveränderbarkeit der überlieferten Einzeltexte und dokumentiert zugleich historische Veränderung in der Fortschreibung und Dokumentation der Textreihen. Erst hierdurch wird historische Auslegung möglich und ihrerseits als historisch veränderbare dokumentierbar.

Erst hierdurch werden aber auch die durch Typen konstituierten, veränderbaren gesellschaftlichen Ausdrucks-, Anschauungs- und Darstellungsformen von Wirklichkeit erkennbar und auslegbar: Typen und ihre Geschichte bieten keine Handhabung zur Unterscheidung von überzeitlicher oder historischer Wahrheit und Falschheit. Sie dokumentieren vielmehr die Geschichte der gesellschaftlichen Produktion ›stimmiger‹ Deutungen der jeweiligen Wirklichkeiten. Sie verweisen auf das, was für wahr gehalten wird, weil es als wahrscheinlich erscheint, und auf das, was für unwahr und falsch gehalten wird, weil es als unwahrscheinlich und bezogen auf bisherige Erfahrungen als unstimmig erscheint (Schütz/Luckmann 1979, 225 ff.).

Was wir für gesichert halten, im Alltag wie in der Wissenschaft, bekommt die Qualität des Gesicherten nicht aufgrund einer eigenen Qualität der Wahrheit. Sicherheit und – dem Anspruch nach ›Wahrheit‹ – wird vielmehr gesellschaftlich denjenigen Vorstellungen zugeschrieben, die mit anderen bereits bestehenden Vorstellungen in Einklang gebracht werden können. Sicherheit erwächst durch einander bestätigende Vorstellungen. Sie ist konstruiert und aus sich heraus kaum falsifizierbar. Sie zu relativieren und in ihren Konstruktionsprinzipien durchsichtig zu machen, wird damit zur Aufgabe wissenschaftlicher Analyse, so auch zur Analyse des ›Rahmenkonzeptes‹.

Emblematische und symbolische Formen der Orientierung

Obwohl es eine lange und gute Tradition soziologischer Beschäftigung mit symbolischen, emblematischen und rituellen Ausdrucks-, Selbstdarstellungs- und Orientierungsmitteln von Gesellschaften, Gemeinschaften und Gruppen in unterschiedlichen historischen Situationen gibt[1], scheint diese Beschäftigung im Vergleich mit den Analysen sozialisatorischer, ökonomischer oder politischer Strukturen eher ein Nebenschauplatz soziologischer Arbeit zu sein. Man überläßt sie Ethnologen, Kunsthistorikern und anderen ›Spezialisten‹, handelt es sich doch bei diesen Gegenständen scheinbar um bloß ›äußere‹ Erscheinungen, um Einkleidungen und Verkleidungen bereits bekannter Inhalte und Aussagen oder um Inszenierungen und szenische Arrangements eines vorgegebenen und bereits bekannten sozialen Drehbuches. Fragen wie die nach spezifischen Leistungen, Aussageformen, Orientierungsfunktionen und Inhalten symbolischer, emblematischer und ritueller Ausdrucksmittel oder nach deren historischer Einbettung, nach ihrer Tradition, dem, was sie tradieren und schließlich auch danach, ob und wie sie bestimmte Weltsichten und Welt-Anschauungen präformieren, entziehen sich auf diese Weise dem analytischen Zugriff.

Mit der folgenden Skizze unternehme ich den Versuch, zu zeigen, in welcher Weise und mit welchen Mitteln im Rahmen bestimmter Traditionen spezifische Selbst- und Weltinterpretationen in jenen Ausdrucks- und Darstellungsformen vorgeformt, verändert und weitergegeben werden. Es handelt sich zunächst einmal um allgemeine Überlegungen zu Erscheinungsformen, Strukturen und Aussagetypen emblematischer, symbolischer und ritueller Darstellungsmittel.[2]

1 Stellvertretend für diese schulenübergreifende Tradition seien nur einige Namen genannt: Weber, Simmel, Durkheim, Mauss, Plessner, Kracauer, Goffman, König, Lévi-Strauss, Luckmann, Luhmann, Silbermann, Bourdieu, Sennett.

2 Diese Überlegungen stehen in engem Zusammenhang mit drei Forschungsprojekten meiner Forschungsgruppe, in denen es um Selbst-

Grundvoraussetzung jeder soziologischen Beschreibung und Analyse gesellschaftlicher, zeichenhaft vermittelter Orientierung ist die von Cooley und Mead formulierte Einsicht in die Konstitution von Interaktionsstrukturen und Zeichensystemen durch die wechselseitige Spiegelung der Mitmenschen in der face to face-Situation. In ihr vollzieht sich das Wechselspiel zeichenhaft repräsentierter Aktion und Reaktion von Selbstdeutung und Fremddeutung, Erwartung und ›Erwartungserwartung‹, Objektgewißheit und Selbstgewißheit, Sinnkonstitution und Sinntradierung, Bedeutungssicherung und Bedeutungsveränderung, Orientierung und Koorientierung, von Interaktion und Kooperation. Sie ist Schauplatz und Bühne, auf denen nicht nur die Akteure auftreten, sondern auch die unterschiedlichen Darstellungsmittel, Zeichenformationen und Kommunikationsmittel – gleichzeitig – erscheinen und wahrgenommen werden. Sie ist geprägt durch die Verflechtung und Multivalenz unterschiedlicher Verständigungsmittel (Körperausdruck, Geste, Sprache, Tonfall, Kleidung ...), Interpretationsverfahren und Deutungsebenen. Sie prägt den Interaktionstypus und wird geformt durch die Interaktionspartner, durch die Art und Weise, in der diese bestimmte Darstellungsmittel wählen und betonen oder vernachlässigen und vermeiden.

Dabei ist – im Gegensatz zu Körperausdruck, Mimik, Geste – die Sprache (das Sprechen), sosehr es viele Interaktionssituationen beherrscht – am ehesten verzichtbar, ihr Einsatz am ehesten manipulierbar: ihr pragmatisches, semantisches und syntaktisches Ordnungsgefüge repräsentiert nur eines von vielen Darstellungsmitteln und nur wenige – allerdings auch bewußtseinsfähigere – von unbestimmt vielen Empfindungs- und Sinnes- bzw. Sinnqualitäten. Allgemein gilt: Die ›Wahl‹ der Darstellungs- und Kommunikationsmittel sagt nicht nur in der face to face-Situation als der ursprünglichen Kommunikationssituation, sondern auch in jeder anderen aus ihr abgeleiteten, etwas aus über den jeweils in ihr vorherrschenden Wahrnehmungs-, Wirkungs- und Erkennt-

und Fremddeutungen, Selbstdarstellungen und Abgrenzungen gesellschaftlicher Gruppen geht:

1) Polizeiliche Vernehmungen und Gerichtsverhandlungen mit jugendlichen Straftätern;
2) Feldstudien zur Situation türkischer Arbeitnehmerfamilien im Ruhrgebiet;
3) Einzelfallstudien zu ›Punk‹.

nisstil sowie über den damit verbundenen Wissenstypus. Die Bevorzugung, Vernachlässigung oder Veränderung bestimmter Darstellungsmittel durch konkrete Gesellschaften oder Gruppen innerhalb bestimmter historischer Situationen verändert die wechselseitigen ›Spiegelungen‹, die Selbst-, Fremd- und Weltbilder, malt andere Wirklichkeiten aus und wird somit zwangsläufig zum Gegenstand soziologischer Analyse. Deren Aufgabe ist es, diesen Wechsel zu beschreiben und Auskunft über seine Ursachen und Folgen zu geben.

Die gegenwärtig in der politischen Kultur zu beobachtende Zunahme der Selbstemblematisierung sozialer Gruppen, die Bevorzugung ›symbolischer Aktionen‹ als Ausdruck politischen Handelns, die Wiederentdeckung ›symbolischer Gesten‹ und Rituale, die Demonstration politischer oder subkultureller Zugehörigkeit durch Kleidung, Aufkleber, Buttons etc. verweist insgesamt nicht nur auf einen veränderten sozialen Symbolismus, sondern auch auf eine zunehmend präsentativ-expressive Selbstdarstellung und Orientierung ›sozialer Bewegungen‹, auf abnehmende diskursiv-argumentative Darstellungs- und Umgangsformen im politisch-kulturellen Handlungsraum. Diese Veränderung mit den Mitteln historisch-rekonstruktiver Beschreibung in den Griff zu bekommen, ist das Ziel der Überlegungen und des an ihnen orientierten Verfahrens, die ich hier skizziere.

Aus dem umfassenden Bereich der unterschiedlichen Zeichensysteme und der unterschiedlichen Abstufungen der Zeichenqualität – vom Anzeichen über das Symptom bis hin zum eindeutig definierten Zeichen, vom Bild über die Metapher zum Symbol, von der Geste über das Verhaltensmuster bis zum Ritual – greife ich für den vorliegenden Zusammenhang exemplarisch drei Darstellungsmittel sowie die mit ihnen verbundenen Kommunikationsstile und Wissenstypen heraus: Symbol, Emblem und Ritual.

Sowenig, wie der leibliche Ausdruck eines Mitmenschen als abstraktes Zeichen, sondern vielmehr in seiner bestimmten Ausprägung als Anzeichen und Hinweis auf etwas verstanden wird, was dem anderen nicht unmittelbar, sondern nur zeichenhaft zugänglich ist, so wenig handelt es sich bei den in Symbol, Emblem und Ritual strukturell abgebildeten Relationierungen um abstrakte und willkürliche Relationierungen zwischen zeichenhaftem Ausdruck und den von ihm repräsentierten Gegenständen, Sachverhalten, Ideen, Gefühlen etc. Das in diesen Zeichen Repräsentierte und durch sie Appräsentierte steht vielmehr in einem durch Ähnlichkeit und/oder Erlebnis, Erfahrung und/oder Tradition geprägten Zusammenhang mit seiner zeichenhaften Gestalt. Es ist aus Erfahrungs-, Erlebnis- und Traditionszusammenhängen hervorgegangen, und seine Verwendung ruft Erfahrungs-, Erlebnis- und Traditionszusammenhänge wieder wach. Als Träger und Repräsentanten sozialer und sozialisierter Erfahrungen sind diese Zeichen überindividuell, historisch fundiert, historisch variierend und Historisches tradierend. Sie repräsentieren *und* formen Ordnungsschemata und Deutungen. Sie prägen auch den, der sie prägt.

In ihren jeweiligen Wahrnehmungs- und Verwendungszusammenhängen strukturieren diese Zeichen als Repräsentanten von Vorwissen, Wissen und Deutungsvorgaben die Ausdrucksformen und Wirklichkeitsentwürfe menschlicher Gesellschaft(en) ebenso wie die menschliche Intersubjektivität als solche. Intersubjektivität ist Produkt zeichenhafter Interaktion – Zeichen typisieren alles, was zum Wahrnehmungs- und Handlungsgegenstand wird, auch mein Gegenüber und mich. Sie sind Hilfsmittel der Grenzüberschreitung und zugleich auch Grenze zwischen mir und der sozialen Welt. Sie überschreiten immer schon die Grenzen meiner *unmittelbaren Erfahrung* von Mitmenschen, Gegenständen, Zeit und Raum, während sie, indem *ich* sie benutze, gleichzeitig für mein Gegenüber Hinweis auf etwas sind, was räumlich, zeitlich und erfahrungsgemäß außerhalb seiner Reichweite liegt (vgl. Schütz/Luckmann 1984, 178 ff.).

Im Rahmen dieser allgemeinen – und hier sehr verkürzten – Charakterisierung der zeichenhaften Konstitution von Intersubjektivität und sozialer Wirklichkeit nehmen die im folgenden zu behandelnden Zeichentypen ›Symbol‹, ›Emblem‹ und ›Ritual‹ insgesamt – aber jeder für sich in anderer Weise – insofern eine Sonderstellung ein, als sie nicht durch ›Arbitrarität‹ (Willkürlichkeit) ›rein‹ konventioneller Setzungen konstituiert sind, sondern eine nichtwillkürliche, bindende Beziehung zwischen 1) zeichenhaftem Ausdruck, 2) zeichenhaft repräsentierten ›Gegenständen‹ *und* 3) Zeichenbenutzern herstellen und erkennbar werden lassen.

Entsprechend der vorangegangenen Charakterisierung ist bei dem im folgenden verwendeten *Symbolbegriff* die – insbesondere

in der Mathematik gebräuchliche – Symboldefinition (›Vertretungssymbolik‹) ausgeschlossen.[3] Statt dessen wird das thematisch, was traditionell zum einen mit dem Ausdruck ›Realsymbolik‹ bezeichnet, zum anderen als ›Transparenzsymbolik‹ verstanden wird. Bei ersterem wird das Symbol als solches nicht mehr als ›Zeichen für‹ gesehen, sondern wird selbst zur Realität: Der Wein *ist* das Blut, und das Brot *ist* das Fleisch Christi. Beim anderen ›scheint‹ das Wesen des Symbolisierten durch das Symbol hindurch. Durch die Farbharmonie des Regenbogens nach der Sintflut scheint die Versöhnung hindurch, die Taube mit dem Ölzweig des Olivenbaumes im Schnabel zeigt das Ende der Sintflut an. – Das ›Symbolon‹, das ursprünglich eine Einheit Bildende (Muschel, Ring, Geldstück), dann Zerbrochene und als Beweis der Zusammengehörigkeit wieder Zusammengesetzte, dient als soziales Erkennungszeichen für Zusammengehörigkeit, manifeste oder latente Verbundenheit und Gemeinsamkeit der Besitzer der jeweiligen Hälften. Es führt die ›ursprünglich‹ (verwandtschaftlich oder ideell) Verbundenen und Getrennten wieder zusammen: Symbole setzen keine Zeichen *für* etwas – sie *sind* selbst die Realität oder ein Teil der Realität, die sich in ihnen ausdrückt.[4]
Die Betonung des Symbols, der symbolischen Handlungen und des symbolischen Ausdrucks im Bereich des Sakralen zeigen eben jenes Leben in Symbolen und durch sie. Symbole sind hier – gestern wie heute – kein Abbild des Transzendenten, sondern dessen Gegenwart. Das Sakrale lebt in den Symbolen und erhält durch sie sein Leben: es *ist* in den Symbolen. Symbole lassen hier weder die Distanz des ›künstlich‹ ausgestalteten Allegorischen noch gar die des Diskurses und des Argumentes zu. Sie konstituieren Unmittelbarkeit. Und während jene die analytische Trennung unterschiedlicher Elemente herausarbeiten und in eine *Abfolge* bringen, verknüpfen diese das Widersprüchliche in der *Gleichzeitigkeit:* Was das Argument entfaltet und oft als unvereinbar darstellt und darstellen muß, zieht das Symbol in struktureller und inhaltlicher Ambivalenz zu einer widersprüchlichen

3 Symbol und Symbolisiertes werden dort als zwei abstrakt – bzw. arbiträr – trennbare Momente verstanden.

4 Cassirers *Philosophie der symbolischen Formen* ist diesem Grundgedanken ebenso verpflichtet wie Scheler und Carus mit ihren Überlegungen zur Symbolik der menschlichen Gestalt und des mimischen Ausdrucks.

Einheit zusammen. Überdeterminiert und ambivalent[5] wie es ist, repräsentiert es einen Aspekt menschlicher Wirklichkeitskonstruktion, die an ihrer Widersprüchlichkeit nicht zerbricht, sondern von ihr lebt, sie ausdrückt und die Einheit der Widersprüche suggeriert. Wo das Symbol seine Wirklichkeit postuliert, zielt es darauf ab, dem Argument das Recht zu entziehen. Es muß und kann – dem Anspruch nach – nicht mehr erklärt oder begründet werden. Es ist, was es ist. Und es ist dies nicht in einem alltäglichen Sinne, sondern es hat seinen Wirklichkeitsakzent im Außeralltäglichen (Schütz/Luckmann 1984, 195 ff.). Dieses stellt es dar, legitimiert es und beansprucht, dessen Wirken im Alltag zu repräsentieren – so historisch das jeweilige Symbol in seiner Verwendung und seinem Ausdruck auch ist.

Als Statthalter der Unmittelbarkeit von außeralltäglichen Erfahrungen lösen sich Symbole ab von den dicht durchstrukturierten Ordnungen und Verweisungszusammenhängen der alltäglichen Handlungs- und Erfahrungsräume. Symbolisch verfestigte Erfahrungen bilden Inseln in den individuell oder kollektiv wahrgenommenen, interpretierten und tradierten Ereignisabläufen, in dem Fluß von Planungen, Geschehen und Geschichten, mit denen sie sich als Repräsentanten des Unmittelbaren nicht problemlos verknüpfen lassen. Metaphorisch (weiter-)gesprochen: Symbole haben keine feste Syntax wie andere Zeichen und deren Relationierungs- bzw. vorstrukturierte Kontextsysteme. Der Kontext der Symbole ist die von ihnen evozierte ›Realität‹: das punktuelle und unmittelbare ›Durchscheinen‹ und ›Wirken‹ spezifischer ambivalenter Erfahrungen von Außeralltäglichem, deren Gleichzeitigkeitsempfindung keine syntaktische, durchgegliederte Abfolge zuläßt. Symbole führen ihre spezifische Wirklichkeitssicht mit sich, sie sind letztlich ihr eigener Kontext. Man kann sie aussprechen, darstellen, sich auf sie berufen und versuchen, sie argumentativ einzusetzen. Aber sie selbst entziehen sich der Form, Aussagestruktur und dem diskursiven Begründungszwang des Arguments.

Symbolische und rituelle Ausdrucks- und Darstellungsmittel sind vermutlich so alt wie die Menschheit selbst. Das gleiche gilt wahr-

5 Vgl. etwa das christliche Kreuzessymbol. Es steht für Tod und ewiges Leben, Gericht und Erlösung, Strafe und Gnade etc. Vgl. auch Freuds Analyse der Traumsymbolik.

scheinlich auch für die ornamenthaften Vorformen dessen, was wir heute im europäischen Traditionszusammenhang unter ›*Emblematik*‹ verstehen. Ihre spezifische Gestalt gewann die Emblematik im Mitteleuropa des 15. und 16. Jahrhunderts (vgl. Alciatus 1534 und Giovio 1555). In ihrer schließlich ausgearbeiteten Form kann sie charakterisiert werden als ein durchaus ›künstlich‹ hergestelltes, ausgeformtes, erlernbares, damit tradierbares und auf sehr alte – auch symbolische – Traditionen zurückgreifendes Ausdrucks- und Darstellungsmittel.

Das Emblem in seiner ›klassischen‹ Form konstituiert einen mehrfach reflexiv gebrochenen Verweisungs- und Interpretationszusammenhang, der aus drei unterschiedlichen Elementen besteht: einem Bild (pictura), einem Motto (inscriptio) und einem Epigramm (subscriptio).

Ein Beispiel:

Eine der – damals – bekanntesten emblematischen Darstellungen ist die des an den Felsen geschmiedeten Prometheus. Das schmerzverzerrte Gesicht des ›bestraften Frevlers‹ ist dem über ihm schwebenden Adler (oder manchmal auch Geier) zugewandt, der soeben wieder – wie man weiß: im Auftrag der Götter – ein Stück seiner täglichen Mahlzeit aus der Leber des Prometheus herausgerissen hat. Das Motto – ›Prometheus‹ – im Bild oder darüber – gibt das Motiv und den (mythischen) Geschichten- und Traditionszusammenhang an. Das Epigramm (subscriptio) – ›Quae supra nos nihil ad nos‹ – zitiert den Frevel, den es durch die bildliche Darstellung nicht widerlegt, sondern auch ironisch bricht und als ›Lehre‹ lächerlich macht. Das Emblem ›Prometheus‹ erhält auf diese Weise eine mit sehr unterschiedlichen Ausdrucksmitteln und Zeichenebenen arbeitende Deutung.

Ein ganzer Mythos – dessen Kenntnis vorausgesetzt ist – wird in sehr knapper, prägnanter und präziser Weise (1) durch die Nennung des Namens ›appräsentiert‹ und in Erinnerung gerufen, er erhält (2) eine – und nur eine – spezifische bildliche Darstellung: sie stilisiert den für den hybriden ›Vorkämpfer‹ der Menschen bitteren Ausgang seines Frevels, und die – emblematische – Darstellung führt (3) im Epigramm an den Anfang des Mythos zurück: sie zitiert die Einstellung des Frevlers, die zu seiner Tat und ihren Folgen geführt hat. Indem sie jedoch durch dieses Zitat Anfang und Ende des Mythos unmittelbar verknüpft, Ursache und Folge in der Verknüpfung von Bild und Sprache *gleichzeitig* darstellt und auch noch der Verbindung von Ursache (Hybris) und Folge (der Wunsch nach Gottähnlichkeit und Freiheit führt zu ewiger Unfreiheit und Qual) den Namen ›Prometheus‹ gibt, transformiert sie das Nacheinander der Erzählung eines mythischen Geschehens in die Gleichzeitigkeit, besser: in die Überzeitlichkeit eines ›Typus‹ menschlichen (Fehl-)Verhaltens. Dadurch, daß hier im 16. Jahrhundert das Christentum mit dem Namen des Mythos auch die griechische Antike selbst und deren – aus christlicher Sicht selbstversorgtes und daher sündhaftes – Menschenbild zitiert, bekommt die Darstellung – scheinbar – zusätzlich noch eine neue zeitliche – nämlich heilsgeschichtliche – Tiefe. Aber mythisch-griechischer Name, Bild und lateinisches Epigramm verweisen gerade, indem sie in der Form der Gleichzeitigkeit den Bogen von der mythischen Vorzeit über die Antike bis in die christliche Gegenwart spannen, auf die supponierte Überzeitlichkeit und ›Wahrheit‹ eines unveränderbar sündhaften menschlichen Wesens – hier in der überzeitlichen typischen Gestalt der Hybris. – Die Konstitution eines emblematischen Repertoires ist, wie das Beispiel zeigt, aktive ornamentale Ausgestaltung und sprachliche Benennung eines Systems sozialer Typen und Wertvorstellungen: *eines Orientierungs- und Handlungsrahmens für diejenigen, die die ›Sprache‹ der Emblematik zu entschlüsseln verstehen.*

Der komplizierte Aufbau des Emblems, die vielschichtige Einheit aus Wort (Name, Motto), Bild und Sentenz – also aus sehr unterschiedlichen Zeichenqualitäten –, das beim ›kundigen‹ Interpreten vorausgesetzte materiale (Motivtradition, Sprachkenntnis etc.) und formale (Auslegungstechnik) Wissen: dies alles verweist – zumal im 15. und 16. Jahrhundert – über die Darstellungsform hinaus auf ganz spezifische Gruppen, Gemeinschaften, Stände, die mit der Emblematik umzugehen wissen, und auf andere, die von diesem Wissen ausgeschlossen sind und ausgeschlossen werden sollen.

Das Emblem – ursprünglich das in eine bildliche Darstellung Eingelegte oder in sie Eingefügte – formt diese Darstellung *explizit* zu einem Sinnbild um, wobei diese Umformung sich nach einem erlernbaren und lehrbaren – ›gelehrten‹ im doppelten Sinne des Wortes – Regelsystem vollzieht. In der oben skizzierten dreistelligen Aussage- und Darstellungsform konstituiert die Emblematik ein Zusammenspiel von Anspielung, Rätsel, Typisierung und verschlüsselter Erklärung: Die wechselseitig und sich gegen-

seitig interpretierenden, aufeinander bezogenen Elemente – Motto, Epigramm und bildliche Gestalt oder ›Körper‹ – sollen, so Paolo Giovio, ein rechtes Verhältnis zwischen ›Körper‹ (bildlicher Darstellung) und ›Seele‹ (Wort und Spruch) repräsentieren. In der Regel sollte diese emblematische Konstruktion dementsprechend ausgewogen und pointiert komponiert sein. Ihre bildhaften Gegenstände (Gestirne, Tiere, Bäume, Fabelwesen, mythische Gestalten – aber auch Instrumente, Werkzeuge etc.) sollten ausgeprägt stilisiert, und das heißt hier: nicht ›realistisch‹ oder ›naturalistisch‹ dargestellt sein.[6] Wort und Spruch schließlich sollten in einer *fremden* Sprache erscheinen.[7]
Was vordergründig als rein ästhetisches Vergnügen am Rätsel, an der Anspielung und an ironischer Brechung verstanden werden konnte, war mehr und anderes: es war ein *expliziter Rückgriff auf die unterschiedliche Verteilung des Wissens innerhalb der Gesellschaft.* Mit dem Einsatz emblematischer Darstellungsformen wurde unterschieden zwischen Eingeweihten und Nichteingeweihten, Gebildeten und Ungebildeten, Dazugehörigen und Ausgeschlossenen.[8]

6 Menschliche Figuren – d. h. ›nicht-mythische‹ Gestalten – sollten aus eben diesem Grunde ausgespart bleiben. Zudem – und das ist das Entscheidende – waren je ›real lebende‹ Personen mittelbar vertreten durch für sie signifikante Gegenstände wie Gebäude, Möbelstücke, Waffen, Wappen etc., oder sie waren unmittelbar Träger der Embleme, durch die sie sich sichtbar interpretierten.

7 Wenn auch die damals für die Emblematik gebräuchlichen fremden Sprachen (Griechisch, Lateinisch – manchmal auch Arabisch) heute ersetzt sind durch das Englische oder das in der Baghwan-Gruppierung europäisiert verballhornte ›Indisch‹, so hat sich doch diese Regel bis heute sichtbar erhalten.

8 Vgl. etwa die ›Hieroglyphensprache‹ der Humanisten (Erasmus!), mit deren Hilfe die humanistischen Aufklärer gerade jene – als Ungebildete – ausschlossen, die zu bilden sie vorgeblich als ihre Aufgabe ansahen. Aufschlußreich wäre in diesem Zusammenhang auch eine Analyse der Emblematik des Freimaurertums. – Allgemein kann vermutet werden, daß jene ›Wissenden‹, die es als ihre Aufgabe ansehen, Wissen mitzuteilen und an andere weiterzugeben, es fast immer auch verstanden haben, Wissensreservate einzurichten, in die hineinzukommen dem Nicht-Eingeweihten die formalen Mittel fehlten: jenes Spezialwissen, das man ihm solange wie möglich vorenthielt. Hatte er es schließlich ›erzwungen‹, so war dies *auch* ein Beweis dafür, daß er

Sich emblematisch auszudrücken, war folgerichtig für Alciatus ein Schreiben in verschwiegenen Zeichen. Giovio wurde noch deutlicher: Ein Emblem, so forderte er, solle nicht so dunkel sein, daß eine Sibylle zur Erklärung nötig sei, jedoch auch nicht so klar, daß jeder Plebejer es verstehen könne (vgl. Giovio 1555 und Aliatus 1534). – Embleme sind bezogen auf eine Interpretationsgemeinschaft. Sie erhalten diese Gemeinschaft, der sie immer wieder das gemeinsame Orientierungssystem vor Augen führen. Sie definieren die Interpretationsunfähigen als die Außenstehenden und Ungebildeten. Und sie zeigen – bei der Existenz miteinander konkurrierender Emblemsysteme – die jeweiligen Inhalte, Gesinnungen, Orientierungen, Werte durch spezifische Zeichenrepertoires an: Geschlossene emblematische Systeme reklamieren eine bestimmte Ordnung, erinnern an das verbindende Auslegungsmuster und dienen als Grenzmarkierungen einer Gemeinschaft nach innen – Zugehörigkeit – und nach außen – Ausschluß.

Daß Menschen sich selbst zu Trägern – Transporteuren – von Emblemen machen, verweist in besonderer Weise auf das bereits zu Beginn erwähnte Phänomen der sozialen Spiegelung: auf die aktiv umgesetzte Intention, für andere in spezifischer Weise im Rahmen eines semantisch und bildhaft ausdifferenzierten Sinnbezirkes interpretierbar zu sein. Der Träger von Emblemen ist nicht nur – wie alle anderen – Zeichenbenutzer, sondern er setzt methodisch sich selbst ein als ›Zeichen für‹, und zwar für etwas, was über ihn selbst hinaus auf andere(s) verweist, mit dem er verbunden ist: emblematische Selbstdarstellungen verweisen auf eine ›kollektive Persönlichkeit‹, an der das emblematisierte Individuum Anteil hat. Anders ausgedrückt: Das emblematisierte Individuum veranschaulicht nach außen hin einen bedeutsamen Teil seines Selbst, indem es sich diesen bedeutungstragenden Teil seines Selbst von einer ›kollektiven Persönlichkeit‹ entleiht. Es wird dadurch – sich selbst emblematisch explizierend – zu einer Person, daß es so ist, denkt, lebt wie spezifische andere Personen. Es formuliert sein ›Ich‹ in dieser Hinsicht als ein ›Wir‹ – und es formuliert sein Gegenüber ›Du‹ als ›Ihr‹. Der Einzelne wird so – sei es als Freund oder als Gegner – grundsätzlich zum Repräsentanten eines Kollektivs und kollektiver Orientierungen: als biographisch und historisch konkreter einzelner wird er kaum mehr wahrgenommen.

die nun gewonnene Mitgliedschaft aufgrund seines Fleißes und seiner Fähigkeiten verdient hatte.

Bezeichnenderweise setzt dieser entsubjektivierende Effekt damit ein, daß ein Subjekt sich durch ein angeheftetes Objekt – das Emblem – explizit und postulativ für andere zum Interpretationsobjekt, zum Repräsentanten (Signifikat) von etwas macht, was das ›Innen‹ dieses Subjektes als ›von außen‹ legitimiert darstellt.
Verfahren dieser Selbst- als Zugehörigkeitsdarstellungen reichen in unterschiedlich ausgearbeiteter Form und abgestuft-bewußter Ausgestaltung von der – zumeist rituellen und kollektiven – Körperbemalung und Körpergestaltung in archaischen Gesellschaften bis hin zur Kosmetik der Gegenwart, von der Stammeskleidung über die jeweils kulturspezifischen Kleiderordnungen bis hin zur Mode, von rituellen Gesten- und Ausdruckssystemen bis hin zum gestischen ›impression management‹. Der Mensch als ›Träger‹ von Ornamenten oder als farbiges Produkt der gerade ›verbindlichen‹ kosmetischen Staffelei, als repräsentativ ständisch Gekleideter oder als Kleiderpuppe der jeweiligen Moden gestaltet sich *aktiv* – oft in mühsamer Kleinarbeit – zum Bild (image) für andere, und dieses Selbst-Portrait zeigt im Hinblick auf die oben skizzierten Mittel diejenigen anderen mit an, durch die das dargestellte Selbst ersetzbar wäre. Gesellschaftliches Dasein ist *auch* kollektivierbares Design.
Eines der auffälligen Phänomene – bezogen auf die im folgenden typisierten Fallgruppen – ist deren Betonung von Kleidung, Kleiderfarben, Haartracht, eines spezifischen Erscheinungs- und Körperstylings gegenüber anderen ›etablierten‹ Gruppen. Der Einsatz eines solchen Stilmittels durch neue soziale Formationen oder Gruppen ist nicht ungewöhnlich und wiederholt sich historisch immer wieder als bewährtes Mittel für die Erkennbarkeit und den Zusammenhalt einer neuen Gruppe einerseits und als Kampfmittel gegen die bereits Arrivierten andererseits. Trotzdem reicht die bloße Feststellung dieser Beobachtung nicht aus, und als Erklärung ist sie viel zu allgemein und grobmaschig, als daß damit eine konkrete historische Erscheinung erfaßt werden könnte. Kleidungs- und Erscheinungsstyling müssen, bevor ihre Interpretation einsetzt, als *Mittel* – zumindest kurz – charakterisiert werden.
In der Aufmerksamkeit, die Menschen der Kleidung, Körperbemalung, Haartracht etc. zuwenden, zeigt sich zunächst und vor allem, daß die Spezies ›Mensch‹ mit anderen Arten die Fähigkeit teilt, zu beobachten und beobachtet zu werden – nur tut sie bei-

des augenscheinlich mit größerem Vergnügen. Menschliche Kultur drückt sich nicht nur durch Sprache und Werkzeugbenutzung, sondern eben auch durch Körperbemalung, Ornament und/oder Kleidung aus – sichtbare Zeichen dessen, was Plessner als die das Wesen des Menschen charakterisierende ›natürliche Künstlichkeit‹ bezeichnet hat (Plessner 1928, insbesondere 309 ff.).

Die durch die Schaffung und Verwendung von Kleidung erhöhte Anpassungsfähigkeit des Menschen an Klimaunterschiede – nicht nur ein Leben in klimatisch unterschiedlichen Jahreszeiten, sondern auch die Besiedelung unterschiedlicher Klimazonen wurden so möglich – kennzeichnet nur einen von vielen Anpassungszusammenhängen, innerhalb derer Kleidung und Körperbemalung (Kosmetik) eine Rolle spielen. Die bis heute übliche Verwendung von Tarnfarben bei der Jagd oder beim Militär, in der sich – wie auch in anderen funktionalen Zusammenhängen[9] – bereits Elemente und Tendenzen sowohl der Berufskleidung als auch der kultischen Kleidung und Bemalung ausdrücken (vgl. Farben, Schutzkleidung oder Schutz- und Warnfarben), war von Anfang an mit besonderen Vorbereitungen verbunden und sichtbarer Hinweis auf eine durch Handlungen angezeigte und in der manipulierten Körpererscheinung dargestellte Unterscheidung von Situationen, Anlässen, Zwecken, Berufs-, Funktions- und Altersgruppen etc.: Anpassung an die Natur als Umwelt und Anpassung an die soziale Umwelt sind unauflösbar miteinander verknüpft.

Körper, Körperbemalung und Kleidung werden dabei – je nach Anlaß in unterschiedlicher Weise – zu einem ganzheitlichen Verweisungszusammenhang ausgestaltet. Das Kleid wird dem Körper, aber auch der Körper, je nach Mode (z. B. ›gewünschter‹ Taillenweite), dem Kleid angepaßt. Die Farbe der Kleidung kann sich – so z. B. in der Kosmetik der Gegenwart – nach der Farbe oder dem ›Typ‹ des Teints oder auch umgekehrt die Einfärbung des Teints nach der Kleidung richten. Das erst durch Kleidung und Körperbemalung mögliche Wechselspiel von Verhüllung und Entblößung, von ornamental unterstützter Exhibition[10] und Ver-

9 Vgl. etwa die kultische ›Rahmung‹ von Jagd, Ernte, Krieg – nicht nur in den sogenannten archaischen Kulturen.

10 Vgl. etwa die Ausschnitt- und Schönheitspflästerchen-Kultur der weiblichen Rokokomode oder die Peniskalebasse der Eipo.

schleierung verweisen auf Aktivitäten, die darauf abzielen, die Grenzen zwischen Körper und Kleidung zu verwischen, die menschliche Ausdrucksgestalt über den Körper hinaus zu erweitern und umgekehrt dem Körperausdruck durch Kleidung und Ornament ›Gestalt‹ zu geben. Gestaltungs- und Beobachtungsfähigkeiten können sich auf diese Weise bis hin zu einer ›Gastronomie des Auges‹ (vgl. Sennett 1983, 186f.) verfeinern und ästhetisieren, die – um im Bild zu bleiben – sich ihren Genuß nur dann verschaffen kann, wenn die Körper immer neu angerichtet und garniert werden.

So ist es kein Wunder, daß die Beherrschung von Techniken der Körpergestaltung, des Färbens von Körper *und* Kleidung als Bewertungsmaßstab für die Beherrschung von Kultur angesehen wird. Entscheidend dabei sind die Mühe und der Aufwand, durch die die kulturelle Überhöhung und ästhetische Verfeinerung der Körpergestaltung erreicht wird. So ist es *strukturell* das gleiche, wenn einerseits die Griechen diejenigen Völker als unzivilisiert bezeichneten, die in ungefärbte, also ›natürliche‹ Stoffe oder Felle gekleidet waren, und andererseits heute jemand als zivilisiert bezeichnet wird, dem es gelingt, den – kosmetisch erzeugten – Eindruck von ›Natürlichkeit‹ zu vermitteln: Der – nicht nur finanzielle – Aufwand, der heute betrieben werden muß, um ausschließlich Naturstoffe für die Kleidung und Kosmetik zu finden, ist durchaus mit dem vergleichbar, der in den ›alten Zeiten‹ für das Färben aufzubringen war. Nur – das eine weist auf die natürliche Künstlichkeit, das andere auf die künstliche Natürlichkeit menschlicher Ausdrucksstilisierung hin (vgl. Plessner 1928, vor allem Kap. 7.3 und 7.4 über die Gesetze der »natürlichen Künstlichkeit« und der »vermittelten Unmittelbarkeit«).

Gesetzliche Kleiderordnungen[11] berufen sich dementsprechend, indem sie künstliche Regelungen treffen, auf die in der Kleidung zum Ausdruck kommende ›natürliche‹ und gottgewollte Ordnung. Und andererseits wird – natürlich – die jeweilige ›künstliche‹ Vorschrift von denjenigen Betroffenen konterkariert, die es verstehen, die künstliche Natur der ›natürlichen‹ Ordnung dadurch zu durchbrechen, daß sie die Ausdrucksmittel anwenden,

11 Vgl. den von H. Nixdorf und H. Müller vorgenommenen Versuch, Traditionslinien ›von den Farbordnungen des Mittelalters zum individuellen Farbgeschmack‹ nachzuzeichnen (Nixdorf/Müller 1983).

mit deren Hilfe man sich auf eine höhere Stufe der ›natürlichen‹ gesellschaftlichen Hierarchie ›mogeln‹ kann.[12] Andererseits veranschaulichen z. B. Amts- und Vasallentrachten seit dem 12./13. Jahrhundert, daß es durch die mit den Wappenfarben des Landesherrn übereinstimmende Kleidung der Abhängigen möglich ist, Menschen als personifizierte Hinweiszeichen auf einen ›signifikanten Anderen‹ einzusetzen (vgl. Nixdorf/Müller 1983). Dabei ist allerdings auch der jeweilige Lehnsherr angegriffen, wenn die Träger seiner Farben angegriffen werden. Metaphorisch gesprochen: Die vielen Körper symbolisieren durch die gemeinsamen Wappenfarben die Glieder *eines* Leibes. Dieses Bild eines – durch das farbliche Wappen dargestellten – einheitlichen ›Gemeinschaftsleibes‹ lebt auch da fort, wo keine Person mehr als ›Haupt‹ benannt werden kann. Wenn Findel- und Waisenkinder in den Waisenhäusern in die Wappenfarben der Städte eingekleidet werden, so bindet das Stadtwappen die höchsten Würdenträger mit den ›niedrigsten‹ Einwohnern der Stadt zusammen.[13]
Formal verwandt und daher – zwar nicht ausschließlich, aber sehr häufig – in emblematischer Verwendung auftretend, gehört auch die Tätowierung in den vorliegenden thematischen Rahmen.
Für Europa ist die Tätowierung als Körperornament und Stilmittel relativ neu. Europäische Seeleute lernten sie im 16. Jahrhundert in Samoa kennen[14] und brachten diesen Import mit in ihre Heimat. Das Tätowieren – das Implantieren oder ›Eingravieren‹ von Farbstoffen in die menschliche Haut mit Hilfe von Dornen, Nadeln usw. – verband immer schon und von vornherein den ästhetischen Reiz des Ornamentes mit kultischen und/oder medi-

12 Bürgerliche Frauen z. B. versuchten dies im Mittelalter, indem sie die dem Adel vorbehaltenen Goldstickereien für ihre Kleidung – dezent – übernahmen. Die rasche Folge der immer neuen Kleiderordnungen in Deutschland und Frankreich verweist zudem darauf, daß gesetzliche Verordnungen immer dann artikuliert werden, wenn die natürlichen Ordnungen, auf die sie sich berufen, nicht mehr als natürlich angesehen werden (vgl. Nixdorf/Müller 1983, 24 ff.).

13 Diese Tradition läßt sich bis ins 19. Jahrhundert verfolgen. So trugen die Mädchen im Waisenhaus der Stadt Amsterdam bis ins 19. Jahrhundert die schwarz-roten Farben der Stadt (vgl. Nixdorf/Müller 1983, 34 ff.).

14 Vgl. auch die Herkunft des Wortes ›Tätowierung‹ aus dem Samoanischen ›tatau‹ = etwas ›richtig‹ schlagen, einschlagen.

zinischen Handlungen und Zwecken.[15] Das Ornament als Schutz-, Zugehörigkeits- oder Brandzeichen steht auch hier für eine ›Außendefinition‹ oder sichtbar gemachte ›Außen-‹ und ›Fremdbestimmung‹ seines Trägers – sei es ›positiv‹ kultisch bestätigend (bei den sogenannten Naturvölkern) oder provokativ zitierend (so z. B. bei den Punks).

Mit dem sicheren ›intuitiven‹ Wissen um die kultische und orientierende Funktion ornamentaler Typik, d. h. um deren sozialen Verwendungshorizont, setzten auch die europäischen Seeleute die Tätowierung ein: Eines der ersten und wichtigsten ›Motive‹ war das Kreuzeszeichen. Es diente in Zeiten eines schwimmwestenlosen und insgesamt dürftigen Rettungs- und Sicherheitssystems auf den Schiffen der christlichen Seefahrt als eine Art Assekuranz für das Leben nach dem Tode und für einen in das christliche Glaubenssystem eingebetteten Abschluß der irdischen Wanderung: Es wies den beim Schiffbruch Umgekommenen und an fremden Stränden von der See Angespülten als Christenmenschen aus, dem – wie auch immer er als ordentlicher Seemann vorher gelebt hatte – ein christliches Begräbnis zustand. Nur wenig später kamen weitere Motive hinzu: Anker (Verbindung von christlicher Symbolik und Berufsemblematik), Herz (Symbol irdischer und/oder religiöser Liebe), schließlich Waffen, Segelschiffe, Totenköpfe, mehr oder weniger bekleidete Damen, Namen etc., bis endlich – so in der Gegenwart – der ganze Körper zur ›Leinwand‹ eines Bildes werden kann: das Erscheinungsbild des Menschen wird zu einem Bild phantastischer Erscheinungen. Es kommt zum Bild im Bild, zur Tätowierung in der Tätowierung, zu Motiv- und Inschriftzitaten, zum ›Image‹ als Bild vieler Bilder, zur Darstellung ›innerer‹ Vorstellungen auf der ›Außenhaut‹: zu Hinweiszeichen, die auf andere Zeichen verweisen – zu Zeichen als Repräsentanten von Zeichen.

Für den europäischen Kulturkreis und das, was heute als ›westliche Zivilisation‹ bezeichnet wird, ist festzustellen, daß die Tätowierung bis auf wenige Ausnahmen bildliches Selbstdarstellungs-

15 Vgl. hierzu auch die Parallelen zwischen dem Versuch, Amulette in die Haut einzulassen (Hinterindien) oder Tierhaut- bzw. Fellstückchen (Buschmänner) in die eigene Haut einzupflanzen einerseits und der von Punks benutzten ornamentalen Provokation, mit *Sicherheits*nadeln (!) oder *Haar*nadeln durchstochene Gesichter der Ohrringkultur und der Gesichtskosmetik entgegenzusetzen.

mittel sowohl der ›einfachen‹, d. h. ›Natur-Völker‹ als auch der ›einfachen Leute‹ war:[16] der unteren Chargen der Seeleute, der fahrenden Handwerksburschen, der einfachen Arbeiter. Die Übernahme des Stilmittels ›Tätowierung‹ zitiert dessen Verwendungshintergrund. Auffällig ist darüber hinaus, daß die Tätowierung zu einem bevorzugten Darstellungsmittel und Zugehörigkeitszeichen innerhalb besonderer, auch durch Kleidung, gruppenspezifische – oft ›geheime‹ – Sprach-, Gesten- und Signalsysteme geprägter Zeichenrepertoires wurde, die – in jeweils unterschiedlicher Form und Ausgestaltung – von fahrenden Artisten, ›Gauklern‹, von ›starken Männern‹, Ringern und Gewichthebern auf Jahrmärkten, Landstreichern, Bettlern und auch Kriminellen verwendet wurden: von ›Rand- oder Außenseitergruppen‹, die ihre eigenen Traditionen für zeichenhafte Orientierungssysteme entwickelten.[17] ›Mittel-‹ und ›Oberschicht‹, die Trägergruppen und Repräsentanten der mehrheitsfähigen und daher bisweilen auch mehrheitlichen Normen mieden und meiden die Tätowierung – und die Tätowierten.[18] Die einen wie die anderen kannten und kennen die emblematischen Grenzen, entschlüsseln die Emblematik als Orientierungs- und Handlungssysteme, als Ausdruck unterschiedlicher sozialer Welten. Sie sehen in den Zeichen und in der Zeichenverwendung die Grenzmarkierungen zwischen unterschiedlichen Handlungsräumen, für die es jeweils unterschiedliche Landkarten und Orientierungssysteme gibt.

16 Wobei letztere intuitiv erstere – in Form einer geahnten oder beinahe mechanischen Wahlverwandtschaft – zitierten.

17 Daß – bis auf wenige Untersuchungen – an soziologisch brauchbaren Arbeiten zu diesem Phänomen kaum etwas zu finden ist, zeigt, wie wenig ernst Soziologen gesellschaftliche Ausdrucksmittel nehmen, wie naiv und daher ungehemmt engagiert sie eher ihre eigenen Deskriptions- und Interpretationssysteme als die Symbolsysteme der von ihnen untersuchten Gruppen zu beschreiben und auszulegen bemüht sind. Bezeichnend ist auch, daß die wenigen Untersuchungen, die diesen ›Gegenstandsbereich‹ überhaupt behandeln, im Rahmen empirischer Feldstudien entstanden, also von Soziologen erarbeitet wurden, die wußten, von wem oder über was sie redeten, weil sie die, über die sie redeten, selbst beobachtet und in ihren Milieus aufgesucht hatten (vgl. Girtler 1984).

18 Den ›schichtenübergreifenden Durchbruch‹ der Tätowierung schafft Punk – bezeichnenderweise aber wiederum innerhalb einer ›Außenseitergruppe‹.

Zu den insbesondere für Kunsthistoriker und Literaturwissenschaftler bekannten Phänomenen gehört es, daß die von Programmatikern oder Klassifikateuren postulierten ›reinen Formen‹ einer Gattung oder eines Genres empirisch beobachtbar nicht vorkommen. Zum Standardwissen der Soziologen sollte es gehören, daß ›objektive Typen sozialen Handelns‹ als analytische Konstrukte insofern ›Idealtypen‹ (Weber) darstellen, als sie gerade mit dem Zweck konstruiert sind, gegenüber der Empirie systematisch unrecht zu haben, und zwar insofern in ihnen einerseits das Besondere des Einzelfalles nur unzulänglich enthalten ist und wiedergegeben wird, andererseits aber gerade die Konstruktion des Idealtypus dem Einzelfall dadurch zu seinem Recht verhilft, daß dieser als das historisch Besondere vor dem Hintergrund struktureller Allgemeinheit sichtbar wird.

Kurz: *das* Emblem, *die* Tätowierung gibt es im Reich der Phänomene nicht. Die oben skizzierten Zeichentypen ›Emblem‹, ›Tätowierung‹ treten schon in ihren historischen Hoch-Zeiten selten ›rein‹ auf. Sie haben im Verlauf ihrer Geschichte bis zur Gegenwart immer neue Wandlungen mitgemacht und Mischformen oder neue Gestalten hervorgebracht. Dennoch sind bis heute in den meisten dieser Erscheinungsformen die jeweils typischen Strukturelemente und Komponenten ihrer spezifischen Bedeutungskonstitution enthalten, wirksam und auch erkennbar für den Zeichenbenutzer wie für den Interpreten.

Einige dieser emblematischen Formen seien hier genannt und nach *einander überschneidenden und ergänzenden* ›Klassen‹ eingeteilt. Diese ›Klassen‹ sind nicht als Festschreibungen oder als durchnumerierte Ablagebehälter für bestimmte Erscheinungen gedacht, sondern dienen dazu, Orientierungsrichtungen anzugeben, die mit der Verwendung bestimmter emblematischer Zeichengruppen verbunden sind. Ich unterscheide – sehr pragmatisch – fünf Klassen unterschiedlicher emblematischer Ausdrucksformen:

1) (im engeren Sinne) – bildhafte – *Überzeugungssignale:* z. B. Friedenstaube(n), Natoigel, Anarchistenetikett, Baghwanmedaillons, das gesinnungsmarkierende Zitieren des in der Biologie für ›männlich‹ bzw. ›weiblich‹ verwendeten Klassifikationszeichens, Parteienembleme bzw. Anstecknadeln, Christopherusplaketten etc.
2) Mit dem Körperausdruck und der Körpererscheinung verbun-

dene *Zugehörigkeitssignale:* z. B. gruppenspezifischer Haarschnitt (Punk, Popper, Ted, ›Brigitte-Frau-über-vierzig‹), Kosmetik, Parfum, alters- und/oder gruppenspezifische Kleidung, Witwenschwarz, Baghwanlook, ›Partnerlook‹, ›Ökolook‹, Schützen- und Trachtenvereinskleidung, Ordenstracht etc.

3) *Funktionssignale:* z. B. Berufs- und Statuskleidung (Ärztekittel, Metzgerschürze, Zimmermannshose, Schwesterntracht, Robe, Talar, Kostüm des Karnevalsprinzen), Berufs- und Statusaccessoires (Aktenkoffer, Amtskette, Priesterkragen, Dienstwagen etc.)

4) *Moralische Appelle und Parolen:* ›Den Aufschwung wagen‹, ›Nichts geht mehr‹, ›Der Wald stirbt‹, ›Jesus lebt‹, ›Ein Herz für Kinder‹, ›Ich bremse für Tiere‹, ›Alles frisch‹, ›Alles faul‹, ›Halt dein Rohr sauber‹, ›Ent-rüstet euch‹, ›Äktschn‹, ›Null Bock‹, ›Auf die Dauer hilft nur Power‹ etc.

5) *Fassadensignale* (Rent-an-image) bei Autoaufklebern oder bei der Kleidung: z. B. Camel-Trophy, Playboyhase, Reiseaufkleber (vom Nordkap bis Falkland), Rotary-Club, ›I love NY‹, ›Desert-Rallye‹, Lacoste-Krokodil, Bogner-Fashion, Fly Singapore Airlines, Embleme exotischer Sportarten, ausgestellte oder angehängte Globetrottermitbringsel, Wanderplaketten auf Spazierstöcken oder Hüten, Hotelaufkleber (Hilton) auf Koffern etc.

Die Nennung der unterschiedlichen Signalklassen und der wenigen Beispiele macht bereits deutlich, daß kaum eines der genannten Signale vereinzelt auftaucht. Fast immer gehört es zu einem Bündel anderer Signale: Fast immer stellt der Signalisierende für seine Umgebung eine Charakterkostümierung zusammen, ein zeichenhaft durchgearbeitetes Arrangement aus beanspruchter Lebensart, ausgestellter Moral und Gesinnung, aus Repräsentanten der Lebensgeschichte, Berufskennzeichen, Familienstand etc. Fast immer versucht er das, was er für seine ›Identität‹ hält, dadurch mitzuteilen, daß er sich mit seinen zeichenhaften Mitteilungen – cartes d'identité – identifiziert. Er bietet Deutungen an, deren Bestätigung er erhofft und erwartet – und er geht davon aus, daß, so unterschiedlich die Zeichen, Zeichenklassen und Mitteilungen auch immer sein mögen, für die anderen das entsteht, was er von sich selber hat: *ein einheitliches, in konsistent aufeinander bezogenen Zeichen und Symbolen dargestelltes Bild.*

Rituale bzw. *rituelles Handeln* – den letzten der drei exemplarisch ausgewählten Phänomenbereiche symbolischer Orientierung und symbolischer Ordnung – werde ich hier nur ebenso skizzenhaft behandeln können wie die Bereiche ›Symbol‹ und ›Emblematik‹. Entscheidender als eine – ohnehin kaum mögliche – umfassende Darstellung und Diskussion dessen, was unter ›rituellem Handeln‹, ›Ritualismus‹, ›Ritual‹ verstanden wird, ist für den vorliegenden Zusammenhang, daß deutlich wird, in welcher Weise ich selbst mich diesem Phänomenbereich zuwende.

Eines sei vorweg schon klargestellt: Es gibt für mich – wie man im folgenden hoffentlich erkennen wird – gute Gründe, die Auffassung Mertons *nicht* zu teilen, nach der – zumindest in unserer (unseren) Gesellschaft(en) – ein ›Ritualist‹ jemand sei, der bestimmte ›äußerliche‹ Gesten so ausführe, daß er sich den im Ritual symbolischen Werten oder Idealen erkennbar ›innerlich‹ nicht verpflichtet fühle (Merton 1957, 131 ff.).[19]

Eine solche Auffassung, in der von vornherein rituelles Handeln als ›nur‹ formal, inhaltsleer, unecht, defizient angesehen und ›funktionalerem‹, ›adäquaterem‹, material-bestimmterem Handeln gegenübergestellt wird, ist blind gegenüber den Ordnungsleistungen rituellen Handelns und auch gegenüber den in den Ritualen symbolisch repräsentierten Wissens- und Erfahrungsbeständen. Sie gehört mit zu dem Bündel jener Auffassungen, in denen weniger die behandelten Phänomene, um so mehr aber eine internalisierte Schiedsrichterhaltung des Soziologen gegenüber der Gesellschaft zur Sprache kommt.

Auch die innerhalb der Religionssoziologie oft vertretene Meinung, rituelles Handeln sei so etwas wie die Schlacke oder die erkaltete Form ursprünglicher – und damit ›antiritualistischer‹ – glühender religiöser Überzeugungen, Glaubensäußerungen und

19 Die Frage, welchen Sinn es für einen Beobachter haben könnte, die Unterscheidung zwischen ›äußerer‹ Handlung und ›innerer‹ Einstellung zu treffen bzw. wie man eine ›innere‹ Einstellung beobachten könnte, ohne daß diese sich äußerte oder zu einer ›äußerlich‹ erkennbaren würde, braucht im Rahmen derartiger Theorien deswegen nicht gestellt zu werden, weil es wie in der Schriftstellerei den ›allwissenden Erzähler‹ so auch in der Soziologie vermutlich den ›allwissenden‹ Sozialwissenschaftler gibt. Diesem ist das ›Innenleben‹ der Helden, die ja schließlich seiner Einbildungskraft ihr Leben verdanken, so vertraut, daß er ohne jede weitere Begründung darüber schwadronieren kann.

Glaubenshandlungen, setzt nicht nur zu hoch an – Rituale beherrschen auch den nicht-religiösen Alltag –, sondern vernachlässigt ebenfalls die Leistungen ritueller Äußerungen: Hinter den angeblich bloß formalen Oberflächenerscheinungen rituellen Handelns verbirgt sich dessen allgemeiner Sinn – seine affektdistanzierende, strukturierende und ordnende Funktion.
Rituelles Handeln – im weitesten und hier sicher noch nicht hinreichend präzisierten Sinne – durchzieht, strukturiert und rahmt (Goffman 1971) nahezu alle Bereiche menschlicher Interaktion, von der religiös vorgeprägten über die institutionell ausgearbeitete bis hin zur alltäglichen. Innerhalb des Bereiches rituellen Handelns befinden sich die Menschen zeit- und kulturübergreifend auf jeweils anders ausgeformten, aber für die jeweiligen Handlungsorientierungen sicherem Territorium. Wir alle sind in großen Bereichen unseres Lebens, vor allem in denen unseres ›alltäglichen Handelns wie üblich‹ durch rituelles Handeln sozialisiert und abgesichert.
Unser Wissen über Interaktionsrituale, ihre Handlungskontexte, Funktionen und Orientierungsleistungen ist noch gering und liegt, während wir sie vollziehen, nur im Ungefähren (Soeffner 1984a, 203 f.). Wir kennen sie – was ihre begriffliche Fassung angeht – nur implizit und haben sie – je näher sie unserem alltäglichen Umgang mit Menschen und Dingen liegen – desto weniger ausformuliert oder gar notiert. Unser Wissen über sie wird nicht in der Sprache, sondern im Handeln – und oft in Abfolge und Kontexteinbettung äußerst exakt – expliziert. Wir vertrauen ihnen in weiten Bereichen unsere Handlungsorganisation an. Sie erlauben es uns, mit jedermann soziale Begegnungen ganz unterschiedlicher Art – von der Begrüßung bis zum Abschied, von größter Freude bis zu größter Trauer – einzurahmen und damit durchzustehen und zu ordnen.
Interaktionsrituale schützen uns sowohl davor, unsere Umgebung ›ungezügelt‹ mit unseren Affekten zu überschütten oder von diesen, wer weiß wohin, mitgerissen zu werden, als auch davor, daß wir uns schon im Bereich des alltäglichen Handelns im Gestrüpp unüberschaubarer Handlungsalternativen verlieren. Sie sind unpersönlich und anonym, dienen als lange eingeübte Marschrouten durch unsicheres soziales Terrain, sind zugleich Ordnungsfaktor und auch Trampelpfade alltäglicher Interaktion. Ihre Schutzfunktion besteht in der Gewährleistung einer durch

Handlungsroutinen abgesicherten sozialen Ordnung – zugleich aber gefährden sie eben diese soziale Ordnung in Zeiten großer Veränderungen durch ihre Blindheit gegenüber Neuem und durch ihr Festhalten am Bewährten auch dann, wenn dieses sich nicht mehr bewährt.

Wer rituelles Handeln in seinen unterschiedlichen Kontexten beobachtet und über dessen Ordnungs-, Schutz- und Orientierungsfunktion nachgedacht hat, wird sich hüten, zu glauben, es sei möglich oder in jedem Falle wünschenswert, Rituale gänzlich abzuschaffen. Zum anderen wird er darauf achten, daß nicht unkontrolliert und unbewußt neue Rituale an die Stelle von alten gesetzt werden, bevor Klarheit über Art, symbolischen Gehalt und Wirkung dieser neuen Rituale besteht. In keinem Falle wird er rituelles Handeln für den Ausdruck eines leeren Konformismus[20] halten, wenn er es in seinen vielfältigen Erscheinungsweisen und Kontexten aufsucht.

Es wäre vielmehr folgendermaßen zu charakterisieren: Das Ritual, *die Verknüpfung von Symbolen und symbolischen Gesten in gleichbleibenden und vorstrukturierten Handlungsketten*, kann verstanden werden als ein durch symbolische Handlungen ausgestalteter, in Handlungen repräsentierter und durch Handlungen strukturierter Text. Metaphorisch gesprochen: Der Formalismus des rituellen Handelns ist der syntaktische Rahmen einer in Handlungen gekleideten symbolischen Aussage. Eine solche Charakterisierung, so allgemein sie zunächst auch erscheinen mag, macht es möglich, den Ausdruck ›rituelles Handeln‹ nicht nur auf kultisches Handeln zu beschränken, sondern symbolisch ausgestaltete soziale Welten als ganze – zumindest bezogen auf eines der symbolischen Ausgestaltungsmittel – zu beschreiben. So wird deutlich, daß ein enger Zusammenhang zwischen den Verwendungsarten für den Ausdruck ›Ritual‹ in der Verhaltensforschung, der Ethnologie und der Religions-, Kultur- und Wissenssoziologie besteht.

20 Mary Douglas hat auf die Unschärfe und die unzulässige Verallgemeinerung aufmerksam gemacht, die in einer solchen These enthalten sind: »Wenn man das Wort ›Ritual‹ ausschließlich für die Symbole eines leeren Konformismus verwenden will, gibt es keinen Ausdruck mehr, mit dem man die Symbole des echten Konformismus bezeichnen könnte ...« (Douglas 1974, 14).

Die Herkunft des Wortes *Ritus* aus dem indogermanischen Wortstamm *rta* verweist auf die Bedeutung ›Wahrheit‹ und ›Recht‹, auf Bereiche also, in denen religiöse Anschauungen und alltägliches ›praktisches‹ Handeln miteinander verbunden sind. Auch in der – in einem gewissen Sinne – engeren Verwendung des Ausdruckes ›Ritus‹ für ordnungsgemäße kultische Bräuche, die als Ergebnis einer langen Tradition angesehen werden, scheint diese Verbindung noch durch. Religiöse Anschauungen und alltägliches Handeln, die ohnehin aufeinander bezogen sind und nicht als voneinander getrennte Bereiche interpretiert werden können, sind dementsprechend auch im religiösen Ritual miteinander so verknüpft, daß einerseits die sozial bedeutsamen alltäglichen Handlungen (z. B. das gemeinschaftliche Einnehmen der Mahlzeiten) durch die religiösen Überzeugungen geformt und legitimiert werden können (Tischgebet) und daß andererseits die religiösen Überzeugungen und symbolischen Konfigurationen (›die heilige Familie‹) ihren Platz im alltäglichen Leben (den konkreten Familien) haben: Rituale sind in dieser Form sichtbare Verknüpfungs- und Orientierungselemente einer einheitlichen symbolischen Wirklichkeitsdeutung.[21]

Was für die symbolischen Handlungen innerhalb des Ritus gilt, findet seine Entsprechung bei Gegenständen, die in diese Handlungen einbezogen werden. Die Ritualien, so z. B. der jüdischen Religion und auch des Katholizismus, finden sich nicht nur im ›institutionell‹ priesterlichen oder kirchlichen Bereich (Gesetzeslade, ewiges Licht, Gebetsmantel, Gebetsriemen – Kruzifix, Weihwasserbecken, Taufbecken), sondern auch im häuslichen (Kidduschbecher, Sederschüssel, Leuchter – Kruzifix, Weihwasserbecken, Hausaltäre). Sie sind Ausdruck eines einheitlichen Deutungs- und Handlungsrahmens. Auch die Verknüpfung von rituellen Einzelhandlungen zur symbolischen Gestalt einer rituell durchgeformten Liturgie, einem übergeordneten Ritus, in den

21 Mit jeweils unterschiedlichen inhaltlichen und materialen Schwerpunkten, jedoch mit ähnlichen Zielsetzungen und – im Hinblick auf die Rekonstruktion vergleichsweise geschlossener Wirklichkeitskonstruktionen – ähnlichen Ergebnissen belegen auch u. a. die Arbeiten von Marcel Mauss, Malinowski, Lévi-Strauss, Bourdieu diese These (vgl. Mauss 1950, Malinowski 1973, Lévi-Strauss 1967, Bourdieu 1979).

eine Gemeinde als rituelle Gemeinschaft eingebunden wird[22], verweist – wie bei den Symbolen (s. o.), so auch bei den Ritualen – auf eine allgemeine Tendenz symbolischen Handelns und Ausdrucks: auf die Repräsentation einer einheitlichen Sinngestalt, als deren Elemente symbolische Handlungen angesehen werden müssen.

Wenn man um diese vielfältigen Verknüpfungsstellen weiß, ist es leichtfertig, aus dem Zurückgehen kirchlich institutioneller Einflüsse auf das alltägliche Leben – so z. B. in der Gegenwart – problemlos darauf zu schließen, daß damit auch jegliches rituelles Verknüpfungsnetz zwischen weltanschaulichen Überzeugungen und den damit verknüpften, praktisch alltäglichen Handlungen verschwände. Es spricht alles für das Gegenteil. Die Beobachter moderner Gesellschaften und/oder die in diesen Gesellschaften Lebenden und Handelnden haben sich jedoch so sehr daran gewöhnt, auf die alten Traditionen zu schauen, daß sie die neuen Formen rituellen Handelns und des symbolisch-rituellen Ausdrucks ›neuer‹ Wirklichkeitsdeutungen nicht wahrnehmen.

Ein anderer Aspekt des Ritualismus, der in den sogenannten modernen westlichen Industriegesellschaften – sieht man einmal ab von internen Kleider- und Verhaltensordnungen bestimmter Großbanken – nur noch eine untergeordnete Rolle zu spielen scheint, hat dagegen immer das Augenmerk auf sich gezogen: die Geheimhaltung ausformulierter Riten oder ritueller Handlungsabfolgen und der dazugehörigen Gegenstände und Bedingungen. Das mit dieser Geheimhaltung zusammenhängende Spezialistentum, die Abtrennung nicht nur des Ritus, sondern auch der ihn Ausführenden von der übrigen Gemeinschaft, ist vermutlich auch die Quelle für die oben diskutierte These vom ›leeren‹ Formalismus des Rituals. Denn, so eindrucksvoll die Ausführung von Riten durch Spezialisten und die damit verbundene Überhöhung bestimmter Rituale auch sein mag, diese Abtrennung bewirkt zugleich – allein durch die hierdurch gegebene unterschiedliche Wissensformation und den unterschiedlichen Wissensbestand – eine gewisse Unabhängigkeit und Andersartigkeit zwischen der Überzeugung und dem Wissen der Laien einerseits und dem Ritual und seinen Spezialisten andererseits. Allerdings spricht auch

22 Vgl. etwa die ›Ostkirchen‹ im 4. Jahrhundert, aber auch bestimmte Parallelen zu den Reichsparteitagen der NSDAP.

hier nichts für die Annahme eines leeren Formalismus, sondern zunächst lediglich dafür, daß die Orientierungsleistungen des Rituals und der Glaube an seine Wirksamkeit durch zunehmende semantische *Ambiguität* (nicht Leere!) kaum beeinflußbar wird. Was ein auf Rationalität aufgebautes Argument an Ambiguität und Diffusität niemals überstehen würde, braucht für ein Symbol und damit auch für ein Ritual durchaus nicht zerstörerisch zu wirken. Zumal dann nicht, wenn (s. o.) Widersprüchlichkeit, Überdetermination und Bedeutungsvielfalt ohnehin zur Semantik des Symbols gehört. Wichtiger jedoch als die Diskussion über jenen auch hier nachweisbaren leeren Formalismus ist eine andere Seite des Spezialistentums, die dann sichtbar wird, wenn man davon absieht, das Geheimwissen und das Spezialistentum lediglich unter der Fragestellung zu behandeln, wer hier wen mit welchen Mitteln (unzulässig) beherrsche. Sieht man sich die Absonderung der Priester, Propheten und Magier vom übrigen ›Volk‹ und die vielen Vorschriften, Verbote und Einschränkungen an, denen diese Spezialisten unterliegen, und sucht man schließlich nach dem Grund für diese symbolisch durchgeformte Absonderung, so findet man diesen Grund oft schon in den eigenen Beschreibungskategorien: Was deskriptiv als ›Distanz‹ zwischen Priestern und Laien, aber auch (vgl. etwa rituelle Enthaltsamkeit und Reinigungshandlungen vor und während der Ausübung des Ritus) zwischen dem Priester und dem von ihm ›vertretenen‹ Sakralen benannt wird, ist bereits eine wesentliche Funktion rituellen Handelns, auf die sowohl Ethnologen als auch Verhaltensforscher (vgl. hierzu die Arbeiten von Uexhüll, Lorenz, Bateson, Eibl-Eibesfeldt) hingewiesen haben. In der religiösen Erfahrungs- und Handlungswelt schützen sowohl die formalisierte und dadurch personen-, zeit- und situationsübergreifende symbolische Ordnung des Rituals als auch seine darin zum Ausdruck gebrachte Würde und Sakralität vor den Gefahren, die aus dem unmittelbaren Kontakt mit der Gottheit erwachsen könnten: Das Ritual macht den Kontakt mit der Gottheit nicht nur möglich, sondern auch ertragbar.

So ›sozialisieren‹ Trauer- und Beerdigungsrituale – der rituell distanzierte und symbolisch durchgeformte Umgang mit Tod, mit Angst, Schmerz und Verzweiflung – die Affekte, binden die Trauernden in die Gemeinschaft ein, sichern die Tradition und stellen zugleich den Trauernden symbolisch die eigene Zukunft

vor Augen – als schmerzhaft unausweichlich und als Ordnung der Dinge. Innerhalb der trauernden Gruppe als ganzer wird zugleich eine eigentümliche gegenläufige Doppeltendenz der Wirksamkeit rituellen Handelns sichtbar: Die dem Toten am nächsten Stehenden werden durch das Ritual vor der völligen Verzweiflung und Isolation ›geschützt‹ – diejenigen, die bei der Nachricht vom Tode eines ihnen Fernerstehenden hörten und dabei nichts empfanden, werden nun, da sie sich *im* Ritual befinden, durch dessen symbolische Repräsentationskraft in das Gemeinschaftsgefühl der Trauer hineingebunden bzw. -gezwungen.
Auch hieran wird deutlich, daß die Distanz schaffende Leistung des Rituals nicht auf einem inhaltsleeren Formalismus beruht, sondern der Symbolgehalt des jeweiligen Rituals seine eigene, je spezifische Wirkung auslöst: rituelles Handeln distanziert einerseits von ›unmittelbaren‹ Affektäußerungen, andererseits aber wirkt es als Auslöser symbolisch vorgeformter Emotionen und Ausdruckshandlungen.
Wie sehr eine solche Betrachtungsweise mit der in der Verhaltensforschung üblichen übereinstimmt, ist unübersehbar. Versteht man mit dieser unter einem ›Ritual‹ die Festlegung einer Aktions- bzw. Reaktionsabfolge mit Signalwirkung, rituelle Verhaltenselemente also als sequenziell festgelegte und durchstrukturierte Schlüsselreize für Mitglieder der gleichen Art, so wird erkennbar, daß es gute Gründe gibt, Ergebnisse der Ethnologie bei der Beobachtung und Interpretation menschlichen Verhaltens mit zu berücksichtigen. So zeigt eine der in der Verhaltensforschung gebräuchlichen Klassifizierungen der Rituale in monovalente, bivalente und trivalente Rituale[23], daß auch auf der Ebene tierischen Verhaltens der ›Formalismus‹ des Rituals mit unterschiedlichen, einander ›interpretierenden‹ und anzeigenden Mitteilungen verknüpft ist bzw. daß der Formalismus als Verknüpfungsmedium dieser unterschiedlichen Mitteilungen und Mitteilungsebenen verstanden werden kann. Im Ritual käme somit eine

23 Als *monovalentes* Ritual bezeichnet man etwa das ›hungrige‹ Rachenaufsperren bei Jungvögeln, das als eindeutiger bzw. einwertiger Schlüsselreiz für die Eltern gilt.
Bivalent sind z. B. Drohgebärden, in denen gleichzeitig Angriffs- und Fluchttendenz ›gestisch‹ ausgedrückt sind. Ein Beispiel für *trivalentes* Ritual ist das Balzen, indem ein gewisser ›Konflikt‹ zwischen Angriff, Flucht und Paarungstrieb gestisch angezeigt wird.

Unterscheidung zwischen bezeichnender Geste (z. B. Aggressionsgeste) und dem, was bezeichnet werden soll (Angriff), zum Ausdruck, bevor oder ohne daß das Bezeichnete (der Angriff) selbst ausgeführt wird.
Bezogen auf tierisches Verhalten hat Bateson im Ritual drei Typen von Mitteilungen ausgemacht, die er bei Rahmungshandlungen und rituellem Handeln in menschlichem Verhalten wiederfindet: »a) Mitteilungen der Art, die wir (...) Stimmungs-Zeichen nennen; b) Mitteilungen, die Stimmungs-Zeichen simulieren (in Spiel, Drohung, Theatralik usw.), und c) Mitteilungen, die den Empfänger befähigen, zwischen Stimmungs-Zeichen und jenen anderen Zeichen zu unterscheiden, die ihnen ähneln« (vgl. Bateson 1981 a). Der (sprachliche oder gestische) Hinweis »Dies ist ein Ritual.« oder »Wir treten jetzt in ein Ritual ein.« gehört zu dem dritten Typ und ist entscheidend – nicht nur für die distanzierende Wirkung des Rituals, sondern vor allem auch für die Möglichkeit, daß die Handelnden dem Ritual selbst gegenüber in Distanz treten können. Ein Überspielen, Unterdrücken oder Übersehen jener ›Zeichen des dritten Typs‹ verwischt nicht nur die Grenzen zwischen dem Ritual und seinen Handlungskontexten, sondern es rückt das Ritual ein in einen geschlossenen Sinnbezirk eigener unkorrigierbarer, selbstreferentieller Realität.
In Zeiten, Gemeinschaften und Gesellschaften, in denen rituelles Handeln in öffentlichen, institutionellen oder ›persönlichen‹ Bereichen *und* im Bewußtsein der Gesellschaftsmitglieder verankert war oder ist, wird das Ritual nicht nur eingesetzt, sondern auch in einer gewissen Weise beherrscht: Die Gesellschaftsmitglieder kennen die Repertoires und Grenzen der Rituale, und sie nehmen bei aller Ernsthaftigkeit während der rituellen Verrichtungen eine quasi ›spielerische‹, distanzierte Haltung gegenüber dem Ritual ein.[24] – Ritualismus in diesem Sinne kann man tatsächlich als den »geschärften Sinn für symbolisches Handeln und Verhalten definieren, der sich auf zweierlei Weise manifestiert: Durch den Glauben an die Wirksamkeit institutionalisierter Zeichen und durch die Aufnahmefähigkeit für verdichtete Symbole« (Douglas 1974, 20).
Wo jener ›geschärfte Sinn‹ jedoch verlorengegangen ist, das Ri-

24 Nahezu bei allen Klassikern der Ethnologie wird auf dieses Phänomen hingewiesen.

tual nur noch von Beobachtern, nicht aber von den Handelnden selbst erkannt, sondern statt dessen als ›unmittelbarer‹ Ausdruck von Empfindungen, Einstellungen, Glaubenshaltungen gesehen wird, entwickelt rituelles Handeln eine von außen kaum mehr kontrollierbare, weil selbstreferentielle Eigendynamik. Es konstituiert und befestigt symbolische Welten, zu denen es keine Alternativen mehr gibt. Der distanzierte, strukturell dem Rollenspiel ähnliche Umgang mit unterschiedlichen Sinnprovinzen, Wirklichkeitsakzenten und deren jeweiligen Symbolsystemen und Handlungsanforderungen wird unmöglich – die ›gesellschaftliche Konstruktion der Wirklichkeit‹ eindimensional.

Menschliches Handeln und Deuten ist grundsätzlich zeichenhaft und durch Zeichen fundiert. Weite Bereiche dieses Handelns und Deutens beruhen auf ›symbolischem Handeln‹ im oben charakterisierten Sinne. Symbole als Repräsentanten des Außergewöhnlichen und Außeralltäglichen (Schütz/Luckmann 1984, 178 ff.), als Signale der Überdetermination und der Widersprüchlichkeit, als Handlungs- und Orientierungsmarken tragen ihre eigenen Verknüpfungsregeln, Deutungsschemata, Wirkungs- und Reaktionsweisen in sich. Sie konstituieren ihren eigenen – wiederum symbolischen – Kontext (Soeffner 1974, 198 ff.): Erfahrungskristalle aus Tradition, Geschichte und Biographie. Symbole können Argumente begleiten oder ergänzen, aber nicht ersetzen – und umgekehrt. Symbole und Argumente repräsentieren nicht nur unterschiedliche Kommunikationstypen, sondern auch unterschiedliche Erkenntnisstile. Für die Spezies ›Mensch‹ und die von ihr geforderte Anpassungsleistung ist es wahrscheinlich nicht unwichtig, ob und wie sie es lernt, diese Kommunikationstypen und Erkenntnisstile so einzusetzen, daß sie sich gegenseitig kontrollieren und interpretieren, und ob und wie sie es lernt, quasi ›spielerisch‹ mit ihnen umzugehen: so daß die Instrumente der Wirklichkeitskonstruktion als Teil dieser Konstruktionen gesehen und behandelt werden können.

Überlegungen zur sozialwissenschaftlichen Hermeneutik am Beispiel der Interpretation eines Textausschnittes aus einem »freien« Interview

»Ja ... ich muß sagen, ich hatte eigentlich ganz andere Vorstellungen, das sagte ich ja vorhin schon, irgendwie hatte ich ganz *ideale* Vorstellungen hier von so'ner, hier von so einer Familie und vom Familienleben und was man alles machen kann, na und ich hab' also gedacht, die Realität sieht eben doch anders aus. Man muß selber ja so viel zurückstecken, man ist ja, man muß sich ja ewig, ja beispielsweise schon nach Kindern muß man sich ja immer richten. Das *läßt* sich einfach nicht anders durchführen.«

Vorbemerkung

Gleich zu Beginn stellt der Leser dieses Beitrages fest, daß einem siebenzeiligen Text eine etwa 26 Seiten lange Interpretation folgt. Läßt man aus diesen 26 Seiten die ›rein‹ theoretischen Bemerkungen weg, so bleibt immer noch ein ansehnliches Mißverhältnis zwischen dem Ausgangstext und der Interpretation bestehen, womit sich folgende Vorurteile gegen sogenannte qualitative Verfahren in den Sozialwissenschaften zu bestätigen scheinen:
Sie sind nicht geeignet für ›größere‹ Datenmengen, weil sie viel zu aufwendig sind; sie kleben am Einzelfall; sie legen – wie man schon an der Länge des Interpretationstextes sehen kann – viel zu viel in den Ausgangstext hinein; sie sind weder in dem Sinne verallgemeinerungsfähig, daß man das Ergebnis einer Fallanalyse mit einem anderen Fall unmittelbar korrelieren kann, noch in dem Sinne, daß die Analyseergebnisse ›meßbar‹, von anderen Wissenschaftlern instrumental ebenso reproduzierbar – d.h. ›objektiv‹ – wären.
Der nachfolgende Text bietet nur eine Theorieskizze und ist nicht darauf aus, diese Vorurteile zu widerlegen. – Dennoch ein paar Hinweise dazu:

1. Das Gesamtinterview ist ca. 60 Seiten lang, und die Analyse des Textausschnittes beansprucht – was das Resultat angeht – in-

nerhalb des Themenbereiches ›Familiale Interaktion der Sprecherin‹ allgemeingültige Aussagen zu machen, die intersubjektiv nachvollziehbar, höchstens inhaltlich auffüllbar, aber nicht im strengen Sinne widerlegbar sind. Sie beanspruchen damit ›objektive‹ Gültigkeit.

2. Was die immer wieder erwähnten statistischen Korrelationsprobleme angeht, so sind sie eben Korrelationsprobleme der Statistik – nicht der sozialen Interaktion, und nur letztere ist Untersuchungsgegenstand.
3. Gegenüber quantitativ-inhaltsanalytischen Verfahren, die letztlich nichts anderes als forschungsökonomische, oft unreflektierte Verkürzungen hermeneutischer Verfahren darstellen, geht die vorliegende Interpretation über die bloße Benennung und Sichtung thematisierter Gegenstandsbereiche hinaus, indem sie deren objektiven, interaktionsanalytischen Sinn angibt. Erst dadurch ist der allgemeine Anspruch soziologischer Datenanalyse zu erfüllen.
4. Dadurch, daß sozialwissenschaftliche Hermeneutik objektiv wirksame Regeln alltäglicher Interaktion und Interaktionsinterpretation reflektiert und in der sozialwissenschaftlichen Interpretation von Interaktionen einsetzt, erzielt sie eine gegenstandsbezogene, d. h. sinnvolle Objektivität ihrer Resultate. Damit wird sie – im Gegensatz zu nichthermeneutischen Verfahren – der forschungsimmanenten Zielsetzung von Sozialwissenschaft tatsächlich gerecht: der Rekonstruktion des Sinnes und der Funktion sozialer Handlungsbedingungen, Handlungsaktualisierungen und Handlungsmöglichkeiten.

1. Thesenhafte Skizze des Theoretischen Rahmens

Sozialwissenschaftliche Hermeneutik als methodologisches Fundament von Interaktionstheorie zielt ab auf die Interpretation des ›Sinnes‹ von Interaktionsbedingungen, Interaktionsabläufen und Interaktionsrepertoires (Muster, Strategien, Taktiken, Möglichkeiten). ›Sinn‹ wird hierbei verstanden als ein *Interaktionsprodukt*. Er ruht nicht ›an sich‹ in den jeweiligen Interaktionstexten. Er ist vielmehr das interaktive Produkt erschließender *Interpretation* der Interaktanten gegenüber Interaktionsbeiträgen anderer oder – im Grenzfall des Monologs – gegenüber dem Interaktionsbeitrag eines ›Ich‹, das sich reflektierend als ein anderes vor- oder darstellt.

Sozialwissenschaftliche, hermeneutisch verfahrende Interpretation ist damit nicht primär eine *Kunstlehre* (vgl. etwa das traditionelle Hermeneutikverständnis der Literaturwissenschaft), sondern ein auch und zunächst *außerhalb* wissenschaftlicher Methodologie auftretender und in *alltäglicher Interaktion fundierter* Vorgang der Sinnerschließung in Interaktionsprozessen (mittelbaren und unmittelbaren). Die Interaktions- und mit ihr die Interpretationskompetenz – das intuitive Regelwissen alltäglicher Interaktionspartner – wird erworben, erweitert und verfestigt in der und durch die Sozialisation. Es ist strukturell, d. h. objektiv, angelegt in evolutionsbedingten, gattungsspezifischen Fundamenten des Gestenaustausches, der Gestenwahrnehmung, der Gestenkonventionalisierung und Symbolisierung (vgl. Mead 1934).

In Interaktionsprozessen unterstellen die Interaktionspartner sich wechselseitig die Sinnhaftigkeit ihrer Handlungen sowie die der Interaktion als ganzer. In der Fähigkeit und dem Einsatz der wechselseitigen Perspektivenübernahme richten sich die Interaktanten prinzipiell immer aus am »Generalisierten Anderen« (vgl. Mead 1934) als dem Garanten eines wechselseitig einander unterstellten Verwendungskonsenses von Interaktions- und Interpretationsregeln sowie des intuitiven, selbstverständlichen Wissens um den Verwendungs- und Bedeutungszusammenhang dieser Regeln.

Durch jeden in konkreten Interaktionsabläufen notwendig erscheinenden manifesten Dissens, durch jede Unklarheit und Inkonsistenz hindurch ist dieser prinzipielle Konsens kontrafaktisch wirksam. In ihm sind auch die kontrafaktisch wirksamen Regeln der Konstitution objektiver Bedeutung fundiert. D. h., von allen Interaktionspartnern wird trotz des manifesten aktuellen Dissenses latent ein immer schon für alle gemeinsamer objektiver Sinn der Interaktion als Basis gegenseitiger Interpretation präsupponiert, der seinerseits die Sinnhaftigkeit der Interaktion und damit die Interaktion selbst erst konstituiert.

Neben diesen allgemeinen Bestimmungen symbolischer Interaktion werden in konkreten Interaktionsabläufen historische, sozialisatorische und individuelle (gleichfalls natürlich historische) ›Vorgaben‹ strukturell wirksam. Historisch-individuelle Interaktionsprodukte und die historisch-individuelle Realisierung von Bedeutungszumessung und Bedeutungserschließung gegenüber Interaktionsprodukten repräsentieren zweierlei:

1. den von den interagierenden Individuen ›subjektiv‹ intendierten und ›subjektiv‹ (– interaktiv) erschließbaren und erschlossenen ›Sinn‹ als individuell-relativen und historisch bedingten. Dabei ist zu beachten, daß weder in der alltäglichen unmittelbaren Interpretation von Interaktion noch in der auf ihr aufbauenden und sie rekonstruierenden wissenschaftlichen Interpretation erschlossen wird, was ›eigentlich und in Wahrheit im Kopf eines Individuums vor sich geht‹, was das Individuum ›wirklich‹ dachte etc. Dieses sogenannte ›Eigentliche‹ ist als ein sich selbst aus der Interaktion Hinausdefinierendes interaktiv nicht zu erschließen und ›fremdverstehend‹ überhaupt nicht interpretierbar. Als Inhaltlich-Konkretes ruht es in sich – wirksam nach außen wird es nur als Fiktion und als wahrgenommene Grenze der Individualität. Damit ist es *per se* von einer interaktionstheoretischen Analyse ausgeschlossen.

Die Übernahme der ›Perspektive‹ des Gegenübers typisiert und ›idealisiert‹ (im Sinne von ›idealtypisch‹) die Perspektive des anderen und damit auch seine Handlungen und den diesen unterstellten subjektiven Sinn. Interpretierend rekonstruiert wird also nicht eine Individualität ›an sich‹, sondern eine bereits in ihren Handlungen sinnhaft typisierte Individualität. Dieser Individualität wird durch die typisierende Übernahme einer einheitlichen, monothetischen (vgl. Schütz 1932), egologischen Perspektive das Moment der Identität in der sinnhaften Verklammerung von Einzelhandlungen und Einzeläußerungen zugemessen. Durch die Übernahme der idealisierten Perspektive des anderen schließen sich dessen Handlungen als subjektive monothetisch zu einer Sinneinheit zusammen. Und diese Sinneinheit ist es, die unterstellt und interpretierend erschlossen wird (s. u. Ebene 1 der Interpretation).

2. Historisch-individuelle Interaktionsprodukte repräsentieren darüber hinaus den ›objektiven‹ Sinn von in der Sozialisation erworbenen Interaktionsrepertoires, d. h. von Verhaltensmustern (habit sets) und Handlungsplänen (habit plans) (vgl. Mead 1934). Die aktuelle Umsetzung solcher ›Sinngrößen‹ in Handlungssituationen bezeichne ich als konkrete, objektiv typisierte und interpretierbare ›*Interaktionskonfigurationen*‹, innerhalb derer Inter-

aktionspartner sozialisatorisch erworbene allgemeine Interaktionssets sowie Handlungs- und Interpretationsregeln als jeweils Konkrete in konkreten Interaktionsprozessen einsetzen; d. h. innerhalb derer sie das ›Objektive‹ subjektiv realisieren, und zwar so, daß das Interaktionsprodukt sowohl als der subjektiv erscheinende als auch – auf Grund der Realisierung allgemeiner objektiver Regelkompetenz – als der objektiv erschließbare Sinn einer Interaktionskonfiguration zu interpretieren ist.

Eine *Interpretationslehre* im Rahmen sozialwissenschaftlicher Hermeneutik zielt ab auf die Erschließung objektiven Sinnes von Interaktionen, auf die Ausgrenzung konkreter, typisierbarer – von konkreten anderen, anders typisierbaren Interaktionskonfigurationen. Interpretation besteht somit im Ausformulieren der umgangssprachlichen, d. h. alltagssprachlichen Kompetenz und des Regelwissens am konkret analysierten Interaktionsfall. Es ist das Ausformulieren von Kompetenzen, die von den Handelnden in ihren Interaktionen immer schon als ›tacit knowledge‹ eingesetzt werden. Eine solche Interpretationslehre hat die ›alltägliche‹ Interpretation und das in dieser repräsentierte Regelwissen lediglich nachzuvollziehen, systematisch einzusetzen und auszuweiten (vgl. Oevermann et al. 1979). Damit ist gemeint:

1. Die Entlastung der Interpreten und der Interpretation vom aktuellen Handlungsdruck, wie er in konkreten Interaktionsprozessen vorliegt.
2. Die systematische Aufsuche jeder denkbaren möglichen ›Lesart‹ (vgl. Oevermann et al. 1979) gegenüber einem Interaktionsprodukt.
3. Die komparatistische Überprüfung und Aussonderung von Lesarten. Diese Überprüfung vollzieht sich durch das Fällen von Plausibilitätsentscheidungen, die ihrerseits immer wieder in der Rückkopplung an den Analysetext als den Urtext begründet werden und dem *Konsistenzgebot* (Repräsentation einer Sinn*einheit*) gerecht werden müssen. Die immer schon unterstellte Sinnkonsistenz fungiert dabei als Generierungsinstrument von Textkonsistenz. Methodisch arbeitet die sinnschließende Interpretation zunächst als Rekonstruktion der von den Interaktionspartnern während des Interaktionsprozesses vorgenommenen Konstruktion von Sinnkonsistenz. Für die Analysepraxis bedeutet das, daß der Interpret die für ihn auffälligen oder von den Interaktanten selbst akzentuierten Inkonsisten-

zen als Verdeckung von Sinnkonsistenz behandelt, als Interaktionsstörung, deren latenter objektiver Sinn (Oevermann) auf einer noch verdeckten, zu erschließenden Konsistenzebene liegt, von der aus die Unbestimmtheitsphänomene sinnhaft produziert werden.

Zusammenfassung

Auf der Ebene strukturell-objektiv angelegter Sinnvorgabe und Sinnkonstruktion repräsentiert jedes Interaktionsprodukt eine Interaktionskonfiguration, die ihrerseits in konkreter Interaktion eine auf eben diese bezogene, in sich abgeschlossene Bedeutungszumessung der Interaktionspartner und darüber hinaus eine objektiv typisierte und für potentiell *alle* Interpreten gleiche – im Diskurs rekonstruierte – Sinnfigur generiert und abbildet.
Sozialwissenschaftliche Hermeneutik basiert auf der ›Alltagshermeneutik‹, d. h. auf der Interaktions- und Interpretationskompetenz, auf dem Regelwissen alltäglich Handelnder als kompetent und sinnhaft Handelnder. Sie besteht als *Interpretationslehre* in dem Ausformulieren der Kompetenzen und des Regelwissens alltäglich Handelnder. Sie setzt methodisch eben jenes Regelwissen und jene Regelkompetenz zur *Rekonstruktion* des Sinnes von Interaktionsprodukten ein, die alltäglich Handelnde bei der *Konstruktion* des Sinnes von Interaktionsprozessen eingesetzt haben und immer schon einsetzten.
Interaktionsinterpretation auf der Basis sozialwissenschaftlicher Hermeneutik besteht somit in dem reflektierten Einsatz der ›Alltagshermeneutik‹ ›normaler‹, interagierender Gesellschaftsmitglieder. Daher ist auch jedes dieser Gesellschaftsmitglieder als kompetenter Interaktant potentiell in der Lage – sofern man ihm diese Aufgabe stellte und es vom aktuellen Handlungsdruck entlastete –, im Diskurs mit anderen Gesellschaftsmitgliedern eine ›objektive‹ Interpretation eines Interaktionsproduktes herzustellen, d. h. die Alltagskompetenz in den Dienst extensiver Rekonstruktion der objektiven Sinnfigur zu stellen. Es kann dabei auf das zurückgreifen, was es immer schon hat: Interaktionskompetenz, Interaktionsfähigkeit und das allgemeine soziale Regelwissen von und für Interpretationsabläufe(n).

II. Interpretation

Vorbemerkung

Als Analysetext wurde ein kurzer Redebeitrag gewählt. Auswahlkriterium war dabei, daß dieses Textstück nach der Lektüre des Interviews – neben einigen anderen, thematisch ähnlichen – ›irgendwie‹ in der Erinnerung haften geblieben war; wie ich glaube, aus folgenden Gründen:

1. In ihm klingt leitmotivisch eines der tragenden Interviewthemen an, die ›idealen Vorstellungen‹ der Sprecherin von der Familie. Dabei handelt es sich bei dem ausgewählten Text um die Reprise eines Themas, das schon zu Beginn des Interviews angeklungen war;
2. steckt der Text voll von inhaltlichen Lücken und Unbestimmtheiten (Inkonsistenzen) sowie sprachlichen Widerhaken, die diesen Unbestimmtheiten entsprechen. Von daher übt der Text einen Druck zum Nachfragen aus.

Trotzdem bleibt natürlich das Herauslösen eines kurzen Textstückes aus dem Gesamttext in einem gewissen Sinne willkürlich, zumal die Interpretation zunächst über weite Strecken auf den extensiven Einsatz von Kontextwissen verzichtet; dennoch kann sie dies – was das behandelte Leitmotiv angeht, nachdem es sich einmal bei der Lektüre als ein solches aufgedrängt hat –, wie ich glaube, mit einem gewissen Recht tun: nämlich dem ›erlaubter‹ forschungsökonomischer Verkürzung.

Der Kontext des Gesamtinterviews fungiert jedoch selbstverständlich als Adäquatheitskriterium für die Interpretation des Textausschnittes, insofern nämlich, als die Interpretation innerhalb des von ihr gewählten thematischen Bereiches nicht durch andere Textstellen widerlegt werden dürfte. Geschähe dies, so müßte die Interpretation überprüft, geändert oder fortgeführt werden.

Daß bei der Interpretation zudem auf eine genauere Analyse der Sequenz, innerhalb derer der Redebeitrag auftritt, verzichtet und selbst die Frage des Interviewers außer acht gelassen wird, geschieht ebenfalls lediglich aus Gründen der Ökonomie, wenn ich auch glaube, daß eine Sequenzanalyse *inhaltlich* keine weiteren Aufschlüsse gegeben hätte.

1. Rekonstruktion der ›idealisierten‹, egologisch-monothetischen Perspektive der Sprecherin

Die Interpretation gliedert sich auf in drei Analyseebenen, von denen jede im Kontext der konkreten Interpretation der vorangegangenen theoretischen Konzeption zugeordnet und methodisch erläutert wird.

Die Analyse der Ebene 1 wird verstanden als methodisch eingesetzte, interpretierende Übernahme der ›idealisierten Perspektive‹ der Sprecherin und der Rekonstruktion des egologisch-monothetischen Sinnes der Äußerung aus dieser Perspektive. Diese Ebene der Sinnschließung ist im Anschluß an die von A. Schütz erarbeitete Phänomenologie der »Schemata der Erfahrung als Deutungsschemata« methodisch entwickelt worden (Schütz 1932). Dabei wird in vielen Fällen die Terminologie von Schütz übernommen, wenn auch nicht durchgehend in dem von Schütz beanspruchten strengen Sinn: Im methodischen Einsatz dieser Konzeption für eine empirische Analyse werden die einzelnen Begriffe weniger kategorial, sondern eher empirisch-operational eingesetzt.

Ansatzpunkt der Interpretation ist die aus der ›Alltagshermeneutik‹ phänomenologisch erschlossene idealtypische Konstruktion der egologisch-monothetischen Perspektive der Selbstdeutung von Individuen und der mit dieser verbundenen einheitlichen ›subjektiven‹ Sinngebung von Interaktionsprodukten. Diese in der Selbstdeutung des Individuums fundierte Sinneinheit ergibt sich nicht zufällig. Es existiert vielmehr ein Zwang zur Gestalt- und Sinnschließung von Handlungen, der dem unüberschreitbaren Identitätspostulat von Individuen entspringt: eins zu sein mit sich selbst, seinen Erfahrungen, Handlungen und seiner Handlungsperspektive. Dieses Deutungsregulativ fungiert vorweg immer schon sinnstiftend.

Die Analyse rekonstruiert nun aber nicht das ›Individuelle‹, ›das eigentlich und in Wahrheit subjektiv Intendierte‹ einer Handlung (vgl. 1), das einer interaktionstheoretischen Analyse *per se* gar nicht zugänglich wäre. Sie rekonstruiert interpretierend vielmehr anhand der methodischen Übernahme der ›idealisierten Perspektive‹ der Sprecherin eine bereits in einem Interaktionsbeitrag typisierte, egologisch-monothetisch konstituierte Sinnfigur einer ebenfalls typisierten Individualität. Durch die Übernahme der »idealisierten« egologischen Perspektive der Sprecherin schließen

sich deren Äußerungen als subjektive monothetisch zu einer Sinneinheit zusammen, die objektiv zugänglich wird, insofern bei der Rekonstruktion die strukturell vorgegebenen, objektiven Regeln der Sinnkonstitution eingesetzt werden. Solche objektiven Regeln der Konsistenzbildung, der Konstruktion und Rekonstruktion von egologisch-monothetischen Sinneinheiten sind – so Schütz – repräsentiert in der objektiven Wirkungsweise von »UM-ZU-« und »WEIL-MOTIVEN«. In ihnen werden konsistente Deutungs- und Selbstdeutungsmuster generiert.
Die Formulierung des Interpretationsertrages der Ebene 1 vollzieht sich dementsprechend am Leitfaden und in der konkreten Ausformulierung der »UM-ZU-« und »WEIL-MOTIVE« dieses konkreten Redebeitrages als dem eines konkreten Falles.

Analysetext

»Ja ... ich muß sagen, ich hatte eigentlich ganz andere Vorstellungen, das sagte ich ja vorhin schon, irgendwie hatte ich ganz *ideale* Vorstellungen hier von so 'ner, hier von so einer Familie und vom Familienleben und was man alles machen kann, na und ich hab' also gedacht, die Realität sieht eben doch anders aus. Man muß selbst ja so viel zurückstecken, man ist ja, man muß sich ja ewig, ja beispielsweise schon nach Kindern muß man sich ja *immer* richten. Das *läßt* sich einfach nicht anders durchführen.«

Ebene 1
a) Detailanalyse – Paraphrasierung des Textes
Die Formulierung »ich muß sagen« kündigt eine wichtige Aussage an, zu der die Sprecherin sich gezwungen sieht.
»Ich hatte eigentlich ganz andere Vorstellungen.« In dieser Formulierung wird die Wichtigkeit der angekündigten Äußerung bestätigt (»eigentlich«), zudem wird bereits ausgesagt, daß diese »eigentlich ganz anderen Vorstellungen« in ihrer Wirksamkeit einem früheren Zeitpunkt zuzuschreiben sind. Diese früheren Vorstellungen kontrastieren vollständig mit denen der Gegenwart, die offenkundig anders sind.
»Das sagte ich ja vorhin schon.« In dieser Formulierung wird deutlich, daß die oben benannten »anderen Vorstellungen« be-

reits vorher thematisiert worden sind. Der Interviewer müßte sie deshalb kennen, die Vorstellungen sind demnach scheinbar benannt und benennbar. Die Äußerung kann zudem als Ankündigung der Sprecherin verstanden werden, diese Vorstellungen im folgenden noch einmal zu benennen.

»Irgendwie hatte ich ganz *ideale* Vorstellungen hier von so 'ner.«

Von diesen »anderen Vorstellungen« wird nun ausgesagt, sie seien ganz »ideale«, aber dieses »ideal« wird doch durch ein »irgendwie« eingeschränkt. Dieses »irgendwie« kann zunächst auf dreierlei Weise verstanden werden: Einmal können die idealen Vorstellungen *irgendwie* entstanden sein. »Irgendwie« kann zweitens aber auch einen zeitlichen Aspekt haben: sie könnten also irgendwann entstanden sein, drittens kann das »irgendwie« bedeuten, daß diese idealen Vorstellungen *inhaltlich* de facto unbestimmt sind. Deutlich wird, daß die idealen Vorstellungen sich auf einen diskursiv nicht leicht ausdrückbaren Zusammenhang (»von so 'ner«) beziehen, der aber wohl im folgenden genauer erläutert werden soll.

»Hier von so einer Familie und vom Familienleben und was man alles machen kann.«

»Hier« meint zunächst: der damalige, phantasierend vorweggenommene Entwurf sollte ursprünglich noch im Hier und Jetzt Gültigkeit haben. Er betrifft die damalige Antizipation der jetzigen Gegenwart, der damaligen Zukunft. Die zeitliche Perspektive gegenüber dem Handlungszusammenhang ist durchaus doppeldeutig. »Hier« meint erstens das ›Hier und Jetzt‹ des Zeitpunktes der Äußerung (Interviewzeit), gleichzeitig aber auch die *jetzige* Realisierung (»Hier von so einer Familie«) der *früher* phantasierend vorweggenommenen Realisierung dieser Familie. Der oben als ›schwer zu nennen‹ gekennzeichnete Zusammenhang ist demnach ziemlich umfassend und daher nur ungenau zu bestimmen: »irgendwie«, »so 'ner«, »so einer Familie«, »und was man alles machen kann«. Das, was man alles machen kann, ist entweder bezogen auf die Lebensform Familie, innerhalb derer man alles machen kann, oder es geht über die Familie und das Familienleben hinaus, oder es besteht schließlich eine Ambiguität zwischen »Familie«, »Familienleben« und »was man alles machen kann«. Offenkundig ist die letztere Lesart gültig: »Familie« ist der Sprecherin zu ungenau, sie erweitert diese Angabe auf »Familienleben«, auch das ist ungenau und wird durch das Umfassende und dabei Ungenaueste erweitert: »Und was man alles machen kann.« Daß letzteres auch über das Familienleben hinausgeht, wird daran deutlich, daß es sonst heißen müßte: »Was man *da* alles machen kann.« Hier ist ein umfassender Handlungsraum eigener Idealvorstellungen, Phantasien der Selbstverwirklichung angedeutet, wobei allerdings den ›idealen‹ Handlungen der Bewährungsraum »Familie«, »Familienleben« durch die Verklammerung von idealen Vorstellungen und durch die Benennung des Handlungsraumes zugewiesen wird.

»(1) ... na und ich hab' also gedacht (2) die Realität sieht eben *doch* anders aus.«

(1) Diese Äußerung bildet einen zeitlichen Schnittpunkt ab. Die Sprecherin hat schon vor dem Interview eine Bewertung vorgenommen zwischen Realität und idealen Vorstellungen. Der zeitliche Schnittpunkt seinerseits bildet einen entscheidenden Wahrnehmungseinschnitt ab. Er bezieht sich sowohl auf die früheren, phantasierend vorweggenommenen idealen Vorstellungen als auch auf das Nachdenken über das Scheitern dieser Vorstellungen. Beides wird verknüpft zu der von der Formulierung (1) in der Schwebe gehaltenen, d. h. unaufgelösten Spannung zwischen den idealen Vorstellungen und der eben doch anders aussehenden Realität (2). Die Realität hat sich gegenüber den idealen Vorstellungen scheinbar doch durchgesetzt. Das »doch« erscheint zusätzlich als Bestätigung für etwas, was man geahnt, befürchtet oder von anderen gesagt bekommen hat und das sich jetzt eingestellt hat. Sowohl die Idealität als auch deren Enttäuschung wurden damit von der Sprecherin antizipiert. »Man muß selber ja so viel zurückstecken.«

Gegenüber den idealen Vorstellungen vom Leben ›im allgemeinen‹, die sich in der Familie – im besonderen – erfüllen sollten, muß man angesichts der Realität zurückstecken. *Wie* diese Realität ist, bleibt unausgesprochen. Sie bleibt ebenso unklar wie die idealen Vorstellungen, ist gegenüber diesen jedoch eindeutig affektiv negativ bewertet. – Daß »man« zurücksteckt, ist schon schlimm genug. D. h., die Sprecherin hatte geglaubt und glaubt noch immer, sie sei anders als »man«. Daß man nun selber diesen allgemeinen Brauch des Zurücksteckens mitmacht, mitmachen muß, stellt daher eine deutlich wahrgenommene Kränkung des Ideal-Ichs der Sprecherin dar. Der Bewährungsrahmen des Ideal-Ichs (was man überhaupt und im Rahmen des Familienlebens alles machen kann) war verstanden als Individuierungsmöglichkeit der Sprecherin. In *diesem* Rahmen ist die Individuierung nicht gelungen, man muß »so viel«, d.h. zu viel zurückstecken. Das heißt aber auch: Die Unzufriedenheit mit der schlechten Realität muß weiter ausgehalten, erlitten oder der Bewährungsrahmen »Familienleben« überschritten werden.

»(1) man ist ja, (2) man muß sich ja ewig, (3) ja beispielsweise schon nach Kindern muß man sich ja immer richten.«

Die Außenzwänge der Realität deformieren die Sprecherin in ihrer Sicht zum »man«. Selbst der Versprecher in (1) »man ist ja« kann gelesen werden als »ich bin nicht mehr ich, ich bin ja man«, und zwar, wie im Versprecher (2) deutlich wird, bin ich »ewig«, durchgehend ein »man«, das etwas muß. D.h., ich bin fremdbestimmt. Es bleibt zunächst offen, durch wen oder was, und es bleibt *hier* auch noch offen, ob a) die Ungenauigkeit einer Suche nach Gründen der Fremdbestimmung während des Formulierens entspringt oder b) ob etwas verborgen werden soll, das dem ›Fremden‹ (Interviewer) nicht mitgeteilt werden kann, aber zumindest angedeutet werden soll. Die folgende Äußerung der Sprecherin macht deutlich, daß nur die Lesart b) der ›idealistischen Perspektive‹ der Sprecherin entspricht (3): Das »beispielsweise schon« macht deutlich, daß es noch andere Beispiele, sogar wesentlich wichtigere gibt – »schon« an den Kindern kann die Fremdbestimmung demonstriert werden, aber im Prinzip könnte danach noch ganz anderes, nicht so Vordergründiges zur Sprache gebracht werden. Die allgemeine und unpersönliche Formulierung »nach Kindern« (statt nach »den« oder nach »meinen« Kindern) bringt atmosphärisch die affektive Komponente der Fremdbestimmung anderer ein: ich möchte mich nach mir, muß mich aber immer nach Kindern richten. Die eigenen Kinder als Familienangehörige werden in dieser Formulierung anonymisiert.

»Das läßt sich einfach nicht anders durchführen.«

Mit der abschließenden Äußerung dieses Redebeitrages bleibt die Sprecherin dabei, anderes als die Kinder nicht zur Sprache zu bringen. Darüber hinaus bietet die Äußerung mehr per Deklamation als per Argumentation abschließend den Grund für die Unerfüllbarkeit der idealen Vorstellungen: Die Tatsachen lassen keine anderen als die von der Sprecherin gewählten Handlungsalternativen zu.

b) *UM-ZU- und WEIL-MOTIVE*
Bei der Formulierung der UM-ZU- und WEIL-MOTIVE aus der vorangegangenen Interpretation kommt es notwendig wieder zu einer Verkürzung des soeben entfalteten Sinnhorizonts der einzelnen Äußerungen. Diese Verkürzung baut jedoch auf der interpretativen Erschließung der ›idealisierten Perspektive‹ der Sprecherin auf und muß sich an ihr bewähren: D. h. jedes Detail der vorausgegangenen Interpretation muß sich mit der Motivangabe widerspruchslos verrechnen lassen.
Der ausgewählte Redebeitrag hat als allgemeines Thema die Klage über eine Realität, die der phantasierenden Vorwegnahme dieser Realität in »idealen Vorstellungen« von ihr überhaupt nicht entspricht. Das Ideal-Ich – repräsentiert in den »idealen Vorstellungen« – wird überfremdet von Zwängen einer Realität, die ausgerechnet in dem vom Ideal-Ich ausgewählten Wunsch- und Bewährungsraum – »dem Familienleben« – auftreten. Durch die Formulierungen der Sprecherin werden dementsprechend die WEIL-MOTIVE in den Vordergrund gerückt, zugleich machen die Formulierungen auf die Verschränkung der WEIL-MOTIVE mit *früheren* UM-ZU-MOTIVEN aufmerksam. Die interpretierende Rekonstruktion des Motivzusammenhangs hat demnach vor allem folgende Aufgaben:
a) Angabe der manifesten WEIL-MOTIVE;
b) Angabe der mit ihnen verbundenen und damit noch weiterwirkenden UM-ZU-MOTIVE;
c) Analyse des Verknüpfungs- und Sinnzusammenhangs von UM-ZU- und WEIL-MOTIVEN.

Angabe der WEIL-MOTIVE

1. Weil ich im Familienleben – beispielsweise schon wegen der Kinder – immer so viel zurückstecken mußte, haben sich meine idealen Vorstellungen von eben jenem Familienleben und wie ich mich darin hätte verwirklichen können nicht erfüllt.
2. Weil ich gegen meine idealen Vorstellungen handeln muß und keine Möglichkeit sehe, etwas anderes durchzuführen, als ich es im Augenblick tue, fühle ich mich fremdbestimmt. Ich sehe keine Möglichkeit, einen neuen Handlungsplan zu entwickeln.
3. Weil ich unter Zwang gegen meine Ideale handele und weil die

Ursachen dieses Zwanges nicht mitteilbar (aussprechbar) sind, bin ich unglücklich und hilflos, d. h. handlungsunfähig – ich reagiere nur noch.

Angabe der UM-ZU-MOTIVE

Ganz offenkundig überlagern in der Situationsbewertung der Sprecherin die WEIL-MOTIVE als Ausdruck der Faktizität und der Fremdbestimmung die UM-ZU-MOTIVE. Letztere werden beinahe verdeckt. Sie treten auf als »unechte WEIL-MOTIVE« (vgl. Schütz 1932), anonymisiert in unausgesprochenen, nicht konkretisierten »idealen Vorstellungen«. Dennoch zeigt die Feinanalyse (s. o.) die Wirksamkeit der UM-ZU-MOTIVE. Sie sind es, die die WEIL-MOTIVE sichtbar und als bedrängend darstellbar machen: die UM-ZU-MOTIVE als »ideale Vorstellungen«, deren Erfüllung der ganze Einsatz galt, bilden den Blattgoldhintergrund, vor dem die Leidensgeschichte der Sprecherin erst richtig ausgemalt werden kann. Trotz ihrer *inhaltlichen* Vagheit lassen sich die UM-ZU-MOTIVE *funktional* gut benennen. Sie formulieren sich aus der Perspektive der Sprecherin als UM-ZU-MOTIVE der Vergangenheit, die dennoch in der Gegenwart wirksam geblieben sind:

1. Ich habe einen wesentlichen Teil meiner Aktivität und meiner Emotionen in die Familie investiert, um meine »idealen Vorstellungen vom Familienleben und was man alles machen kann« dort zu realisieren.
2. Ich wollte meine idealen Vorstellungen in der Familie und im Familienleben realisieren, um mich dort *selbst* zu verwirklichen und gegenüber meinen idealen Vorstellungen zu bewähren.
3. Um die *Inhalte* meiner idealen Vorstellungen ausfüllen und in Realität umsetzen zu können, mußte ich den Handlungsraum »Familie, Familienleben« wählen. Aus diesem Handlungsraum erhalten meine idealen Vorstellungen ihre *inhaltliche* Bestimmung.

Der Redebeitrag muß nun aus monothetischer, d. h. egologischer Perspektive des idealtypisch rekonstruierten »einsamen Ich« (Schütz) in der Verklammerung der UM-ZU- und WEIL-MOTIVE zu einem in diesem Sinn idealisiert subjektiven, d. h. in sich geschlossenen einheitlichen Sinn zusammengefaßt werden:
Um mich selbst zu verwirklichen und um mich gegenüber meinen idealen Vorstellungen zu bewähren, habe ich den für mich entscheidenden Handlungsraum – die Familie, das Familienleben, innerhalb derer ich die Umsetzung meiner Vorstellungen phantasierend vorweggenommen habe – zur Realisierung meiner Ideale ausgewählt. Weil ich jedoch immer zurückstecken und mich nach anderen richten muß, handele ich, gemessen an meinen Idealen, fremdbestimmt, ja sogar *gegen* meine Ideale. Andererseits kann man innerhalb der schlechten Realität einfach nicht anders handeln, als ich es tue. Gegenüber dieser Faktizität, in der man fremdbestimmt handeln muß, fühle ich mich hilflos: Ich agiere nicht – sondern reagiere nur noch und kann die Hintergründe meiner Fremdbestimmung nicht einmal artikulieren.
Fazit:
Die Familie, das Familienleben, innerhalb derer ich den Freiraum für meine Selbstverwirklichung gesucht habe, hat mich in Wirklichkeit eingezwängt und unfrei und hilflos gemacht.

2. *Polythetische, interaktionsbezogene Perspektive*

Das aus monothetischer Perspektive sinnkonsistente Selbstverstehen wird in polythetischer Sicht gebrochen und Interpretationsaufgabe für das Fremdverstehen: Aus einer Äußerung als Repräsentation monothetisch geschlossenen Sinnes wird im Interaktionszusammenhang ein von anderen Partnern zu interpretierender Text. Damit wird die Aufgabe der Konsistenzherstellung auf den/die Interaktionspartner verlagert. Diese interpretative Konsistenzherstellung ist ein alltäglicher Vorgang innerhalb jeder Interaktion (s. o.). Sie beruht auf der hermeneutischen Kompetenz alltäglich Handelnder und ist funktional bestimmt durch das in der Sozialisation eingeübte Regelwissen der Interaktionspartner. Treten innerhalb alltäglicher Interaktion (z. B. im

Gespräch) Inkonsistenzen auf, so existiert ein Interaktionsrepertoire zur Korrektur, Reparatur oder zum Auffüllen der Lücken in den jeweiligen Interaktionsbeiträgen: Nachfragen, Erstellung und Äußerung eines Interpretationsangebots, Aufrechterhaltung des Gesprächs bis zur praktikablen Klärung von Unbestimmtheiten usw. (vgl. die Analyseprozeduren und Interpretationsprämissen der Konversationsanalyse).

Jede interpretierende Interaktionsaktivität (und jede Interaktionsaktivität ist immer schon – ob latent oder manifest – interpretierend) besteht aus zwei Basisaktivitäten: der (1) Sinn- (Bedeutungs-)zumessung und der (2) Sinnüberprüfung (Korrektur etc.)

Diese Basisaktivitäten werden im Interaktionszusammenhang unmittelbar aufeinander bezogen. Sie sollen im folgenden methodisch eingesetzt werden – hier allerdings systematisch getrennt. Sinnüberprüfung tritt im Fall spürbarer Inkonsistenzen oder Sinndefizite sowie zur Absicherung von Sinnzumessung auf. Sie wird in alltäglicher Interaktion ›automatisch‹ eingesetzt, fungiert jedoch im Rahmen des vorgestellten Interpretationsverfahrens als *methodisches Prinzip* der Aufdeckung von Inkonsistenzen, auf das der ex-post-interpretierende Sozialwissenschaftler, der als solcher auf das Alltagsrepertoire der aktuellen, interaktiv korrigierenden Sinnerschließung (s. o.) verzichten muß, angewiesen ist.

Die Übernahme der polythetischen, interaktionsbezogenen Perspektive der Alltagshermeneutik fungiert somit generell als methodisches Prinzip sozialwissenschaftlicher Interpretation von Interaktion. Der reflektierte Einsatz der Alltagskompetenz des Sozialwissenschaftlers legt dabei die systematische Trennung der Sinnüberprüfung, d. h. Aufdeckung von Inkonsistenzen (Ebene II) und der Sinnschließung (Konsistenzherstellung) (Ebene III) nahe.

Ebene II: Inkonsistenzen

Die konkrete, interpretativ rekonstruierte ›idealisierte‹ Perspektive der Sprecherin und die aus dieser Perspektive resultierende Sinnzumessung des Redebeitrages zeigt sich einheitlich als die symbolische Figur der ›illusions perdues‹, entstanden aus dem schicksalhaften Sieg der Faktizität über die Idealität, mit dem man sich – klagend zwar – abzufinden hat: »Das läßt sich einfach nicht anders durchführen.«

Aber es handelt sich bei dem Redebeitrag nicht um einen inneren Monolog, sondern um einen erfragten, innerhalb einer Interviewsituation produzierten, an den Interviewer adressierten Interaktionstext, der die Bedeutungszumessung, die Reaktion etc., kurz: die Antizipation der Perspektive des Interviewers enthält. Das erlaubt und zwingt uns – und dies gilt generell für jeden Interaktionstext –, die monothetische, egologisch-sinnbildende Perspektive aufzugeben und eine interaktionsadäquate Perspektivenbrechung einzubringen – Fremdverstehen an ein idealisiertes »Selbstverstehen« heranzuführen. D. h., wir haben – ex-post interaktionssimulierend – nach dem zu fragen, was ungenau, widersprüchlich, unverständlich geblieben ist. Und außerhalb der Interaktionssituation bleibt da nichts anderes übrig, als den Text exegetisch hin- und herzuwenden. Der Text bietet hinreichend Dunkelstellen und damit Fragestellungen an, die innerhalb des Interviews als potentielle Interaktionsangebote, als Provokation für Nachfragen fungieren; z. B.: Wie sehen die idealen Vorstellungen konkret aus? – Nach wem oder was anderem als »beispielsweise schon nach Kindern muß man sich ja immer richten?«, usw.

Antworten auf solche Fragen sind ex-post aus einem abgeschlossenen Text nur zu erwarten, wenn durch systematisches Hinsehen auf den Text die im Text enthaltenen Interpretationshilfen und Bedeutungsvorgaben aufgesucht und problematisiert werden. Im folgenden wird dies exemplarisch versucht:

Auf der *sprachlichen Ebene* weist der Text zwei interessante Strukturmomente auf:

1. Die Entwicklung von der ›Ich-Erzählerin‹ über die ›Man-Erzählerin‹ bis hin zur sich selbst erzählenden Faktizität (»*das* läßt sich einfach nicht anders durchführen«). Kein Dramatiker hätte diese Struktur besser oder augenfälliger konstruieren können als hier die Sprecherin mit dem intuitiven Wissen um die alltägliche Dramaturgie des Sprechens, die wirkungsvoll und adäquat nachzukonstruieren Literaten so viel Mühe macht. Die Sprecherin beginnt mit der Ankündigung einer Selbstdarstellung oder auch persönlicher »idealer Vorstellungen«, möglicherweise eines idealen Selbstbildes, formuliert aber bereits ziemlich genau in der Mitte des Textes – die persönlichen idealen Vorstellungen im »man« (»was man alles machen kann«), so daß offenbleibt, ob das Persönliche, Individuelle bereits von einem allgemeineren gesell-

schaftlichen »Man« überdeckt, ob es lediglich postuliert, *de facto* jedoch gar nicht als Individuelles vorhanden oder ob es schließlich so individuell ist, daß es intersubjektiv nicht mitteilbar ist. Das »Ich« der idealen Vorstellungen wandelt sich zum cogito, zum denkenden Ich, d. h. von der Phantasie der Idealität zum Erkennen der Realität, in der das Ich verschwindet, sich nur noch in den Zwängen des »Man« darstellen kann, um sich schließlich als Höhepunkt im abschließenden letzten Satz völlig in der Anonymität schicksalhaft zu übernehmender Faktizität aufzulösen.

2. Ebenso auffällig ist die *Zeitstruktur des Textes*. Die »ganz anderen«, »idealen Vorstellungen« gehören zunächst einer *unbestimmten* Vergangenheit an, der Realität dagegen gehört das Präsens. So hätten wir eine schöne, in sich geschlossene Struktur, wenn nicht die idealen Vorstellungen durch das ›zeitlose‹, d. h. sowohl präsentisch als auch futurisch interpretierbare »was man alles machen kann« und die räumlich-zeitliche Deixis des zweimaligen »hier« (»hier von so 'ner, hier von so einer Familie«) bis in die Gegenwart reichten und so mit der dadurch *gleichzeitigen* Realität kollidierten. Zudem werden dem Ich und dem Man zeitliche Dimensionen zugewiesen, die weit über die aktuelle Gegenwart des Redebeitrages hinausgehen und das frühere mit dem heutigen Ich und Man verklammern: Die Gegenwart wird von der Sprecherin lebensgeschichtlich interpretiert und soll auch von dem Zuhörer so begriffen werden. Sowohl dem Interaktionspartner als Interpreten als auch dem ex-post Interpretierenden wird damit die Aufgabe gestellt, im Fortgang des Gesprächs – beziehungsweise im Gesamttext – den lebensgeschichtlichen ›Ort‹ der Entstehung jener dunklen, sich gleichzeitig im Ich und Man ausdrückenden idealen Vorstellungen aufzuspüren. Aus dem Kontext wird die durch die Tempuswahl im Analysetext nahegelegte Vermutung bestätigt, daß die Genese der idealen Vorstellungen in der Zeit vor der Gründung der Wahlfamilie zu datieren ist und mit ziemlicher Sicherheit direkt auf den Sozialisationszusammenhang der Abstammungsfamilie der Sprecherin bezogen werden muß.

Mit der Nennung des ›Ich-Man-Themas‹ und der Thematisierung der Zeitstruktur auf der sprachlichen Ebene sind zwei weitere eng miteinander verknüpfte Bereiche mitthematisiert:

1. die Interaktions- (Sozialisations-) Problematik;

2. die Identitätsproblematik.

1. Zunächst ist es ganz offenkundig so, daß im Man nicht nur die Individualität des Ich, sondern auch die Interaktionspartner der Sprecherin verschwinden – bis hin zu der Anonymisierung der eigenen Kinder in der Formulierung »nach Kindern muß man sich ja immer richten« (s. o.). Ebenso anonym bleibt »Familie«, »Familienleben«. In dem vorliegenden Textausschnitt – wie im übrigen auch im gesamten Interviewtext (vgl. etwa die Rolle des Ehemannes und der Kinder) – treten die familialen Bezugspersonen der Sprecherin zumeist anonymisiert, d. h. nicht als Partner, sondern eher als Erfüllungsverweigerer oder -gehilfen auf bei der Umsetzung von idealen Vorstellungen in Handlungspläne. Familie und Familienleben werden von der Sprecherin dementsprechend primär nicht als Interaktionsbereich mehrerer Individuen, sondern als *Bewährungsrahmen* einer einzelnen Person, als notwendiger und einziger Handlungsraum für die Umsetzungen der idealen Vorstellungen dieser Person verstanden (vgl. die Feinanalyse Ebene 1).

Würde dieser ursprüngliche Bewährungsrahmen überschritten, so würde auch ein Teil der Idealvorstellungen aufgegeben: die Selbsterfüllung im Rahmen der Familie. Würde ein anderes Spielfeld gewählt, so ginge der Sprecherin damit der Platzvorteil verloren – Unsicherheit entstünde. Darüber hinaus wäre das neue Gelände nicht selbst gewählt, sondern – durch das Versagen im Primärbereich – aufgezwungene ›zweite Wahl‹. Es wäre so nicht Teil der ursprünglichen Selbstdefinition und damit ungeeignet für das Ziel der Individuierung. Das Ausweichen auf ein solches Gelände könnte zudem als Flucht verstanden werden: D. h., »man« muß in dem einmal gewählten Bewährungsrahmen bleiben – in dem »man« sich allerdings nicht bewähren kann. Zu beantworten wäre, warum »man« das nicht kann und wie das beschriebene Paradoxon zustandekommt.

Festzuhalten bleibt die Anonymisierung der Interaktionspartner und der *Gründe* der Behinderung jener – ebenso anonymen – idealen Vorstellungen. D. h., der familiale Interaktionszusammenhang als ganzer wird von der Sprecherin verschleiert. Zu fragen wäre demnach nicht nur: ›wie‹ ist die Realität?, sondern auch: ›wer‹ ist die Realität? und: ›wer‹, d. h. welche Personen sind die Ursachen dafür, daß »man« nicht alles machen kann und daß »man« nicht »ich« werden kann?

2. Es wurde bereits deutlich, daß im »man« nicht nur die Interaktionspartner der Sprecherin verschwinden, sondern auch das »Ich«. Es löst sich nicht nur sprachlich im »man« auf, sondern auch dadurch, daß die idealen Vorstellungen – die ja der bildhafte Ausdruck der Individualität sein müßten – überhaupt nicht konkretisiert werden, ebenfalls anonym bleiben (auch dies gilt für den *gesamten* Interviewtext und ist keineswegs auf den analysierten Textausschnitt begrenzt). Weder als ›eigentliches‹, ›ideales‹ noch als fremdbestimmtes läßt sich dieses »Ich« konkretisieren: Nach der einen Seite löst es sich in unbestimmte Idealität und nach der anderen in personal unbestimmte schicksalhafte Faktizität auf. Wir wissen allerdings, wo die idealen Vorstellungen, d. h. die Ich-Bestimmung zu suchen ist:
a) in der Vergangenheit und
b) innerhalb des Bewährungsrahmens Familie.
Neben dieser verschleierten ist jedoch eine andere Identität gut erkennbar: die der Interviewten in der aktuellen Interviewsituation. Dieses im Interaktionszusammenhang ›Interview‹ agierende Individuum erweist seine spezifische aktuelle Identität gerade darin, *daß* es sowohl die idealen Vorstellungen als auch die Gründe für deren Scheitern verschleiert. Das ist die Erscheinungsweise seines aktuellen Interaktionsauftritts, seiner aktuellen Interaktionsrolle. Dabei fällt auf, daß die Verschleierung insofern unvollkommen ist, als die Sprecherin Nachfragen zu den von ihr produzierten Ungenauigkeiten und Inkonsistenzen geradezu provoziert. Auf diese Interaktionsangebote zur ›Demaskierung‹ des so offenkundig in Anonymität Verkleideten geht der Interviewer zunächst nicht ein. Dennoch bleibt die Tatsache des Demaskierungsangebotes bestehen, und es ist nach dessen Funktion zu fragen.

Ebene III: Sinnschließung
Methodisch steht die Interpretation nun an folgendem Punkt:
1. Sie kann zurückgreifen auf die Rekonstruktion der idealisierten egologischen Perspektive der Sprecherin. Bei dieser Rekonstruktion wurde die Fähigkeit und Alltagskompetenz des Interpreten eingesetzt, die er *selbst* in alltäglicher Interaktion zur Selbstdarstellung und Selbsterklärung anwendet.
2. Sie hat die monothetische Perspektive der rekonstruktiv idealisierten Subjektivität polythetisch gebrochen, d. h. sie hat die Fä-

higkeit alltäglich Interagierender zur wechselseitigen multiplen Perspektivenübernahme methodisch eingesetzt und damit auch die monothetische Sinneinheit polythetisch gebrochen. Sie hat dabei ebenfalls ein alltäglich regelhaft verwendetes Interaktionsrepertoire (Nachfragen etc. s. o.) bei der Aufdeckung von Lücken und Inkonsistenzen im Text eingesetzt. Dabei wurden ›Bedeutungslücken‹, ›Inkonsistenzen‹ und Sprecherstrategien sichtbar, die eine monothetisch-egologische Interpretation des Textes überschreiten und zugleich deren Grenzen zeigen: Der interaktionsbezogene Sinn eines Textes ist auf Polythetik angelegt und auch in seinem Interaktionssinn, d. i. in seiner intersubjektiven Bedeutung nur polythetisch zu erschließen. Polythetische Bedeutungszumessung und Sinnkonstruktion ist demnach immer perspektivisch gebrochen, also ein Angebot von Lesarten und Deutungen eines Textes, das allein aus sich heraus nicht zu einer Sinneinheit zusammengeschlossen werden kann: Polythetik stiftet keine Sinneinheit, sondern verhindert sie eher.

Einen einheitlichen Interaktionssinn erhält ein Text *nicht* durch die jeweilige konkrete, subjektiv-perspektivische Sinnzumessung der einzelnen Interaktanten. Die Sinneinheit wird vielmehr gestiftet durch die alle Interaktanten in einem Interaktionszusammenhang zusammenschließende, von allen Beteiligten gemeinsam ausgehandelte Interaktionskonfiguration innerhalb eines für alle gemeinsamen Interaktionsprozesses. Die *interaktionstheoretische* Interpretation eines Textes hat dementsprechend nicht lediglich die jeweiligen perspektivisch variierenden, polythetisch strukturierten, möglichen Lesarten der Interaktionsbeiträge zu rekonstruieren, sondern die spezifische Bedeutung der sinnstiftenden Einheit: D. h., sie rekonstruiert das spezifische Handlungs- und Sinnsystem der jeweiligen Interaktionskonfiguration, so wie es sich innerhalb eines konkreten Interaktionsprozesses, einer Interaktionssequenz, äußert. Die Mitglieder dieses spezifischen Handlungs- und Sinnsystems unterstellen – und konstituieren durch diese Unterstellung – eine gemeinsame Wahrnehmungs- und Handlungssituation und ein gemeinsames Relevanz- und Bedeutungssystem. Diese bilden zusammen das Sinngefüge, den Interaktionsrahmen, innerhalb dessen die Interaktionsbeiträge in einer bestimmten Abfolge produziert werden. Diese Abfolge strukturiert den Interaktionsprozeß, wobei die Abfolgestruktur ein allgemeines Prinzip interaktiver Bedeutungszumessung widerspiegelt: die sequenzielle Bedeutungskonstitution und die Selektion von Bedeutungsalternativen durch den Filter der Textabfolge. – Aus dem Interaktionsrahmen und der Abfolgestruktur des Interaktionsprozesses leiten die Interaktionsprodukte ihre Bedeutung ab. Durch sie erhalten sie ihren objektiven, d. i. intersubjektiv gültigen und rekonstruierbaren Sinn – sowohl für die in einem konkreten Interaktionsrahmen Handelnden als auch für die späteren Interpreten der in diesem Rahmen produzierten Handlungstexte. Herauszuarbeiten ist also die konkrete, von allen Beteiligten latent als gemeinsam unterstellte Situations- und Interaktionstypisierung und der objektive, d. h. hier intersubjektive, latente Sinn dieser Typisierung. Erst durch die Aufdeckung dieses Sinnes können Verhaltensstrategien, Sprechertaktiken, bewußte und unbewußte Interaktionsangebote und Reaktionsmuster wie Zustimmung oder Abwehr als Netz sinnhaft aufeinander bezogener Bedeutungseinheiten dargestellt werden.

Der im folgenden am Beispiel dargestellte interpretatorische Sinnschließungsprozeß hat demnach die Aufgabe, über die Darstellung möglicher, z. T. oben bereits angegebener Lesarten des Textes den einheitlichen Sinn der Interaktionskonfiguration zu erschließen, und zwar so, daß die polythetisch möglichen Lesarten (= Einstellungen und Interaktionszüge der Interaktanten) eines Textes in einen durch die Interaktionskonfiguration gestifteten einheitlichen Interaktionssinn des Textes überführt werden können.

Gegenstand interpretierender Sinnschließung sind: die Unbestimmtheits- und Leerstellen; die Widersprüche, die auf sich selbst hinweisenden ›Verschleierungen‹ des Themenkomplexes »ideale Vorstellungen«; die Anonymität – oder sollte man eher sagen – ›Inhaltslosigkeit‹ dieser idealen Vorstellungen sowie die anonymisierten Hinderungsgründe für deren Durchsetzung; die Genese und die Ursachen der zwanghaften Gebundenheit der idealen Vorstellungen an den Bewährungsraum »Familie« und »Familienleben«; die strategische Funktion des Einsatzes von Ungenauigkeiten im Interaktionsbereich Interview bzw. des damit verbundenen Provozierens von Nachfragen.

Leitmotiv ist der scheinbar unaufhebbare Widerspruch zwischen idealen Vorstellungen und der »eben doch« anderen Realität. Beide klaffen, so scheint es, auseinander und sind nicht zu vereinigen – und hieraus, so wird suggeriert, resultiert die tiefe Unzufrie-

denheit und Hilflosigkeit der Sprecherin. – Überprüfen wir diese Argumentation mit den bisherigen Interpretationsresultaten!
Die Genese der idealen Vorstellungen lag vor der Gründung der Wahlfamilie und fungierte als phantasierende Vorwegnahme einer glücklichen Zukunft. Phantasierend vorweggenommen ist jedoch ebenso (vgl. Ebene 1) die Enttäuschung dieser Illusion (»die Realität sieht eben *doch* anders aus« – was man eh schon ahnte oder befürchtete). Von Anfang an besteht also eine Doppelung der Perspektive in antizipierte Idealität *und* deren Enttäuschung durch die Realität. Beides scheint gleich ursprünglich. Das bedeutet, es kann nicht nur formuliert werden »die Realität zerstört die idealen Vorstellungen«, sondern auch »die idealen Vorstellungen zerstören die Realität«. Im Klartext: Die in der Widersprüchlichkeit von Realität und Idealität erlittene Ausweglosigkeit aus der schicksalhaft zu übernehmenden ›schlechten‹ Faktizität erklärt sich als Leiden an der weiter bestehenden kontrafaktischen Wirksamkeit der idealen Vorstellungen, d. h. an der zwanghaften Beibehaltung dieser Vorstellungen. Dadurch wird die »eben doch anders« aussehende Realität zwar wahr-, aber nicht angenommen. Das Leiden an der Realität ist in Wahrheit das Leiden an der zwanghaften Beibehaltung der idealen Vorstellungen.
So resultiert auch die Hilflosigkeit nicht aus der Übermacht der Realität, sondern aus der der Idealvorstellungen, denen die Sprecherin zwanghaft ausgeliefert ist und die sie daran hindern, die Realität zu bewältigen: Nicht die Anforderungen der Realität, sondern die der idealen Vorstellungen sind der Zwang.
Funktional sind Idealität und Realität jedoch unterschieden. In der Überlagerung der UM-ZU-MOTIVE durch die WEIL-MOTIVE (symbolischer Ausdruck der ›Macht‹ des Faktischen aus der Perspektive der Sprecherin) wird diese Unterscheidung deutlich: Die Realität wird handlungs-, die Idealität dagegen *vorstellungs*bestimmend (gleichzeitig die Handlung motivierend *und* wertend). Aus der Sicht der Sprecherin brechen Handlungswelt und Vorstellungswelt auseinander. Objektiv sind sie jedoch eine Einheit: Die Sinneinheit, durch die Lebensgeschichte in Bewährungsgeschichte und der Lebensraum Familie in einen Bewährungsraum umgeformt werden.
Aber diese Deutung zeigt vorläufig nur eine ziemlich abstrakte Sinnfigur, die weiter konkretisiert werden muß. Psychische Kausalität manifestiert sich in der Wahrnehmung der Betroffenen als

personale Kausalität, d.h. individuelle Interaktionsfiguren und Interaktionsmuster sind Produkt sozialisatorischer Interaktion, haben ›personale‹ Ursachen, die eben als sozialisatorische und personale rekonstruiert werden müssen.
Die Genese der idealen Vorstellungen geht zurück auf Interaktionsrollen, die die Sprecherin im Sozialisationszusammenhang ihrer Abstammungsfamilie übernommen hatte. Im vorliegenden Analysezusammenhang – und nun muß methodisch, jedoch lediglich zum Auffüllen konkreter *inhaltlicher* Lücken das Kontextwissen des Interpreten eingesetzt werden – spielt insbesondere die Behinderung von Handlungs- (hier: Fortbildungsplänen) durch den Vater der Sprecherin eine entscheidende Rolle. Der Fortgang der Lebensgeschichte der Sprecherin vollzieht sich unter diesem Aspekt als Aufbau von Gegenpositionen zum Vater – und seiner Sicht der Realität: Die Sprecherin wird zwar nicht, was sie werden wollte (vgl. Soziologie- oder Psychologiestudium), aber sie wird erst recht nicht das, was der Vater von ihr erwartet. Sie macht das Abitur gegen den Willen des Vaters, ergreift einen anderen Beruf, studiert schließlich – bringt den Beweis, daß sie ›wer‹ ist –. Aber ›wer‹ ist sie?
Zunächst einmal nichts anderes als eine Gegenposition. Und das erklärt – sieht man einmal ab von der Schilderung eines ›idealen‹ Tagesablaufs – die Anonymität der idealen Vorstellung: Aus dieser Gegenposition und dem Bewährungszwang gegenüber dem Vater ist keine inhaltliche Position geworden. Die Sprecherin setzt auch heute ihre Wünsche noch nicht um – sie studiert immer noch nicht Soziologie oder Psychologie, sondern das Fach ihres neun Jahre älteren Mannes, eines promovierten Diplom-Volkswirtes; interessant ist hierbei zweierlei:

1. daß ihr Vater, was die Einschätzung der Realität anging, mit seinem »altbekannten Standpunkt, du heiratest ja sowieso, du brauchst das sowieso nicht..., in gewisser Weise ja auch recht gehabt« hat,
2. daß ihr die jetzige Anerkennung der Studienleistung durch den Vater und sein gegenwärtiges Interesse an ihrem Studium gleichgültig sind.

Dessen Rolle hat – allerdings etwas umgefärbt in die eines Bewährungshelfers – nun der Ehemann übernommen. Sein Interesse oder seine Hilfe sind – in der Sicht seiner Frau – bezeichnenderweise mangelhaft und dienen eher der Selbstdarstellung.

Das soll zunächst an inhaltlichen Ausflügen in den Kontext reichen, um einerseits der Plausibilität der Interpretation zu dienen und andererseits die Verknüpfung von Analyseszenen und Kontext zu veranschaulichen.
Halten wir also das Interpretationsergebnis der Analyseszene fest! Es erhebt den Anspruch, innerhalb des thematischen Bereiches ›Familiale Interaktion (Situation) der Sprecherin‹ eine Sinnfigur widerzuspiegeln, die für den gesamten Interviewtext repräsentativ und verpflichtend ist. Oder – stärker formuliert: die Interpretation hat zwar eine Reihe von anderen Gegenstandsbereichen und Themen des Gesamttextes nicht behandelt, kann aber dennoch – innerhalb ihres thematischen Bereiches – durch diese Kontexte nicht widerlegt, sondern bestenfalls inhaltlich konkretisiert und aufgefüllt werden:
Im biographischen Kontext der Sprecherin wird deutlich, daß sie im sozialisatorischen Interaktionszusammenhang auf eine traditionelle Rolle verpflichtet werden sollte, gegen die sie zwar Widerstand leistete, wobei sie letztlich den Widerstand *an sich* zu »idealen Vorstellungen« hochstilisierte, daß aber die Realitätseinschätzung des Vaters diese idealen Vorstellungen doch einholte.
Die altersbedingte notwendige Loslösung von der Familie in der Pubertät mißlingt insofern, als die Konfliktlösung zwanghaft in eben dem Bereich, der Familie, gesucht wird, von dem die Sprecherin sich lösen wollte. Die Ursachen für diese ›Fehlentwicklung‹ lassen sich aus dem Interviewtext nicht entschlüsseln, dazu müßten die Familiensysteme – sowohl das der Abstammungs- als auch das der Wahlfamilie – untersucht und eine längere Analyse durchgeführt werden.
Die zwanghafte Verknüpfung von leerer Idealität des Widerstandes und gleichzeitig bedrängender Realität mit dem Entstehungsfeld dieses Konfliktes – mit dem Bewährungsraum Familie – erweist sich als Ergebnis eines ungelösten Konfliktes zwischen Unterordnung in familiale Rollenzwänge einerseits und Individuierung (= Befreiung von solchen familialen Zwängen) andererseits. Der jetzt gewählte ›Ausweg‹ aus familialen Zwängen, das Fernstudium, bindet jedoch die Sprecherin durch die Wahl des Studienfaches, das dem Beruf ihres Mannes, nicht aber der eigenen Neigung entspricht, wieder an die Familie zurück.
Fazit: Die von der Sprecherin in ihrem Interaktionsbeitrag darge-

stellte *Interaktionsszene Familie* zeigt – was die Sprecherin angeht – als ›objektive‹ Interaktionskonfiguration eine Identitätskrise, resultierend aus einer mißlungenen biographischen Statuspassage (Loslösung von Abstammungsfamilie). Diese mißlungene Statuspassage wird – regressiv – in die Wahlfamilie mit eingebracht und somit eine perpetuierte Übergangssituation – d. h., es wird auch ein Perpetuieren des Mißlingens der Statuspassage und damit der Individuierung installiert.
Von der so verstandenen Darstellung der Interaktionsszene ›Familie‹ muß die Interaktionsszene ›Interview‹ unterschieden werden. Die Interaktionskonfiguration, innerhalb derer die Sprecherin Verschleierungsstrategien anwendet, um Nachfragen im Konfliktbereich der Interaktionsszene »Familie« zu provozieren, zielt strategisch auf den Wunsch nach Erlaubnis zur Demaskierung, zur Offenlegung des Konfliktes. Das taktische Ziel – Provozieren von Nachfragen durch den Interviewer – wird dabei erreicht, und damit wird auch die – interviewbezogene – Sinnfigur deutlich:
Die Nachfragen provozierende Verschleierung des Konfliktes und das Signalisieren von ›Hilflosigkeit‹ zwingen dem Interviewer an mehreren (entscheidenden) Stellen des Interviews ein therapeutisches Gespräch auf. Das Interview wird zum psychologischen Beratungsgespräch umgeformt, und der Interviewer – wohl nicht zuletzt auch wegen seiner Profession – als Therapeut mißbraucht. – Die Ungenauigkeit der Darstellung der familialen Interaktionsszene, d. h. die Verschleierungstaktik, antizipiert dabei geschickt die Abwehr des Interviewers, der sich einer unvermittelten offenen ›Aussprache‹ entzogen hätte und deswegen zum Nachfragen gezwungen wird, um anschließend auf eben dieses Nachfragen, d. h. auf das Zuhören, verpflichtet zu werden: Ein schönes Beispiel für die Umformung eines soziologischen Leitfadeninterviews in eine therapeutische Sitzung.

Strukturanalytische Feldstudien
Ein Anwendungsbeispiel

1. Vorbemerkung zur Fragestellung

Das Projektbeispiel, auf das ich mich im folgenden beziehe (»Polizeiliche Vernehmung jugendlicher Tatverdächtiger«), steht in einem größeren Zusammenhang. Uns geht es darum, in Form von Strukturanalysen die Unterschiede und/oder Gemeinsamkeiten der institutionellen ›Behandlung‹ von jugendlichen Tatverdächtigen auf der Basis von Feldstudien in drei verschiedenen Bereichen (Jugendgericht, Polizei, Strafvollzug) herauszuarbeiten. Die Strukturanalysen zielen auf die Charakterisierung der Logik(en) professionellen Handelns innerhalb der genannten Institutionen. Aus dieser allgemeinen Fragestellung haben wir eine spezifische Teilfrage ausgegliedert und in den Mittelpunkt unserer Untersuchungen gestellt. Es ist die wissenssoziologisch motivierte Frage nach dem Routinewissen der Professionellen in berufstypischen Standardsituationen, also nicht nach dem, was – etwa in gesatzten Regeln oder Handbüchern – ausformuliert ist, sondern nach dem Routinewissen, das Professionelle in den Stand setzt, in bestimmten Situationen effektiv, schnell und ›richtig‹ zu handeln.
Dieses Routinewissen ist selten ausformuliert. Würde man mit Hilfe von Fragebögen oder Leitfadeninterviews die Professionellen danach fragen, »warum sie tun, was sie tun«, so würde man mit Sicherheit Antworten bekommen, die genau das nicht betreffen, nämlich das implizite Routinewissen, auf das man zielt. Sie alle wissen, daß zwischen Einstellung und Defactohandeln, zwischen gelerntem, explizit darstellbarem Wissen und habituellem Handeln ein tiefgehender Unterschied besteht. Zur Lösung unserer Frage wählen wir ein ethnographisches Verfahren. Für die Praxis bedeutet dies: Wir arbeiten in den Polizeiwachen, fahren mit den Beamten Streife, beobachten im gesamten Feld, ›was dort passiert‹. Wir führen kaum Interviews durch, sondern sammeln das, was man ›natürliche Daten‹ nennen könnte, Daten, die in situ von den Handelnden erzeugt werden. ›Natürlich‹ bleiben auch diese Daten nicht ›natürlich‹, da sie von uns verschriftet, also künstlich hergestellt werden wie andere Daten auch. Aber wir

erheben ethnographisch und versuchen, die Struktur des beobachteten Handelns in der Aufbereitung der Daten sowenig wie möglich zu verändern, es so weit wie möglich ›selbst sprechen‹ zu lassen. Genauer: die Struktur der Transkription und der Datenaufbereitung hat sich nach der Struktur des beobachteten Handelns zu richten – und nicht umgekehrt.

Ich gehe in diesem Zusammenhang nur auf ein inhaltliches Problem ein, aber auch dieses werde ich nicht ausführlich behandeln können. Ich meine die Fragen: Wie wird das, was ›Wahrheit‹ oder ›Wirklichkeit‹ sein und für das weitere Verfahren bleiben soll, wie wird das, was angeblich ›wirklich‹ stattgefunden hat, in der Ermittlungstätigkeit rekonstruiert? Was sind die Verfahren, welches ist das Routinewissen, auf das sich diese Rekonstruktion stützt?

2. Die Nachzeichnung der Handlungsstruktur als Sinnstruktur

Sieht man sich das polizeiliche Handeln einer ganz normalen Polizeiwache an, so fällt auf, daß dort weitgehend aufgrund einer second-hand-Realität erste Entscheidungen fallen und gehandelt wird. Die Einsatzleitstellen der Polizei regeln die polizeilichen Einsätze der einzelnen Wachen aufgrund von Informationen und ›Geschichten‹, die wiederum den Leitstellen übermittelt wurden, ohne daß diese Informationen dort überprüft werden könnten. Die Besatzungen der Einsatzleitstellen haben keine Eigenwahrnehmung zu dem, was sie als Entscheidungsgrundlage nehmen, d.h. sie leben von Texten, genau wie wir auch. Sie sind abgeriegelt von der ›Außenwelt‹, auf die sich ihre Entscheidungen beziehen, sie leben in einem Innenraum, der nur über technische Fühler und die Eingabe von Sprachsignalen mit der Außenwelt verbunden ist. Dennoch treffen die Einsatzleitstellen die ersten Entscheidungen – wiederum sprachlich, und von diesem Zeitpunkt an wird das in Gang gesetzt, was wir als ›Textgenerierung‹ auf verschiedenen Ebenen und innerhalb verschiedener Phasen bezeichnet haben. Diese Textgenerierung geschieht nicht ziellos oder zufällig. Sie hat einen strukturstiftenden thematischen Kern, und es kommt bei der Analyse darauf an, dieses treibende Element zu finden. Wir glauben es an einer für polizeiliches Handeln

spezifischen Stelle gefunden zu haben: in der Verdachtsannahme. Die Folgefrage ist also: Was ist ein Verdacht?
In der Literatur wird diese Frage relativ stiefmütterlich behandelt, aber immerhin gibt es dazu einige Hinweise in den kriminalistischen Lehrbüchern. Diese kann man sich durchlesen und als ›geronnenes Erfahrungswissen‹ ernst nehmen. Man kann darauf aber auch aus guten theoretischen Gründen verzichten und sich stattdessen den empirisch beobachtbaren Handlungszusammenhängen zuwenden. Dies will ich in diesem Zusammenhang nicht tun, sondern das explizite Erfahrungswissen nutzen. Ich zitiere also eine Definition. »Verdacht liegt vor«, heißt es da, »wenn aufgrund von Wahrnehmung konkrete Anzeichen festgestellt werden, die nach kriminalistischer und kriminologischer Erfahrung strafbares Handeln als möglich erscheinen lassen« (Meyer et al. 1983, 65).
Verkürzt ausgedrückt stützt sich die Verdachtskonstitution auf zwei Vorannahmen: 1) auf eine als mehr oder weniger bekannt vorausgesetzte typisierte *Symptomatik strafbaren Verhaltens*, aus der sich jene »konkreten Anzeichen« ableiten lassen und durch die sich die Aufmerksamkeitsrichtung der Wahrnehmung leiten läßt; 2) Verdacht leitet sich ab aus der Annahme, daß aufgrund einer professionell geschulten und eingeschliffenen Erfahrung Handlungen als möglicherweise strafbar erscheinen, die aus der Perspektive alltäglicher Erfahrung als ›normal‹ wahrgenommen würden: die professionelle Perspektive konstituiert hier – das ist das Entscheidende – mögliche konkurrierende Deutungen des Offensichtlichen. Als Handlungs- und Deutungsregel gilt – ich zitiere einen Kriminalbeamten: »Was man sieht, ist nicht das, was es bedeutet.« Theoretisch läßt sich diese Haltung beschreiben als ›Handeln mit Als-ob-Wirklichkeiten‹, Handeln auf vielfältigen Wirklichkeitsebenen (vgl. hierzu die konstitutionsanalytischen Untersuchungen von James und Schütz), Handeln vor dem Hintergrund der Annahme, daß die Relevanz einer Wahrnehmung sich aus deren Einbettung in unterschiedliche Deutungszusammenhänge ergibt. Dennoch: Dieses professionelle Sich-Bewegen in einer ›Als-ob-Wirklichkeit‹ setzt reale Entscheidungen und Handlungsabläufe in Gang, stiftet die Ablaufstruktur polizeilichen Handelns und bestimmt die Testverfahren, mit deren Hilfe die Wahrnehmungsdaten überprüft werden.
Dieses Handeln innerhalb einer Als-ob-Wirklichkeit ist etwas völlig anderes als der alltägliche Verdacht. Ein alltäglicher Ver-

dacht – z. B. der Eifersuchtsverdacht – würde immer nur die negativste als wahrscheinlichste Lesart für eine Wahrnehmung wählen. Sie wäre zur Bestätigung des Verdachts hinreichend. Professionelles Verdachtshandeln dagegen verfährt so, daß alles, was als Datum – als ›Spur‹ – vorliegt, auf die unwahrscheinlichste – als auch noch mögliche – Deutung hin überprüft wird. Dabei gehen die Polizisten nach einer Devise vor, die ungefähr so formuliert werden kann: Finde die wahrscheinlichste (nicht die rationalste, sondern die wahrscheinlichste!), die dem Normalen und Unauffälligen am nächsten kommende Lösung und kontrastiere sie mit der unwahrscheinlichsten. An zwei kleinen Beispielen – bezogen auf unterschiedliche Verdachtstypen – läßt sich die Konsequenz dieser Devise illustrieren.

Den ersten Verdachtstypus bezeichnen wir in Anlehnung an eine spezifische, phänomenologische Tradition (Schütz/Luckmann) als den ›auferlegten Verdacht‹. Damit ist jener Verdacht gemeint, den z. B. Streifenbeamte aufgrund einer sprachlichen Meldung, dies oder jenes sei da oder dort angeblich geschehen, als Vorannahme mitnehmen, wenn sie sich an den Ort des Geschehens begeben: Dieser Verdacht ist von der Einsatzleitstelle oder der Wache vorformuliert und beruht auf einer noch nicht geprüften ›Meldung‹. Die sprachliche Formulierung dieses den Beamten von anderen auferlegten Verdachtes hat also bereits zwei Phasen der ›Textbearbeitung‹ durchlaufen, bevor sie einem empirischen Testverfahren ›im Feld‹ ausgesetzt wird. Interessant ist dabei, daß – obwohl sich bis dahin alle beteiligten Stellen in einer sprachlichen fiktionalen Wirklichkeit bewegen – die Einsatzleitstellen oder Wachen in ihren Formulierungen selten den Konjunktiv benutzen. In der indikativischen Formulierung (»Das und das *ist* dort passiert.«) verschmelzen Verdacht und Tatsachenbericht. Dennoch geht jeder Beteiligte nach dem Prinzip vor: »Erst mal sehen, was da wirklich passiert ist.« Das Als-ob-Element des Verdachts bleibt in allen Phasen wirksam.

Den zweiten Verdachtstyp haben wir als ›Verdacht aufgrund einer Wahrnehmung‹ bezeichnet. Ein schönes Beispiel dafür hat Frau Ricken, eine der Projektmitarbeiterinnen, protokolliert: Ein Streifenwagen fährt rechts auf einer zweispurigen Straße ›Streife‹. Links neben ihm fährt ein anderer Wagen, beide halten gemeinsam vor einer auf Rot geschalteten Ampel. Der Fahrer des neben dem Streifenwagen haltenden Autos kurbelt das Fenster herunter und fragt: »Hören Sie mal, wo geht's denn hier zum nächsten Puff?« Der Polizist gibt sachkundig Auskunft, und die Scheiben werden wieder hochgekurbelt. Beide Wagen fahren an, die Straße wird einspurig. Im Streifenwagen findet nun folgende Unterhaltung statt: Der Beamte, der Auskunft gegeben hat, fragt: »Sollen wir den mal anhalten? Der war bestimmt nicht nüchtern.« Der andere: »Meinste?« Wiederum der erste: »Wer die Sheriffs nach dem Weg zum Puff fragt, kann nicht nüchtern sein.« Konsequenz: Sie stoppen den Erotiktouristen. Der Alkohol-Test ergibt: 0,9 Promille.

Das Beispiel zeigt, daß auch bei einem Verdacht aufgrund eigener Wahrnehmung auf mindestens zwei Wirklichkeitsebenen gehandelt wird: alles kann harmlos und ›normal‹ sein – also gibt man in unserem Beispiel Auskunft; es kann aber auch weniger harmlos sein (je fröhlicher man im Umgang mit der Polizei ist, um so weniger gilt man als ›normal‹). Ein Test ist allemal die beste Lösung. Die Symptomatik des Strafbaren konstituiert sich nach der Regel, daß tendenziell alles, was sich vom grauen Flanell des Normalen (über das man routinehaft ›gesichertes‹ Hintergrundwissen zu besitzen scheint) abhebt, als potentiell kriminelle Abweichung behandelt wird.

Diese Symptomatik konstituiert also konstrastierend nebeneinander sowohl die Typenrepertoires des Normalen als auch das der Abweichung. Beiden Typenrepertoires ist ein zwar inhaltlich unterschiedlicher, strukturell jedoch in gleicher Weise fungierender, normativer Hintergrund gemeinsam. Wer normal sein will, hat in dieser, der Abweichler in jener Weise zu handeln. Dabei wird folgender Zusammenhang deutlich: die Normen des alltäglichen Zusammenlebens müssen als solche überhaupt nicht ausformuliert sein – sie gewinnen ihre Realität durch das ständig wirksame Bewußtsein der Möglichkeit eines Normenverstoßes. – Was man tun soll, ist schwerer zu formulieren als das, was man nicht tun soll: von den 10 ›Geboten‹, auf die sich die christliche Kultur stützt, sind 7 Verbote.

Ganz allgemein gilt, darin besteht die Dialektik der Wirksamkeit von Normen, daß diese ihren regulativen Effekt durch das kollektive Wissen um eine mit der ›normalen‹ Ordnung konkurrierende Wirklichkeit erhalten. Oft genug lernen wir die Normen des ›Normalen‹ erst dadurch kennen, daß wir gegen sie verstoßen haben und die gesellschaftlichen Reaktionen auf unseren Verstoß zu spüren bekommen. Es geht uns so wie den Besuchern von Sarrasanis Monster- und Freakshows: wir lernen – so Goffmans These – unsere Normalität erst angesichts des Abstrusen kennen und schätzen.

Bestimmte Berufsgruppen, zu denen – unter vielen anderen – auch die Polizisten gehören, können als von der Gesellschaft beauftragte ›Wächter‹ über die Normalität angesehen werden. So bewegen sich zum Beispiel Streifenpolizisten in ihrem Revier wie Förster, die ihre Wälder kennen und nachschauen, welche Bäume nicht ganz in Ordnung sind, welche Wildbestände gefährdet, welche Einzeltiere krank sind, ob die Wildwechsel eingehalten werden etc. Diese Prüfung fällt leicht, solange der Wald, den sie seit langem kennen, ihren Ordnungsvorstellungen entspricht, sich ›normal‹ entwickelt und nicht abrupt ändert. Wenn diese gesellschaftlichen Revierförster keine neuen ›Normalitätshinweise‹ durch den Gesetzgeber bekommen, etwa solche, die nun die strafbare Verunreinigung von Flüssen und Bächen betreffen, dann tun sie nichts weiter als das, was sie schon immer getan haben: Sie wachen über die Normalität und Sauberkeit ihrer Reviere mit Hilfe der Symptomatik des Anomalen. Nebenbei: Der Streifenpolizist als ›Revierförster‹ verfährt nach einem völlig anderen Muster als der Kriminalpolizist. Zwar bewegen sich beide ›vertraut‹ in ihrem jeweiligen Milieu, beide aber mit völlig anderen symbolischen Etiketten, Uniformen versus Zivilkleidung. – Die einen tauchen im Prinzip als einzelne ins Milieu ein, die anderen heben sich symbolisch davon ab. Die einen bewegen sich in ihrem Revier selbst bei Treibjagden noch als Förster, die anderen passen sich an die Tarnfarben ihres Milieus an. Sie sind Jäger: Sie jagen mit offiziellem Auftrag die ›inoffiziell‹ Jagenden.

Die Doppelstruktur des Verdachtshandelns besteht darin, daß aus dem Verdacht gegenüber der beobachteten Wirklichkeit die das polizeiliche Handeln steuernde, realitätsstiftende Wirklichkeit des Verdachtes erwächst. Die verdächtige Wirklichkeit resultiert aus der professionell konstituierten Wirklichkeit des Verdachtes. Durch diese Perspektive werden Realhandlungen in Gang gesetzt, die einer eigenen Gesetzlichkeit gehorchen. Das Selbstverständliche, die Routinen der alltäglichen Normalität, gelten nicht länger als selbstverständlich, sie werden im Licht einer professionell strukturierten Aufmerksamkeit tendenziell einer permanenten Kontrolle unterzogen. Dennoch werden neben den und durch die Prüfverfahren Handlungen angestoßen, die in einer ›selbstverwalteten‹ Normalität unterblieben wären.

3. Zur Problematik des wissenschaftlichen Beobachtens von Beobachtern und des wissenschaftlichen Interpretierens von Interpreten

In den von uns analysierten Feldern – Gericht, Polizei – besteht eines der schwierigsten Probleme darin, daß man das Beobachten von Beobachtern und das Interpretieren von Interpreten zum Forschungsgegenstand hat. Es geht ja letztlich darum, herauszufinden, welches die *impliziten* Regeln der Beobachtung und der Interpretation innerhalb dieser Professionen sind.

Auch hier wäre es sinnlos zu fragen: »Was tun Sie eigentlich, wenn Sie beobachten oder interpretieren?« Bei der Beobachtung von Streifenbeamten etwa fällt auf, daß bei deren Einsätzen kaum gesprochen wird. Man bekommt eine kurze Meldung, dazu gibt es vielleicht eine kurze Nachfrage, man sendet das Signal »Verstanden« über das Band, und von diesem Zeitpunkt an finden keine ›Sprechhandlungen‹ mehr statt. Beobachter, die hier Texte festhalten wollten, konnten ihre dicken Schreibblöcke getrost zu Hause lassen. Anstelle verbaler Aktivitäten ist eine ungeheuer starke, anhaltende Konzentration der Streifenbeamten beobachtbar. Sie sind in jeder Hinsicht – u. a. über mehrere Bänder – ständig empfangsbereit. Während sie handeln und beobachten, hängen sie am Nabel ihres Sprechfunks, auch wenn sie durch ihn über längere Zeit nicht versorgt werden.

Beobachtbar ist also ein Repertoire von Handlungsroutinen. Daß diese professionell erworben sind, stellen wir im ›Fallvergleich‹, in der vergleichenden Analyse mehrerer Streifenwagenbesatzungen und ähnlich gelagerter Handlungsabläufe fest. In der fallvergleichenden Analyse wird zudem erkennbar, daß sich diese Handlungsroutinen auf vortypisierte Problemfelder beziehen. Schon die Formulierung der Meldung durch die Einsatzleitstelle arbeitet mit diesem Vorwissen: Die Kopplung von vortypisiertem Problemfeld (Überfall, Einbruch, Ruhestörung), Formulierung der Meldung und Repertoires von Handlungsroutinen führt dazu, daß jeder Beamte, der eine Meldung erhält, sofort weiß, was er zu tun hat. Jüngere Beamte erwerben dieses Handlungswissen nicht durch verbale Erläuterungen, sondern dadurch, daß sie von älteren, erfahrenen Kollegen nach dem Prinzip ›learning by doing‹ in die Handlungsabläufe eingewiesen werden. Diese Lehre ist erstaunlich ›sprachlos‹. Auf ihren Einsätzen interpretiert diese Berufsgruppe handelnd, während sie handelnd interpretiert. Das ablaufende Aktions- und Reaktionsmuster repräsentiert das implizite Interpretationsmuster.

Am Endpunkt dieses Handelns steht ein kurzer Bericht, der nur noch Rudimente des Handlungs- und Deutungswissens enthält. – In den Fällen jedoch, bei denen jedermann weiß, daß sie sprachlich ›nachbehandelt‹ werden (Vergehen oder Verbrechen, auf die Vernehmungen, Verhöre, Gerichtsverhandlungen folgen), wechseln Handlungs- und Vertextungsphasen einander ab. Und hier ist die Nachzeichnung der Struktur und der Abfolge der Textbearbeitung schon deshalb wichtig, weil die letzte Instanz, die sich mit den ›Texteditionen‹ beschäftigt, das Gericht, nur noch die weitgehend von polizeilicher Handlung ausgedünnten Berichte, Protokolle oder Spurensammlungen zu sehen bekommt.

Ich gehe hier nicht auf die Problematik der Verschriftung von Handlungsabläufen durch Beobachtungsprotokolle ein. An anderer Stelle habe ich versucht, diese Probleme zu beschreiben und die Richtung möglicher Lösungen anzugeben. Im vorliegenden Zusammenhang kann es nur darum gehen, zu zeigen, wie wir praktisch vorgehen: Die Mitarbeiter zeichnen – einer auf den Beobachtungsbögen angegebenen ›Zeitleiste‹ folgend – die Handlungsabläufe vom Einsatzbefehl bis zum Ende des Einsatzes auf. Dabei dient die ›Zeitleiste‹ bei der Analyse der Beobachtungsprotokolle als systematisierte Aufmerksamkeitskontrolle. (Warum, z. B., gibt es für die Zeit von ... bis ... keine Eintragung? Was geschah in der Zeit, in der laut Protokoll ›nichts geschah‹? Was entging möglicherweise den ›Beobachtungsroutinen‹ des Mitarbeiters? etc.) Im Vergleich der Beobachtungsprotokolle ähnlich gelagerter Fälle werden ›Handlungs-‹ und ›Entscheidungsknotenpunkte‹ herausgearbeitet. Diese werden durch die Analyse weiterer Fälle und gezielte Überprüfung in Nachfolgeerhebungen abgesichert und präzisiert. Am Ende dieses Interpretations- und Testverfahrens steht ein strukturanalytisch verdichteter ›Handlungstypus‹, an dem ›idealtypisch‹ die wesentlichen Elemente des Handlungsablaufes abgelesen werden können. Dabei wird die Ablaufstruktur rekonstruktiv so dargestellt, daß sie die Hand-

lungslogik und Sinnstruktur des jeweiligen Handlungstypus erkennbar widerspiegelt und somit auch die impliziten Handlungs- und Deutungsleistungen der beobachteten – ebenfalls typisiert dargestellten – Beamten expliziert.
Diese auf der Basis von Beobachtungsprotokollen erstellte Typen(re)konstruktion zielt auf die Herausarbeitung bestimmter, je nach Untersuchungsfeld eingrenzbarer Formen des *Deutungs-*, *Handlungs-* und *Entscheidungswissens* der professionell Handelnden, so wie es sich in den *konkreten* Handlungen ausdrückt. Wir nehmen damit in sehr praktischer Weise Webers Postulat ernst, daß Soziologie »Wirklichkeitswissenschaft« zu sein habe, wobei wir uns – zunächst – vorwiegend auf die Beschreibung der Verfahren und Folgen spezifischer, hier: professioneller Formen der Wirklichkeitskonstitution konzentrieren.

4. ›Textverarbeitung‹

Auf die unterschiedlichen Phasen der Textbearbeitung – von der Festnahme über die Vernehmung bis zur Endredaktion im unterschriebenen Protokoll – oder Geständnis – wurde schon hingewiesen. An einem typischen Ablauf läßt sich dieser Vorgang gut veranschaulichen. Als Beispiel wähle ich eine ›normale‹ Festnahme eines Ladendiebes. Hier wird die Polizei durch den Kaufhausdetektiv benachrichtigt und herbeizitiert. Sie befragt – in der Regel nur kurz – den Festgenommenen, der vorher schon vom Kaufhausdetektiv befragt worden ist. Der Festgenommene liefert dem Polizeibeamten also bereits die zweite Version dessen, was – aus seiner Sicht – passiert ist. Im Streifenwagen, auf dem Weg zur Wache, ergibt sich meist ›wie von selbst‹ die Situation, daß der Verdächtige gefragt wird, was denn nun eigentlich ›genau‹ geschehen sei: es folgt die dritte Version. Die ist schon etwas ›elaborierter‹ und nimmt spürbar die Darstellungsform einer Geschichte an. Auf der Wache bleibt der Festgenommene in der Regel eine ganze Weile allein. Der Vernehmungsbeamte – wiederum ein neues Gesicht – ist zwar von seinen Kollegen weitgehend informiert, fordert aber ebenfalls ›seinen‹ Bericht ein: der Ladendieb liefert die inzwischen vierte Variante. Diese vierte Variante dient als Vorlauf für ein Protokoll, das auf der Basis dieser Variante *und* ergänzender Fragen erstellt wird. Es enthält jedoch weder die Fragen des vernehmenden Beamten noch jene Details, die diesem als ›unwichtig‹ erschienen sind. Sie ist damit nicht einfach die fünfte Version einer ›Geschichte‹, sondern die erste ›fremderarbeitete‹, nach bestimmten professionellen, auf das Folgeverfahren hin orientierten Kriterien erstellte Version. Zugleich ist sie – nach dem Motto ›nicht nur, wer schreibt, bleibt‹, sondern auch alle, die verschriftet sind – die erste und bis auf weiteres entscheidende *schriftliche* Textedition. Sie ist die aus mehrfachen Formungs-, Abschleifungs-, Auffüllungs- und Gerinnungsverfahren hervorgegangene, schließlich auf ein bestimmtes ›Publikum‹ hin editorisch bearbeitete, zum Texttyp ›Protokoll‹ erstarrte ›Repräsentation‹ einer – als solcher – nicht mehr auffindbaren ›ursprünglichen‹ Handlungssituation. Kurz: Das, was Staatsanwalt oder Haftrichter vorgelegt bekommen, das Protokoll, repräsentiert weder die ursprüngliche Situation noch die ›Realaussage‹. Es ist vielmehr ein entscheidungsvorbereitendes Produkt und kommt durch Verknappung auf das Entscheidende und polizeiliche Vorkodierung einer juristisch ›brauchbaren‹ Entscheidungsgrundlage schon relativ nahe.

Sieht man sich diese Arbeit am Text an, so ist man versucht, sie mit literarischen Textbearbeitungen zu vergleichen, etwa mit C. F. Meyers Arbeit an dem Gedicht »Der römische Brunnen«. Aber wenn man die Endfassung des Gedichtes und die ihr vorausgehenden Versionen vergleicht mit jenen Textversionen, mit denen wir zu tun haben, so fallen die wesentlichen Unterschiede gegenüber der literarischen Textbearbeitung auf: 1) ›unsere‹ Variationen leben von und werden situativ gefiltert durch die Interaktion mehrerer Beteiligter. 2) Die Arbeit am Text vollzieht sich innerhalb der – von den Beteiligten zumeist nur implizit gewußten – Regeln, Muster und ›Gattungen‹ der Mündlichkeit. 3) Die einzelnen Versionen können verdichtet, verkürzt und verknappt sowie detailliert und aufgefüllt werden – je nach situativer Anforderung, Gesprächstaktik oder veränderter Zielrichtung.

In diesem Zusammenhang ist noch auf ein sonst wenig beachtetes, aber doch wichtiges Phänomen hinzuweisen. Wer solche Protokolle kennt, weiß, daß die Vernehmungsbeamten darin die Widersprüchlichkeiten oft unkommentiert stehenlassen. Die Frage, warum sie dieses tun, beantworten sie häufig damit, daß es zwar die Aufgabe der Polizei sei, den Täter zu ermitteln, man aber mit der Justiz keine guten Erfahrungen gemacht habe (»Was soll ich

die Widersprüchlichkeiten schließen, die lassen den doch wieder laufen!«). Wie man jedoch an denjenigen Protokollen erkennen kann, bei denen das ›laufen lassen‹ sehr unwahrscheinlich ist, gibt es noch einen anderen Grund dafür, die Widersprüche nicht nur einfach stehenzulassen, sondern sie durch die Fragen (die im Protokoll fehlen) herauszuarbeiten und dem im Verfahren Nächsten, Staatsanwalt oder Haftrichter, mit der ›Bitte um Bearbeitung‹ vorzulegen: »Kümmere du dich darum, die Lücken zu schließen, das ist nun nicht mehr meine Sache.«: Die polizeiliche Bearbeitung des Falles wie des Textes folgt den Regeln der kriminalistischen Kodierung. Die juristische Kodierung und Entscheidung folgt anderen Regeln, orientiert sich an anderen Zielen – muß also den Fall wiederum einer anderen Logik, einer anderen Sprache übereignen. Man weiß also von der Folgeinstanz, daß sie die Widersprüche benötigt, aber auf eigene Weise damit verfährt.
Schon hier ist gut erkennbar, daß die Textversion des Protokolls auf eine zukünftige Wahrheit hin entworfen ist: Einige ausgewählte Daten aus der Vergangenheit werden auf eine in der Zukunft zu treffende Entscheidung hin vorstrukturiert. – Nebenbei: Auch Urteil und Urteilsbegründung, mit denen der nächste institutionell geprägte Arbeitsgang abgeschlossen wird, enthalten Elemente eines futurisch orientierten Wahrheitsbegriffes. Sie versuchen – nicht nur, aber auch – eine Antwort zu geben auf die Frage: »Können wir eine Entscheidung treffen, die das Verhalten des Verurteilten in Zukunft positiv beeinflußt?« Im Jugendstrafrecht wird dies besonders deutlich, das Strafrecht enthält jedoch ganz allgemein – vgl. u. a. den Präventionsbegriff – Elemente eines futurischen Wahrheitsentwurfes. Wahr ist letztlich, was entscheidbar ist und was entschieden werden soll: die polizeiliche und z. T. auch die juristische Wirklichkeits*rekonstruktion* und Wahrheits*konstruktion* ist zu einem bedeutenden Teil Editionsarbeit an einem entscheidungsfähigen und entscheidungslegitimierenden Text.
Während all dieser Verfahrensabläufe stehen zwei Wissenstypen einander gegenüber, die aneinander angeglichen werden müssen: das ›Ereigniswissen‹ auf der einen und das ›Verfahrenswissen‹ auf der anderen Seite (Soeffner 1984a, 206 ff.). Über ersteres verfügen nur diejenigen, die selbst an der ›Ursprungssituation‹ teilhatten, seien sie Täter, Opfer oder Zeugen. Dieses Ereigniswissen steht aber eben jenen nicht zur Verfügung, die später den Fall zu ver-

handeln und über ihn zu entscheiden haben. Sie besitzen – oder sollten zumindest besitzen – statt dessen ein professionell erworbenes Verfahrenswissen: dieses Wissen umfaßt Techniken der Befragung, des Zuhörens, der Analyse, der logischen Subsumtion ebenso wie die Beherrschung eines für die jeweilige Profession typischen Relevanzsystems. Anders ausgedrückt: die Angehörigen der jeweiligen historisch ausdifferenzierten Professionen sind Spezialisten zur Konstruktion von ›Spezialwahrheiten‹, von spezifischen Wahrheitsausschnitten, eben jenen, über die kompetent zu entscheiden man geschult ist. Für andere Wahrheitsausschnitte sind jeweils wieder andere Spezialisten zuständig. Das Zusammenspiel der unterschiedlichen Spezialisten, ihrer Teilwahrheiten und Teilverantwortlichkeiten, läßt sich gut beobachten bei Verhandlungen über ›psychisch kranke‹ Täter.

Die Herrschaft der Relevanzsysteme drückt sich in den Techniken der Ein- und Ausklammerung von Daten ebenso aus wie in der Wahl bestimmter kommunikativer Darstellungsformen für ›Wahres‹ (Gutachten, Protokoll, Urteil, Plädoyer etc.). So läßt sich erklären, daß bei der Angleichung des Ereigniswissens an das Verfahrenswissen den Ereignissen eigentlich nur dann eine Bedeutung zukommt, wenn sie stimmig in die jeweilige Darstellungsform und deren Logik eingepaßt werden können. Die Dominanz der Konsistenz einer Darstellung über das Einzeldatum hat zur Folge, daß die Frage, wie etwas logisch-konsistent hätte sein müssen, wichtiger ist als die, was denn ›tatsächlich‹ geschehen sei. Indizienprozesse sind Musterbeispiele für den vom Konsistenzgebot ausgehenden Darstellungszwang.

So zeigt sich, daß die Rekonstruktion des ›Tatsächlichen‹ und die Konstruktion der Wahrheit mit Hilfe professioneller Verfahren der impliziten ebenso wie der expliziten Routinen in der Herstellung und komparativen Überprüfung von Einzelversionen besteht. Wahrheitsfindung in *diesem* Sinne vollzieht sich als Verdichtung (der literarische Beigeschmack dieses Ausdrucks ist kein Zufall) unterschiedlicher Erzähl- und Textversionen zu einer ›runden‹, in sich stimmigen Geschichte, der eine realitätsstiftende Macht über die Zukunft zugeschrieben und zugetraut wird. So entsteht durch die Verfahren der Wahrheitskonstruktion jene spezifisch juristische Wahrheit ex post in futuram, der sich bereits die polizeiliche Ermittlungs- und Vernehmungstätigkeit strukturell unterordnet.

Ich bin, wie jeder gut erkennen kann, verkürzend, verallgemeinernd und überaus eilig vom feld- zum strukturanalytischen Teil unserer Problemstellung übergegangen. Mir ging es vor allem darum, zu zeigen, wie sich aus der empirisch gestützten Rekonstruktion implizit und explizit geordneter institutioneller Handlungsabläufe die Konstruktionsprinzipien spezifischer professioneller Wirklichkeits- und Wahrheitskonstruktionen herausarbeiten lassen, wie Tatsachenrekonstruktion in Wahrheitskonstruktion umschlägt, wie in diesem Prozeß die Ereignisse zu Texten gerinnen und in einer ›kanonischen‹ Endredaktion der Textkonsistenz angepaßt werden; und wie schließlich das Wissen – aller an diesem Gesamtprozeß Beteiligten – um den Zielpunkt der Konstruktion, um jenes spezifische, juristische Wahrheitskonstrukt, den Handlungsablauf als ganzen steuert und ordnet.

Wahrheits- und Entscheidungsfindung sind hier so eng miteinander verknüpft, daß zwischen beiden kaum mehr unterschieden werden kann. Dies hat zur Folge, daß ein Einzelereignis, um entscheidungsrelevant werden zu können, als Anzeichen, Symptom etc. wahrgenommen und interpretiert werden muß (vgl. die Struktur der Verdachtsvermutung): erst dann kann es einem Syndrom zugeordnet werden. Dieses wiederum muß nicht nur in seiner Typik bekannt, sondern einer typisch mit ihm verknüpften Reaktionsweise mit möglichst großer Sicherheit zuzuordnen sein, so daß begründet ein institutionell ausführbarer Vorschlag zur ›Therapie‹ oder Behebung des Syndroms gemacht werden kann: die Ereignisse werden einer institutionell vorgeprägten Wahrnehmungs- und Handlungsordnung überantwortet, die in ihrer Endstufe die Ereignisse in Sprache faßt und ordnet. ›Unwahr‹ oder ›noch nicht wahr‹ ist in dieser Endphase, was noch nicht plausibel zugeordnet werden kann. Wahrheitsfindung in diesem Sinne ist die – nicht zuletzt sprachliche – Konstruktion einer Ordnung, die An- und Einpassung von Ereignissen und Daten in eine vorgegebene Typen- und Deutungsstruktur. Der Gesamtprozeß definiert sich von seinem Ende her in dem Dreischritt von Entscheidung, Wahrheit und Ordnung: Aus dem Zwang zur Entscheidungsfindung konstituiert sich das Wahrheitskonstrukt, das sich seinerseits durch die in ihm dargestellte Ordnung legitimiert.

Wie weit sich wiederum die wissenschaftliche Rekonstruktion sozialer Ordnung an noch nicht hinreichend kontrollierten Verfahren und Relevanzen der Alltags- oder auch der Berufspositionen orientiert, die Frage also, wie weit sich wissenschaftliche Konstruktionen ›zweiter Ordnung‹ (Schütz) aus den ›alltäglichen‹ Konstruktionen ›erster Ordnung‹ speisen, wartet weiterhin auf eine detaillierte Beantwortung.

Literatur

Alciatus, Andreas (1534): Andreae Alciati Emblematvm Libellvs. Paris.
Apel, Karl-Otto (1970): Einführung: Peirces Denkweg vom Pragmatismus zum Pragmatizismus. In: Peirce (1970), Band 2, 11-211. Jetzt in: Karl-Otto Apel: Der Denkweg von Charles S. Peirce. Eine Einführung in den amerikanischen Pragmatismus. Frankfurt 1975.
– (Hrsg.) (1976): Sprachpragmatik und Philosophie, Frankfurt.
Arbeitsgruppe Bielefelder Soziologen (1973) (Hrsg.): Alltagswissen, Interaktion und gesellschaftliche Wirklichkeit. 2 Bände. Reinbek bei Hamburg.
Auwärter, Manfred/Edit Kirsch/Manfred Schröter (1976) (Hrsg.): Seminar: Kommunikation, Interaktion, Identität. Frankfurt.

Bateson, Gregory (1981): Ökologie des Geistes. Frankfurt.
– (1981a): Eine Theorie des Spiels und der Phantasie. In: Bateson (1981), 241-261.
Berger, Peter L./Thomas Luckmann (1969): Die gesellschaftliche Konstruktion der Wirklichkeit. Eine Theorie der Wissenssoziologie. Aus dem Amerikanischen übers. von Monika Plessner. Mit einer Einleitung z. dt. Ausgabe von Helmuth Plessner. Frankfurt.
Bergmann, Jörg (1981): Ethnomethodologische Konversationsanalyse. In: Peter Schröder und Hugo Steger (Hrsg.) (1981), Dialogforschung (= Jahrbuch 1980 des Instituts für Deutsche Sprache). Düsseldorf, 9-51.
Bernstein, Basil (1972): Studien zur sprachlichen Sozialisation. Düsseldorf.
Bourdieu, Pierre (1979): Entwurf einer Theorie der Praxis auf der ethnologischen Grundlage der Kabylischen Gesellschaft. Frankfurt.
Brecht, Bertolt (1926/1939): Marxistische Studien. In: Bertolt Brecht, Gesammelte Werke in 20 Bänden. Band 20. Schriften zur Politik und Gesellschaft. Frankfurt 1967, 45-123.
Buck, Günther (1981): Von der Texthermeneutik zur Handlungshermeneutik. In: Fuhrmann/Jauß/Pannenberg (1981), 525-535.
Bühler, Karl (1934): Sprachtheorie. Die Darstellungsfunktion der Sprache. 2. Auflage. Mit einem Vorwort von Friedrich Kainz. Stuttgart 1965.
Bultmann, Rudolf (1954): Zum Problem der Entmythologisierung. In: Rudolf Bultmann, Glauben und Verstehen. Gesammelte Aufsätze. Vierter Band. Tübingen, 128-137.

Cassirer, Ernst (1953): Philosophie der symbolischen Formen. 3 Bände. 2. Auflage. Darmstadt 1953.
Chomsky, Noam (1969): Aspekte der Syntaxtheorie. Frankfurt.
Cicourel, Aaron V. (1970): Methode und Messung in der Soziologie. Frankfurt.
– (1974): Sprache in der sozialen Interaktion. München.

Derrida, Jacques (1967): L'écriture et la différence. Paris.
– (1970): L'ordre du discours. Paris.
Descartes, René (1637): Discours de la Méthode. Zweisprachige Ausgabe. Hamburg 1960.
– (1641): Meditationes de prima philosophia. Zum akademischen Gebrauche neu hrsg. und eingeleitet von Carl Sigmund Barach. Wien 1866.
– (1644): Principia philosophiae (= Œuvres, publ. par Charles Adam. Band 8,1. Paris 1905).
Dilthey, Wilhelm (1900): Die Entstehung der Hermeneutik. In: Wilhelm Dilthey, Gesammelte Schriften. Leipzig, Berlin 1914-1936, fortgeführt Stuttgart, Göttingen 1962 ff., Band 5, 317-331.
– (1958): Entwürfe zur Kritik der historischen Vernunft. In: Gadamer/Boehm (1976), 189-220.
Douglas, Mary (1974): Ritual, Tabu und Körpersymbolik. Sozialanthropologische Studien in Industriegesellschaft und Stammeskultur. Ffm.
Durkheim, Emile (1912): Die elementaren Formen des religiösen Lebens. Frankfurt 1981.

Eibl-Eibesfeldt, Irenäus (1980): Grundriß der vergleichenden Verhaltensforschung. 6. Aufl. München.
– (1984): Die Biologie des menschlichen Verhaltens. Grundriß der Humanethologie. München.

Fagerhaugh, Shizuko Y. und Anselm Strauss (1977): Politics of Pain Management: Staff-Patient Interaction. Menlo Park.
Fishman, Joshua A. et al. (1971): Bilingualism in the Barrio. Bloomington.
Frank, Manfred (1977): Das individuelle Allgemeine. Textstrukturierung und Textinterpretation nach Schleiermacher. Frankfurt.
– (1983): Was ist Neostrukturalismus? Frankfurt.
Freud, Sigmund (1910): Über den Gegensinn der Urworte. In: Sigmund Freud Studienausgabe. Hrsg. von Alexander Mitscherlich et al., Bd. 4. Frankfurt 1970, 227-234.
Fuhrmann, Manfred/Hans Robert Jauß/Wolfhart Pannenberg (Hrsg.) (1981): Text und Applikation. Theologie, Jurisprudenz und Literaturwissenschaft im hermeneutischen Gespräch. München.

Gadamer, Hans-Georg (1972): Wahrheit und Methode. Grundzüge einer philosophischen Hermeneutik. 2. erw. Auflage. Tübingen.
Gadamer, Hans-Georg und Gottfried Boehm (Hrsg.) (1976): Seminar: Philosophische Hermeneutik. Frankfurt.
– (1978): Seminar: Die Hermeneutik und die Wissenschaften. Frankfurt.
Gehlen, Arnold (1961): Anthropologische Forschung. Hamburg.
– (1963): Studien zur Anthropologie u. Soziologie. Neuwied u. Berlin.
– : Der Mensch. Seine Natur und seine Stellung in der Welt. 12. Auflage. Wiesbaden 1978.
Giovio, Paolo (1555): Dialogo dell' imprese militari et amorose de monsignor Paolo Giovio vescouo di Nucera. Roma.
Girtler, Roland (1984): Interaktion und Kommunikation großstädtischer Vagabunden Wiens. In: Soeffner (1984), 215-242.
Goffman, Erving (1971): Interaktionsrituale. Über Verhalten in direkter Kommunikation. Frankfurt.
– (1977): Rahmen-Analyse. Ein Versuch über die Organisation von Alltagserfahrungen. Frankfurt.
Goody, Jack (Hrsg.) (1981): Literalität in traditionalen Gesellschaften. Frankfurt.
Goody, Jack und Jan Watt (1981): Konsequenzen der Literalität. In: Goody (1981), 45-104.
Grathoff, Richard (1978): Alltag und Lebenswelt als Gegenstand der phänomenologischen Sozialtheorie. In: Hammerich/Klein (1978), 67-85.
– (1979): Über Typik und Normalität im alltäglichen Milieu. In: Walter M. Sprondel/Richard Grathoff (Hrsg.) (1979): Alfred Schütz und die Idee des Alltags in den Sozialwissenschaften. Stuttgart, 89-107.
Gurwitsch, Aron (1977): Die mitmenschlichen Begegnungen in der Milieuwelt. Hrsg. und eingel. von A. Metraux. Berlin, New York.

Habermas, Jürgen (1970): Zur Logik der Sozialwissenschaften. Materialien. Frankfurt.
– (1970a): Der Universalitätsanspruch der Hermeneutik. In: Jürgen Habermas. Kultur und Kritik. Verstreute Aufsätze. Frankfurt 1973, 264-301.
– (1981): Theorie des kommunikativen Handelns. Bd. 1: Handlungsrationalität und gesellschaftliche Rationalisierung. Bd. 2: Zur Kritik der funktionalistischen Vernunft. Frankfurt.
Hammerich, Kurt und Michael Klein (Hrsg.) (1978): Materialien zur Soziologie des Alltags. (= Kölner Zeitschrift für Soziologie und Sozialpsychologie, Sonderheft 1978). Opladen.
Havelock, Eric A. (1963): Preface to Plato. Cambridge, Mass.
Hegel, Georg Wilhelm Friedrich: Werke in 20 Bänden. Auf der Grundlage der Werke von 1832-1845 neu edierte Ausgabe. Redaktion Eva Moldenhauer und Karl Markus Michel. Frankfurt 1970.

Heidegger, Martin (1927): Sein und Zeit. 9. unv. Auflage. Tübingen 1960.
Heider, Fritz (1969): Soziale Wahrnehmung und phänomenale Kausalität. In: Irle (1969), 26-56.
Heller, Agnes (1970): Alltag und Geschichte. Zur sozialistischen Gesellschaftslehre. Neuwied, Berlin.
– (1978): Das Alltagsleben. Versuch einer Erklärung der individuellen Reproduktion. Frankfurt.
Henscheid, Eckhard (1980): Ein scharmanter Bauer. Frankfurt.
Hildenbrand, Bruno (1984): Methodik und Einzelfallstudie. Studienmaterialien der Fernuniversität Hagen. Hagen.
Husserl, Edmund (1936): Die Krisis der europäischen Wissenschaften und die transzendentale Phänomenologie. Eine Einleitung in die phänomenologische Philosophie. Hrsg. von Walter Biemel. 2. Auflage (= Husserliana, Edmund Husserl, Ges. Werke, Band IV). Den Haag 1969.

Irle, Martin (Hrsg.) (1969): Texte aus der experimentellen Sozialpsychologie. Hrsg. und eingeleitet von Martin Irle in Zusammenarbeit mit Mario von Cranach und Hermann Vetter. Neuwied und Berlin.

James, William (1893): The Principles of Psychology. Reprint N. Y. 1951.
Jauß, Hans Robert (1981): Zur Abgrenzung und Bestimmung einer literarischen Hermeneutik. In: Fuhrmann/Jauß/Pannenberg (1981), 459-481.

Kant, Immanuel (1785): Grundlegung zur Metaphysik der Sitten (= Immanuel Kant, Werke in 12 Bänden, Hrsg. von Wilhelm Weischedel, Band 7). Schriften zur Ethik und Religionsphilosophie 1. Darmstadt 1968, 7-121.
–: Kant's Gesammelte Schriften. Hrsg. von der Königlich Preußischen Akademie der Wissenschaften. Erste Abteilung. Berlin 1907.
Kierkegaard, Sören (1964): Werke. 5 Bände, Band V: Philosophische Brocken. In neuer Übertragung und mit Kommentar von Lieselotte Richter, Reinbek bei Hamburg.
Klein, Wolfgang und Ulrich Nassen (1979): Textlinguistik und Texthermeneutik. In: Ulrich Nassen (Hrsg.) (1979), Texthermeneutik. Aktualität, Geschichte, Kritik. Paderborn, 23-36.
König, René (1962): Die Beobachtung. In: René König (Hrsg.), Handbuch der empirischen Sozialforschung. Band 2. Stuttgart, 1-65.
Koselleck, Reinhart (1972): Geschichte, Historie. In: Otto Brunner, Werner Conze und Reinhard Koselleck (Hrsg.) (1972), Geschichtliche Grundbegriffe. Stuttgart, 593-717.
Kuhn, Thomas S. (1976): Die Struktur wissenschaftlicher Revolutionen. Zweite revidierte und um das Postskriptum von 1969 ergänzte Auflage. Frankfurt.

Labov, William (1972): Sociolinguistic Patterns. Philadelphia.
Langer, Susanne K. (1965): Philosophie auf neuem Wege. Das Symbol im Denken, im Ritus und in der Kunst. Frankfurt.
Lefèbvre, Henri (1972): Das Alltagsleben in der modernen Welt. Ffm.
– (1974): Kritik des Alltagslebens. 3 Bände. München.
Leithäuser, Thomas et al. (1977): Entwurf zu einer Empirie des Alltagsbewußtseins. Frankfurt.
Lévi-Strauss, Claude (1967): Strukturale Anthropologie. Frankfurt.
Luckmann, Thomas (1979): Soziologie der Sprache. In: René König (Hrsg.), Handbuch der empirischen Sozialforschung, Band 13. Zweite, völlig neubearbeitete Auflage. Stuttgart, 1-116.
– (1980): Lebenswelt und Gesellschaft. Paderborn.
– (1981): Zum hermeneutischen Problem der Handlungswissenschaften. In: Fuhrmann/Jauß/Pannenberg (1981), 513-523.
Lukács, Georg (1923): Geschichte und Klassenbewußtsein (= Georg Lukács, Werke, Band 2). Neuwied, Berlin 1968.
– (1963): Die Eigenart des Ästhetischen. 1. Halbband (= Georg Lukács, Werke, Band 11). Neuwied und Berlin.

Malinowski, Bronislaw (1973): Magie, Wissenschaft und Religion und andere Schriften. Frankfurt.
Marquard, Odo (1981): Die Frage nach der Frage, auf die die Hermeneutik eine Antwort ist. In: Odo Marquard (1981), Abschied vom Prinzipiellen. Stuttgart, 117-146.
Marx, Karl und Friedrich Engels (1956ff.): Werke. Hrsg. vom Institut für Marxismus-Leninismus beim ZK der SED. Berlin (DDR).
Mauss, Marcel (1950): Die Gabe. Form und Funktion des Austausches in archaischen Gesellschaften. In: Marcel Mauss, Soziologie und Anthropologie. Band 2. München 1975, 9-144.
Mead, George Herbert (1934): Geist, Identität und Gesellschaft aus der Sicht des Sozialbehaviorismus. Mit einer Einleitung von Charles W. Morris. Frankfurt 1969.
– (1969): Philosophie der Sozialität. Aufsätze zur Erkenntnisanthropologie. Hrsg. von Hansfried Kellner. Frankfurt.
– (1969a): Sozialpsychologie. Eingel. und hrsg. von Anselm Strauss. Neuwied, Berlin.
Merleau-Ponty, Maurice (1966): Phänomenologie der Wahrnehmung. Berlin.
– (1973): Vorlesungen I. Berlin, New York.
Mertens, Veronika (1983): Mi-parti als Zeichen. Zur Bedeutung von geteiltem Kleid und geteilter Gestalt in der Ständetracht in literarischen und bildnerischen Quellen sowie im Fastnachtsbrauch vom Mittelalter bis zur Gegenwart. Remscheid.
Merton, Robert K. (1957): Social Theory and Social Structure. Glencoe.

Meyer, Hubert/Klaus Wolf/Jürgen Czekalla (1983): Kriminalistisches Lehrbuch der Polizei. Hilden.
Montaigne, Michel de (1580): Essais. Frankfurt 1976.
Musil, Robert (1952): Der Mann ohne Eigenschaften (= Gesammelte Werke. Hrsg. von Adolf Frisé, Bd. 1-2) Reinbek bei Hamburg 1978.

Nietzsche, Friedrich (1980): Werke in sechs Bänden. Hrsg. von Karl Schlechta. München.
Nixdorf, Heide und Heidi Müller (1983): Weiße Westen – Rote Roben. Katalog zur Sonderausstellung der staatlichen Museen Preußischer Kulturbesitz, Museum für Völkerkunde, Abt. Europa, und Museum für Deutsche Volkskunde. Berlin.

Oevermann, Ulrich (1973): Zur Analyse der Struktur von sozialen Deutungsmustern. Ms. Frankfurt.
– et al. (1976): Beobachtungen zur Struktur der sozialisatorischen Interaktion. Theoretische und methodologische Fragen der Interaktionsforschung. In: Auwärter et al. (1976), 371-403.
– (1979): Sozialisationstheorie. Ansätze zu einer soziologischen Sozialisationstheorie und ihre Konsequenzen für die allgemeine soziologische Analyse. In: Günter Lüschen (Hrsg.), Deutsche Soziologie seit 1945. Entwicklungslinien und Praxisbezug (= Kölner Zeitschrift für Soziologie und Sozialpsychologie, Sonderheft 1979). Opladen, 143-168.
– et al. (1979): Die Methodologie einer ›objektiven Hermeneutik‹ und ihre allgemeine forschungslogische Bedeutung in den Sozialwissenschaften. In: Soeffner (1979), 352-433.
– (1983): Versozialwissenschaftlichung der Identitätsformation und Verweigerung von Lebenspraxis: Eine aktuelle Variante der Dialektik der Aufklärung. MS. Frankfurt.

Peirce, Charles S. (1970): Schriften. Band 2. Vom Pragmatismus zum Pragmatizismus. Hrsg. von Karl-Otto Apel. Frankfurt.
Platon (1977/1978): Sämtliche Werke. In der Übersetzung von Friedrich Schleiermacher, mit der Stephanus-Numerierung. Hrsg. von Walter F. Otto, Ernesto Grassi, Gert Plamböck. Band 1. Hamburg.
Plessner, Helmuth (1928): Die Stufen des Organischen und der Mensch. Um Vorwort, Nachwort und Register erw. 2. Auflage. Berlin 1965.
– (1959): Die verspätete Nation. Über die politische Verführbarkeit bürgerlichen Geistes (= Helmuth Plessner. Gesammelte Schriften VI). Frankfurt 1982.
– (1970): Philosophische Anthropologie. Hrsg. mit einem Nachwort von Günter Dux. Frankfurt.
Pope, Alexander (1734): An Essay on Man. Edited, with an Introduction by Frank Brady. Indianapolis 1965.

Popper, Karl (1963): Conjectures and Refutations. The Growth of Scientific Knowledge. London.
– (1972): Objektive Erkenntnis. Ein evolutionärer Entwurf. 2. Auflage. Hamburg 1974.

Reichertz, Jo (1986): Probleme qualitativer Sozialforschung. Zur Entstehungsgeschichte der Objektiven Hermeneutik. Frankfurt, New York.
Ricoeur, Paul (1972): Der Text als Modell. Hermeneutisches Verstehen. In: W. L. Bühl (Hrsg.), Verstehende Soziologie. München 1972, 252-283.

Scheler, Max (1923): Wesen und Formen der Sympathie. Die deutsche Philosophie der Gegenwart. Hrsg. mit einem Anhang von Manfred S. Frings. 6. durchgesehene Auflage von ›Phänomenologie und Theorie des Sympathiegefühls‹, Deutsche Philosophie der Gegenwart, 2. durchgesehene Auflage. Bern u. a. 1973.
– (1926): Die Wissensformen und die Gesellschaft. Probleme einer Soziologie des Wissens. Erkenntnis und Arbeit. Eine Studie über Wert und Grenzen des pragmatischen Prinzips in der Erkenntnis der Welt. Universität und Volkshochschule. Leipzig.
– (1947): Die Stellung des Menschen im Kosmos. München.
Schiller, Friedrich von (1787): Was heißt und zu welchem Ende studiert man Universalgeschichte? Eine akademische Antrittsrede. In: Schillers Werke. Nationalausgabe. Begründet von Julius Petersen. Hrsg. im Auftrag der Nationalen Forschungs- und Gedenkstätten der klassischen deutschen Literatur in Weimar (Goethe- und Schiller-Archiv) und des Schiller-Nationalmuseums in Marbach von Lieselotte Blumenthal und Benno von Wiese. Siebzehnter Band. Historische Schriften. Erster Teil. Hrsg. von Karl-Heinz Hahn. Weimar 1970, 359-376.
Schütz, Alfred (1932): Der sinnhafte Aufbau der sozialen Welt. Frankfurt 1974.
– (1971/1972): Gesammelte Aufsätze. 3 Bände. Den Haag.
– (1985): Briefwechsel 1939-1959. Hrsg. von Richard Grathoff. München 1985.
Schütz, Alfred und Thomas Luckmann (1979/1984): Strukturen der Lebenswelt. Band 1 1979, Band 2 1984. Frankfurt.
Schulz, Walter (1972): Philosophie in der veränderten Welt. Pfullingen.
Scott, Marvin B. und Standford M. Lyman (1976): Praktische Erklärungen. In: Auwärter u. a. (1976), 73-114.
Searle, John R. (1969): Speech Acts. Cambridge 1969.
Sennett, Richard (1983): Verfall und Ende des öffentlichen Lebens. Die Tyrannei der Intimität. Frankfurt.
Soeffner, Hans-Georg (1974): Der geplante Mythos. Untersuchungen zur Struktur und Wirkungsbedingungen der Utopie. Hamburg.

– (1976): Situation – Information – Kommunikative Handlung. Ms. Essen.
– (Hrsg.) (1979): Interpretative Verfahren in den Sozial- und Textwissenschaften. Stuttgart.
– (1979a): Interaktion und Interpretation. Überlegungen zu Prämissen des Interpretierens in Sozial- und Literaturwissenschaft. In: Soeffner (1979), 328-351.
– (1981): Rezeption, Kommunikation, Situation – Vorschlag zu einem Begriffsrahmen rezeptiven Verhaltens. Materialien zu einer Sprach- und Kommunikationssoziologie 1. Hagen.
– (Hrsg.) (1982): Beiträge zu einer empirischen Sprachsoziologie. Tübingen.
– (1982a): Nachlese zum Workshop ›Biographieforschung‹. In: Martin Kohli et al. (Hrsg.) (1982), Dokumentation des Workshops ›Biographieforschung‹ in Bielefeld 1982. Berlin.
– (1983): ›Typus und Individualität‹ oder ›Typen der Individualität‹? Entdeckungsreisen in das Land, in dem man zu Hause ist. In: Horst Wenzel (Hrsg.) (1983), Typus und Individualität im Mittelalter. München, 11-44.
– (Hrsg.) (1984): Beiträge zu einer Soziologie der Interaktion. Frankfurt.
– (1984a): Strukturanalytische Überlegungen zur gerichtlichen Interaktion. In: Jo Reichertz (Hrsg.) (1984), Sozialwissenschaftliche Analysen jugendgerichtlicher Interaktion. Tübingen, 189-225.
Srubar, Ilja (1981): Max Scheler: Eine wissenssoziologische Alternative. In: Nico Stehr und Volker Meja (Hrsg.) (1981), Wissenssoziologie. (= KZfSS Sonderheft 1981). Opladen, 343-359.
Stegmüller, Wolfgang (1969): Hauptströmungen der Gegenwartsphilosophie. Eine kritische Einführung. 4. erweiterte Auflage. Stuttgart.
Strauss, Anselm (1968): Spiegel und Masken. Die Suche nach Identität. Frankfurt.
– (1978): Negotiations. Varieties, Contexts, Processes and Social Order. San Francisco.
– (1984): Qualitative Analysis in Social Research: Grounded Theory Methodology. Studienmaterial der Fernuniversität Hagen. Hagen.
– et al. (1985): Social Organization of Medical Work. Chicago, London.
Szondi, Peter (1975): Einführung in die literarische Hermeneutik. Hrsg. von Jean Bollack und Helen Stierlin. Frankfurt.

Tarski, Alfred (1956): Logic, Semantics, Mathematics. Oxford.
Thomas, William Isaac und Florian Znaniecki (1918): The Polish Peasant in Europe and America. Boston.

Volkart, Edmund Howell (Hrsg.) (1951): Social Behaviour and Personality. Contributions of W. I. Thomas to Theory and Social Research. New York.

Watzlawick, Paul/Janet H. Beavin/Don D. Jackson (1969): Menschliche Kommunikation. Bern u. a.

Weber, Max (1917): Der Sinn der ›Wertfreiheit‹ der soziologischen und ökonomischen Wissenschaften. In: Max Weber, Gesammelte Aufsätze zur Wissenschaftslehre. Hrsg. von Johannes Winckelmann. 4. erneut durchgesehene Auflage. Tübingen 1973, 489-540.

– (1919): Politik als Beruf. In: Weber (1971), 505-560.

– (1971): Gesammelte Politische Schriften. Hrsg. von Johannes Winckelmann. 3. erneut vermehrte Auflage. Tübingen.

– (1972): Wirtschaft und Gesellschaft. Grundriß der verstehenden Soziologie. 5. revidierte Auflage. Hrsg. von Johannes Winckelmann. Tübingen.

Whitehead, Alfred N. (1938): Verstehen. In: Gadamer/Boehm (1978), 63-82.

Wundt, Wilhelm (1921): Völkerpsychologie. Eine Untersuchung der Entwicklungsgesetze von Sprache, Mythos und Sitte. Stuttgart.

Nachweise

Alltagsverstand und Wissenschaft. Anmerkungen zu einem alltäglichen Mißverständnis von Wissenschaft.
In: Peter Zedler und Heinz Moser (Hrsg.), Aspekte qualitativer Sozialforschung. Studien zur Aktionsforschung, empirischer Hermeneutik und reflexiver Sozialtechnologie. Opladen: Leske Verlag und Budrich 1983, 13-43.

Anmerkungen zu gemeinsamen Standards standardisierter und nichtstandardisierter Verfahren.
In: Max Kaase, Manfred Küchler (Hrsg.), Herausforderungen der empirischen Sozialforschung. Mannheim: Zentrum für Umfragen, Methoden und Analysen (ZUMA) e.V. 1985, 109-126.

Prämissen einer sozialwissenschaftlichen Hermeneutik.
In: Hans-Georg Soeffner (Hrsg), Beiträge zu einer empirischen Sprachsoziologie. (= Tübinger Beiträge zur Linguistik, 189). Tübingen. Narr 1982, 9-48.

Hermeneutik. Zur Genese einer wissenschaftlichen Einstellung durch die Praxis der Auslegung.
In: Hans-Georg Soeffner (Hrsg.), Beiträge zu einer Soziologie der Interaktion. (= Campus Forschung, 417). Frankfurt am Main, New York: Campus 1984, 9-52

Handlung – Szene – Inszenierung. Zur Problematik des »Rahmen«-Konzeptes bei der Analyse von Interaktionsprozessen.
In: Werner Kallmeyer (Hrsg.), Kommunikationstypologie. Handlungsmuster, Textsorten, Situationstypen. (= Jahrbuch 1985 des Instituts für Deutsche Sprache). Düsseldorf: Schwann 1986, 73-91.

Emblematische und symbolische Formen der Orientierung.
In: Hans-Georg Soeffner (Hrsg.), Sozialstruktur und soziale Typik. Frankfurt, New York: Campus 1986 (= Campus Forschung, 465), 1-30.

Überlegungen zur sozialwissenschaftlichen Hermeneutik am Beispiel der Interpretation eines Textausschnittes aus einem »freien Interview«.
In: Th. Heinze, H. W. Klusemann, H.-G. Soeffner (Hrsg.), Interpretationen einer Bildungsgeschichte: Überlegungen zur sozialwissenschaftlichen Hermeneutik. Mit Beiträgen von T. Allert u.a. (= päd. Forschung). Bensheim: päd. extra Buchverlag, 1980, 70-96.

›Strukturanalytische Feldstudien‹ – Ein Anwendungsbeispiel. Vortrag auf der Tagung »Theoretische Perspektiven rechtssoziologischer und kriminologischer Forschung« (Freiburg, Juni 1987).